FAUT-IL ÊTRE FLEUR BLEUE POUR VOIR LA VIE EN ROSE ?

THÉO LEMATTRE

FAUT-IL ÊTRE FLEUR BLEUE POUR VOIR LA VIE EN ROSE ?

ROMAN

ÉDITIONS PRISMA

ISBN : 978-2-8104-3953-9

1.

« Quand il nous arrive un malheur, on se dit que la vie continue. C'est vrai. Jusqu'à ce qu'elle s'arrête. S'apercevoir de cette réalité ou, en d'autres termes, détruire la barrière qui nous sépare de cette idée folle selon laquelle nous sommes invincibles, c'est vivre autrement. C'est comprendre qu'au fond, nous ne sommes que peu de chose. Vous êtes-vous déjà levé fatigué, déprimé, avec une envie de vous remettre au lit qui vous prenait directement aux entrailles ? Avez-vous déjà entendu cette petite voix qui vous murmurait à l'oreille "recouche-toi, ça n'en vaut pas la peine" ? C'est très bien. L'assumer est déjà un pas vers la guérison. Mais le souhaitons-nous vraiment ? »

Marc coupe le téléviseur en appuyant sur la télécommande. Il a un grand sourire aux lèvres. Du haut de ses quarante-cinq ans, ce cadre dynamique à la crinière raffinée comme celle de tous les meilleurs banquiers de La Défense a de l'expérience dans son domaine. D'abord une prépa, avant d'intégrer HEC, pour finalement se diriger vers le siège de la Société générale durant des années. Ah, ça oui, il avait le bon profil, Marc. Pas étonnant qu'il ait été recruté ici. Il avait clairement du potentiel dans ce domaine !

– Des questions ?

Dans la salle de réunion, personne ne dit un mot. Nous nous regardons tous les uns les autres en attendant que l'un de nous ait le courage de se prononcer sur ce qu'il vient de voir.

– Berthier, peut-être ? insiste-t-il.

L'intéressé se redresse d'un bond, comme s'il venait de recevoir une claque de forain. Il a les auréoles de saint Pierre sous les bras, le pauvre. Mais il ne se démonte pas.

– Euh, je... Eh bien... je crois que... que... On peut dire...

– J-j-j-je c-c-c-crois qu-qu-qu... Allez, Berthier, on se réveille, là, oh ! Tu essayes de hacher un steak pour ce midi ou de parler ?

Est-ce que je pourrais venir en aide à Berthier en prenant la parole pour dire quelque chose d'intelligent ? Probablement. Est-ce que je vais m'y risquer ? Sûrement pas. Comme on a tendance à si bien le dire, en France, « chacun sa merde ». C'est devenu ma règle d'or.

Autour de la table, tout le monde éclate de rire. Il faut comprendre, en même temps : Marc vient de tenter une pointe d'humour et puisqu'il s'agit de notre manager, nous devons le suivre. Même moi, je me fends d'un sourire d'amusement. Qu'il est con, ce Berthier !

– Bon, Berthier, la ferme. Tu essayes de parler et ça t'épuise. Ça nous épuise tous, d'ailleurs, reprend Marc. Pour bien comprendre le petit extrait que je viens de vous passer, nous devons nous poser une question fondamentale...

Marc commence à marcher autour de la grande table, les mains dans le dos. Chacun de ses pas émet un claquement sec sur le sol. Il ménage son effet de surprise en ponctuant ses explications de longs silences.

– Que faisons-nous vraiment ici ? s'empresse-t-il de poursuivre.

D & C est une société par actions simplifiée immatriculée au Siret : 662 042 449 00014. Ses activités sont : plonger le plus de personnes possible dans une dépression aussi profonde qu'inextricable. Bon, ce n'est pas vraiment écrit comme ça sur la fiche de l'entreprise sur société.com. Mais j'ai créé quelques raccourcis bien pratiques pour une meilleure compréhension. Dans les faits, nous démarchons des laboratoires pharmaceutiques afin de créer de nouveaux produits, tous plus addictifs et dangereux les uns que les autres. C'est là-dedans que nous sommes bons ! Comme ça, les labos peuvent vendre leurs produits et tout le monde est content !

Je ne connais personne qui ait la même mission que nous. S'il y avait une entreprise dont Satan en personne serait le PDG, ce serait la nôtre. Est-ce seulement possible de l'imaginer ? De l'envisager ? Une société dont le seul but – en substance – est de rendre les gens malheureux ? Alors, bien sûr, on a de la concurrence, avec Total, la plupart des banques et le palais de l'Élysée. Ah, non, le dernier n'est pas une société. Pardon. Je me suis encore trompée – il faut dire que la différence est négligeable.

Peu après la question de Marc, tout le monde se met à tapoter sur la table, comme pour créer une musique guerrière et galvanisante.

– On s'engraisse, hurlons-nous en chœur.

Oh, allez, Clarence… Ton cri n'était pas très convaincant. Je ferai mieux la prochaine fois.

– Exactement, s'enthousiasme Marc. Après la réu, je vous enverrai *asap* les prospects à creuser, puis on se brainstorme ça ensemble en faisant un *call*, ça vous va ?

Mince, j'ai désactivé mon traducteur à connards. Petit retour en arrière :

– Exactement, s'enthousiasme Marc. Après notre réunion, je vous transmettrai le plus rapidement possible les clients potentiels. Je suggère que nous réfléchissions à tout cela ensemble lors d'un appel en visioconférence.

Là, c'est déjà plus clair.

Notre réunion touche – enfin – à sa fin. Tout le monde se lève en attrapant les dossiers distribués par Marc, puis nous nous dirigeons vers la porte de sortie.

– Pas toi, Clarence, me lance-t-il en étirant sa jambe sur une chaise. Je dois te parler.

Allez, c'est reparti pour un tour. Quand tout le monde a le droit de goûter à la sacro-sainte libération, c'est évidemment Bibi qui en prend pour son grade.

Tout en continuant de grimacer à cause de ses étirements qui ont l'air aussi intenses qu'un cours d'aquagym pour seniors, Marc me fait signe de m'installer sur une chaise.

– Bon, comme tu le sais, nos chiffres sont excellents. Excellentissimes, même.

Ce mot n'existe pas.

– Mais je m'inquiète un peu. Je sais que tu es une fonceuse, Clarence, y a pas de souci. Je te connais. Je veux dire, tu fonces, tu fonces, tu fonces…

Deuxième jambe.

– Mais là, on a comme un souci. Dans le dossier que je t'ai filé, il y a un type particulièrement résistant. Ça fait un moment qu'on essaye de l'avoir et pas moyen. Son profil est passé par tous nos services avant d'arriver devant toi.

Oh, putain, qu'est-ce qu'ils m'ont donné, encore ? La réincarnation du dalaï-lama ? Un hipster défoncé à la poudre lunaire ?

– Non, non, non, tu l'ouvriras plus tard, OK ? me retient Marc. Mais je suis obligé de te prévenir. C'est tombé sur moi, sur mon service. Et, comme tu le sais : j'atteins toujours mes objectifs. Donc, tu as six mois pour que ce type tombe en dépression. On a besoin de résultats, là.

Tout à coup, j'ai une pointe d'anxiété. Ça ne m'était pas arrivé depuis longtemps. Pourquoi Marc prend-il carrément la peine de me parler en privé en fin de réunion ? Je suis déjà venue à bout de spécimens vraiment coriaces. J'ai envoyé un prof de yoga à l'hôpital psychiatrique et ça ne m'a pris qu'un mois et demi. Je ne dis pas que c'était facile – ce serait prétentieux. Mais dans mon domaine, je suis plutôt du genre doué.

– Tu connais mes capacités.

Encore une fois, il grimace. Mais cette fois, ce n'est pas la jambe.

– Bien sûr, bien sûr… C'est juste que celui-là, ce n'est pas pareil.

– Qu'est-ce qu'il a de différent ?

Mon manager hausse les épaules, puis daigne enfin s'asseoir en face de moi. Je remercie le ciel de ne plus avoir à subir l'image déconcertante de ses petits mollets de coq en train de s'agiter sous mes yeux.

– Aucune idée, mais il résiste à tout. On a commencé doucement avec lui : appels à répétition pour le compte CPF, publicités à rallonge sur YouTube, retirer son nom de la boîte aux lettres, changer son *feed* TikTok pour qu'il ne tombe que sur des histoires de maladies graves… rien ne marche.

– Il est fort.

– Très. Tous nos recours numériques sont tombés à plat. C'est une mission de terrain.

J'en étais sûre ! C'est pour ça qu'il voulait me parler à la fin. Il souhaitait m'envoyer directement sur le terrain et que je ne râle pas trop devant les autres.

– Putain, Marc ! Je ne fais plus de terrain depuis cinq ans !

Il lève son index pour que je me taise.

– Je sais. Mais je dis ça pour ton bien. La direction en a marre de lui. Si ce type ne tombe pas en dépression, c'est que nos méthodes ne fonctionnent pas. Et si elles ne fonctionnent pas sur lui, il y en aura d'autres et ça, on ne peut pas se le permettre. Il faut que la machine s'enraye, que le grain de sable glisse dans le sablier avant de le boucher. Tu captes ? Donc, s'il n'est pas en dépression dans six mois...

– Il m'en faudra trois. Max.

– Encore mieux. Disons trois, alors. Mais si tu échoues...

– Oui ?

– Tu es virée.

Moi et ma grande gueule...

2.

La miraculeuse théorie de la pyramide hiérarchique au sein des services d'une même boîte. C'est pour cette raison précise que si j'échoue à la mission que vient de me confier Marc, c'est ma tête qui tombe et non la sienne. Le manager a autant de boucliers derrière lesquels se cacher pour conserver son poste qu'il a d'employés à gérer. C'est aussi simple que ça. Et merde… Maintenant, c'est moi qui me retrouve avec ce dossier sur les bras. Je revois encore l'image de la grosse tête de Marc en train d'articuler : « C'est une mission de terrain. » Je lui en foutrais, moi, du terrain.

Comme tous les employés de métropole, passé dix-huit heures, j'avais juste envie de rentrer chez moi, d'ouvrir une bouteille de vin et de me la tomber entièrement devant Netflix, ou quelque divertissement dans ce goût-là. Au lieu de ça, je vais devoir me pencher sur ce fichu dossier et j'ai autant envie de le lire que de me rouler nue dans les orties, ou de traverser Porte de la Chapelle seule à trois heures du matin.

La Défense – Arc de Triomphe.

Changement, ligne 2.

Place de Clichy.

Autant de minutes qui passent et que je ne vois pas défiler. Monter dans le métro, quand on le prend aussi souvent, c'est comme avaler une pilule de téléportation. Au début, je me demandais si je pourrais m'y habituer un jour. La réponse est oui. Point A, point B, sans même utiliser mon cerveau. Excellente performance.

Quitter la rame.

Marcher.

Arriver devant l'immeuble et composer le code.

Autant d'actions mécaniques qui ne me demandent plus la moindre réflexion – une fois de plus. J'ai le dossier pressé contre ma poitrine. Foutue pluie. En plus, en décembre, la nuit enveloppe déjà la ville, à cette heure-ci. Parfois, j'ai plus l'impression de vivre à Gotham City qu'à Paris.

Rituel du soir : je retire mes chaussures, mon foutu soutif qui me compresse comme s'il essayait de mettre mes seins à l'envers, puis enfile une tenue plus confortable. Moi qui pensais mater la suite de *Bridgerton*, je pense que je peux m'asseoir sur ma série. Je n'aurai droit qu'au foutu dossier de cet imbécile. Une partie de moi a hâte de l'ouvrir. Une autre a envie de le jeter par la fenêtre.

Parfois, j'envie mes collègues à l'international. La France, c'est un pays d'aigris et de râleurs. Ils ne tombent pas en dépression si facilement. Pourtant, notre filiale est sans aucun doute la meilleure au monde. Nous sommes de vrais tueurs. Si, si. Premier pays consommateur d'antidépresseurs. Si ça, ce n'est pas une petite victoire personnelle, qu'est-ce que c'est ?

C'est qui, la championne ?

Il y en a dans notre secteur qui, bien sûr, ont beaucoup moins de tâches à accomplir. De vrais glandeurs de première. Tiens, qu'est-ce qu'ils foutent chez D & C, en Pologne ? Le pays est tellement gris que j'ai parfois l'impression que toute la nation est une filiale à elle seule.

Allez, penchons-nous sur ce dossier. Je m'installe à mon bureau, dépose une tasse de thé à côté de moi et tourne enfin la première page.

NOM DE LA CIBLE : ÉTIENNE KOWALSKY.

Ah, tiens, peut-être des origines polonaises ? Ça devrait me faciliter la tâche. J'y pensais juste avant. La simple lecture de son nom m'arrache un sourire intérieur.

ÂGE : 38.

Mouais. Le même que le mien. Il approche de la quarantaine. Il doit probablement voir venir la calvitie, le *Dad Bod* et la crise qui accompagne l'âge fatidique de quarante ans. Ça ne devrait pas être trop compliqué. De quoi il se plaint, Marc ? Qu'est-ce qu'il peut bien avoir de spécial, ce type ?

PROFESSION : FLEURISTE.

J'en lève les yeux au ciel. Alors c'est ça, son délire, à Étienne ? Il prend son pied en matant des hortensias ou des orchidées ? D'accord, je vois tout de suite le genre. Il doit kiffer mettre ses doigts dans des trucs sales, celui-là. Ça sent le type qui ne vit que pour sa petite boutique. Ils n'ont qu'à la faire cramer, chez D & C. Parfois, il faut savoir mettre les mains dans le cambouis, ce n'est pas si compliqué. On craque une allumette et on n'en parle plus.

Une lampée de thé.

Putain, c'est au citron ?!

ADRESSE : 27 RUE LEPIC.

Bien. Très bien. Je ne suis pas très loin. J'imagine que je vais pouvoir lui rendre une petite visite. Mais avant, je dois préparer mon angle d'attaque et pour ça, rien de mieux que les réseaux sociaux.

J'entame donc mon échauffement par un passage sur Instagram.

Bordel, le loser : 30 abonnés, 570 abonnements. Les calculs ne sont pas bons, Étienne. Rien que ça, ça devrait le déprimer. Allô, on vit dans une société où on doit être aimé plus que les autres et il se contente de si peu ? Non, sérieusement, je crois que c'était une plaisanterie de la part de Marc. Il n'y a rien de plus facile que de plonger quelqu'un dans la dépression juste avec ce stratagème super simple.

Vous voulez qu'une personne se sente mal ? Minable ? Offrez-lui un algorithme pervers qui ne lui montrera que des gens qui ont une vie cent fois mieux que la sienne, avec des tas de likes et de commentaires sur chaque publication. Évidemment, ça ne fonctionne pas immédiatement. Ça prend un peu de temps. Mais petit à petit, la personne finira par se demander : « Pourquoi il a plus de likes que moi ? », « Pourquoi les gens l'aiment plus ? », « Pourquoi on ne s'intéresse pas autant à moi qu'à lui ? ». Et c'est là que ça devient intéressant, parce que ce cheminement conduit aux questions suivantes : « Est-ce qu'il y a un truc qui cloche chez moi ? », « Pourquoi mon contenu ne leur plaît pas ? », « Pourtant, il est mieux que le sien… ».

Attention. Là, nous arrivons en zone perverse. Âmes sensibles, s'abstenir : « C'est parce qu'il publie plus que moi », « Est-ce que je devrais être plus régulier dans mes publications ? », « Pourquoi ça ne marche toujours pas ? », « Pourquoi les gens n'aiment que de la merde ? », « Pourquoi suis-je aussi incompris ? », « Pourquoi suis-je aussi seul alors que lui est tellement entouré ? », « Je le déteste ». Et paf, le tour est joué. On passe d'une interrogation banale « Pourquoi a-t-il plus de likes que moi ? » à « Je le déteste » en quelques semaines. La perversion des réseaux. La mode de la surenchère toujours plus excessive. De ce côté-là, ces nouvelles technologies nous facilitent vraiment la tâche. À croire qu'elles bossent pour nous.

Les gars en recherche et développement n'ont qu'à bien se tenir, parce que les génies du mal qui sont derrière l'invention des réseaux sociaux sont les personnes les plus machiavéliques que notre monde ait connues. À ce niveau-là, ce n'est plus de la diablerie, c'est carrément le carré VIP en enfer, une bouteille de mousseux au centre de la table et Lucifer en bas résille qui danse à côté.

Pour en revenir à mon potentiel franco-polonais, je vois énormément de points faibles que je pourrai facilement exploiter.

Pff. J'aurais dû m'en douter. Moins de cinq likes sur ses publications. Comment ce type arrive-t-il à se regarder dans un miroir sans s'effondrer comme un moins que rien ? Le pire, c'est qu'il publie beaucoup. Ah, et qu'on ne vienne pas me sortir comme tous ces crétins qui n'ont pas de succès : « Mais je m'en fiche, je publie pour moi, pas pour les autres. » Menteur. Menteur et re-menteur. Si tu publies, c'est parce qu'au fond, tu aimes les caméras. Tu as envie que les autres s'émerveillent devant tes photos de plage, devant la première danse de ton mariage à la con dans la salle des fêtes de Saint-Martin-de-Lansuscle – c'est en Lozère –, ou devant ton morveux plein de bave, en slip, qui fait sortir de leurs orbites les yeux de ton chien en s'accrochant à lui comme tu t'accroches à ton taf pourri.

Fallait que ça sorte. Ça fait du bien.

Donc, après dix ans chez D & C, après avoir obtenu des faits d'armes qui feraient passer Hitler pour Chantal Goya, on me colle ce trouduc dont les meilleures amies sont encore des fleurs à trente-huit ans ?

T'abuses un peu, Clarence.

Faut-il être fleur bleue pour voir la vie en rose ?

Ça va être de la tarte. Pas de commentaires sous ses publications. C'est encore plus simple. Ce type est tout seul.

Quand j'en aurai fini avec lui, l'historique YouTube d'Étienne sera une marée de tutos nœuds coulants.

3.

Comment ils se lèvent, les grands méchants de l'histoire ? C'est une question que je me suis longtemps posée. Je ne suis pas dupe. Je suis une méchante. Une vraie. Cynique, froide, impitoyable. Mais est-ce que la journée d'un grand méchant commence toujours avec style ? Est-ce que Poutine se lève d'un bond, en faisant une prise de karaté ? Est-ce que Kim Jong-Un se fait couler un bain de sang de chatons ? Est-ce que Xavier Dupont de Ligonnès terrasse son envie de pisser en demandant à Alexa de lui jouer un petit air de clavecin d'église ?

J'ai déjà esquissé des tentatives de ce genre.

Kawabunga, connard !

Non, ça ne marche pas. C'est horrible, je me sens ridicule.

Douche.

Petit-déjeuner – un café noir, serré, sans sucre, presque bu à même la machine comme si je la tétais au sein.

Préparation rapide.

Maintenant, il est temps de s'habiller comme une méchante des temps modernes : tailleur et escarpins.

Un autre Ctrl + V au Ctrl + C de ma vie. C'est-à-dire la même journée qui se répète en boucle. J'ai trois mois pour qu'Étienne s'enfile les Xanax comme des Smarties, mais ça ne veut pas dire que je ne peux pas passer au bureau. J'ai besoin d'établir une stratégie claire et concrète, ainsi que d'avoir quelques outils à ma disposition. Même si je continue de penser que Marc me joue un tour, je vais éviter de prendre ce dossier à la légère. On ne sait jamais.

La Défense.

Les bureaux.

Rien d'intéressant. Je suis encore plus mécanique que les escalators, de toute façon. Je monte jusqu'au trente-cinquième étage. C'est là que je suis confortablement rangée dans ma petite case. Mon cocon. Mon confort. Je ne veux pas me la jouer fataliste, encore moins faire la fille qui croit en la destinée ou en l'ironie du sort, mais il y a quand même une certaine magnificence dans la disposition de La Défense.

On y trouve les universités qui nous permettront de rentrer dans les immenses sociétés qui la parsèment et depuis les plus hautes tours de celle-ci, on peut apercevoir le cimetière de Puteaux et celui de Neuilly. Étonnant, non ? Le commencement, le milieu et la fin. Le triptyque réuni en un seul et même lieu qui ressemble au purgatoire.

Conversations insipides. Sans intérêt.

– Oh, salut, Clarence !

Évidemment, entre deux « et toi, tu vas où ce week-end ? » et trois « tu ne sais pas ce qui m'est arrivé hier… », il fallait que Nicole apparaisse.

Sourire mesquin en bandoulière sur son visage de tordue, chevelure fine et blonde, air supérieur. À elle toute seule, elle est l'incarnation du *starter pack* pour bosser à La Défense.

– Salut, maugréé-je en avalant mon deuxième café de la journée.

Elle se plante devant la machine, puis paye avec sa montre connectée. Qu'est-ce qu'elle se la pète, celle-là ! Bon, d'un autre côté, elle peut. Avec ses performances démentielles, elle a carrément permis à notre société de gagner 0,3 % de CA en deux ans. Dingue, non ? 0,3 % ! C'est une vraie tueuse, dans son domaine. Mais entre elle et moi, il ne peut rester que moi. Il n'y a pas assez de place pour deux femmes ambitieuses et compétentes dans cette société.

Marc vise plus haut. C'est évident. Il aimerait tellement – tellement – prendre la direction du pôle recherche et développement. À ce moment-là, il y aura une place à prendre et ce sera pour l'une d'entre nous. C'est pour ça que la tête de Nicole doit tomber. D'une manière ou d'une autre. Cela dit, j'ai une chance de dingue. Le dossier d'Étienne Kowalsky vaut de l'or et c'est ce qui va créer la différence entre nous. Toute la boîte se le refile comme une patate chaude, alors il est évident que si j'en viens à bout, on va carrément m'ériger une haie d'honneur à mon arrivée au bureau.

– J'ai appris que tu avais eu l'irréductible joyeux.

Ah, donc c'est comme ça qu'ils l'appellent.

Pas de réponse. Ne pas lui donner satisfaction.

Tandis que son café coule en provoquant un son aussi agréable que la perceuse de mon voisin quand il se dit que le dimanche matin est un bon moment pour fixer ses nouveaux cadres, Nicole me sourit.

– Apparemment, ce n'est pas un cas facile à appréhender.

– C'est pour ça qu'on me l'a confié à moi.

Dans ta gueule, Nicole. Au dodo, maintenant. Tu viens de prendre un KO technique.

– Si tu le dis, réplique-t-elle en attrapant son gobelet. À plus.

J'ai gagné cette joute verbale, alors pourquoi j'ai quand même l'impression d'avoir été battue ? Elle a l'air tellement sûre d'elle, tellement… beurk ! Je la déteste.

Depuis qu'elle a fait plonger quatre employés de Nature & Découvertes en burn-out le mois dernier, elle ne se sent plus pisser, celle-là.

Une fois mon café avalé d'un trait et Nicole expédiée aux ordures, je me rends à mon bureau pour y attraper quelques affaires. Mais ce n'est pas tout. J'aurai probablement besoin de matériel qui provient de chez D & C. Nous avons des fournitures tout à fait extraordinaires pour nous aider à remplir notre mission. Heureusement que les mecs en recherche et développement sont particulièrement doués. De vraies machines de guerre, ces gens-là. Mes héros. Je me demande ce qu'ils vont nous inventer de nouveau le mois prochain. Ils ne sont jamais à court d'idées. Ça fuse, ça fuse.

Ils ne peuvent pas la fermer ?

J'entends que ça gueule depuis la porte d'en face. Tiens, mais c'est le bureau de Berthier. Qu'est-ce qu'il se passe ? Avant de prendre place à mon propre bureau, je décide de me mêler de ce qui ne me regarde pas et de frapper à la porte.

Marc m'ouvre, rouge de colère.

– Ah, Clarence. Tu tombes bien, j'étais en train de tenter un management positif avec Berthier. Qu'est-ce que t'es nul, Berthier, c'est dingue. On dirait que tu as été créé dans un moule en merde et que tu n'es jamais sorti du moule.

Impassible, j'écoute Marc débiter trois insultes à la seconde à propos de mon collègue.

– Qu'est-ce qu'il a fait ?

Mon manager lève les yeux au plafond, puis soupire, en étirant la jambe droite sur le bureau de Berthier.

– Qu'est-ce qu'il a fait ? Tu me demandes ce qu'il a fait ?! Il avait un dossier simple que je lui ai confié il y a trois mois ! Trois mois, Berthier, allô, il y a quelqu'un, là-dedans ?

Un prof de maths qui pratique le yoga. Rien de compliqué, quand même !

Marc n'a pas tort. C'est vrai que les profs sont super simples à faire tomber en dépression. Statistiquement, ils sont parmi nos meilleurs clients.

Je jette un œil à Berthier. Il est tout faiblard, comme s'il s'attendait à recevoir une gifle de la part de Marc. À moitié recroquevillé, tête baissée, il encaisse les injures avec une grande docilité.

– T'es vraiment une merde, Berthier. Comment t'as été recruté ici ? ajouté-je.

Ma question a l'air rhétorique, mais je suis presque sérieuse. Comment un type comme Berthier a pu être engagé dans l'une des organisations les plus secrètes du monde ? D & C n'affiche pas son enseigne de cette manière, évidemment. Nous avons des tas de couvertures possibles, un peu comme les services secrets. Nous sommes une pieuvre, une branche aux multiples ramifications, une toile d'araignée géante et les gens normaux sont englués dans nos fils. Si nous souhaitons qu'ils se sentent mal, alors, ils se sentent mal. C'est aussi simple que ça. Pourquoi le voudrions-nous ? Parce que nous ponctionnons à chaque étage sur le malheur des gens. Prenons un calcul très simple en inventant un personnage fictif. Celui de… Véronique !

Véronique est heureuse. Véronique n'a pas le moindre souci de santé mentale ou de dépression. Ce n'est pas bon, parce que du coup, Véronique ne rapporte rien. Elle n'est pas « rentable ». Admettons donc que D & C décide de s'intéresser au cas de Véronique. En deux semaines, top chrono, elle commence à être sérieusement déprimée. C'est là que ça devient intéressant.

Véronique commence par aller chez le psy, qui lui prescrit un sacré paquet de consultations. Soixante euros, en moyenne. On en ponctionne dix sur un tarif comme ça.

Mais elle ne se sent toujours pas mieux – parce que notre travail, on le fait bien et qu'on enfonce le clou. Alors, Véronique va voir un psychiatre.

On ponctionne.

Ce qu'il y a de bien, c'est que le médecin, c'est comme un garagiste : quand on y va, il trouve toujours un défaut à la bagnole. Donc, dans presque cent pour cent des cas, il y a des médicaments à la clé.

On ponctionne.

Mais si on soignait bien la santé mentale, si on comprenait bien les maladies inhérentes au cerveau, ça se saurait, non ? Et là, c'est ce qu'on appelle un investissement sur le long terme, parce que grâce à notre intervention, Véronique, qui ne consommait pas, devient une cliente active et régulière.

Dans le pire des cas, elle part faire un tour en hôpital psychiatrique ou en maison de repos pour calmer son burn-out ou sa dépression.

Devinez ? On ponctionne.

Et comme nous sommes toujours dans les bons plans et qu'il n'y a aucun domaine qui connaisse moins la crise que le business de la mort, si un jour on enterre Véronique…

On ponctionne.

Saviez-vous qu'une place au cimetière se payait comme un loyer ? À chaque échéance…

On ponctionne – ouais, notre service juridique déchire !

Même morte, Véronique est rentable. Et c'est en cela, ces toutes petites choses, que nous sommes puissants. Même si nous ne faisons que prendre une poignée à chaque étage, à la fin, le pactole est immense.

Ça, c'est pour la majorité active de notre clientèle. Pour le reste, on peut aussi avoir des missions un peu plus ciblées de la part de dirigeants qui veulent casser une grève, virer les éléments gênants, ou simplement donner une bonne leçon à un type qui parle trop. Dans le cas de Véronique, on parle d'une « cible classique ». Lorsque c'est une mission, c'est une « intervention ».

La liste de nos activités serait de toute façon trop longue pour être entièrement détaillée. Mais nous avons fait ce calcul très simple : une personne qui va mal rapporte de l'argent. Une personne qui va bien, beaucoup moins. Il n'y a rien de plus dangereux que de s'attaquer au moral, parce que c'est de cette façon qu'on brise quelqu'un et pour de bon. Le moral, c'est le système immunitaire mental. Sans lui, c'est comme si on devenait séropositif de la tête et qu'on absorbait tout le malheur du monde comme des éponges. On voit le verre à moitié vide, on brûle la vie par les deux bouts et on se promène avec un petit nuage noir au-dessus de la tête. C'est ça, la dépression. C'est ÇA, notre job !

Alors, comment Berthier a-t-il pu arriver ici ? À l'évidence, ce n'est pas le couteau le plus aiguisé du tiroir.

– Je me demande ce qu'on va faire de toi, renchérit Marc. Un prof de maths, Berthier ! Je vais faire remplacer tous les dicos de France pour qu'à côté de « Merde » il y ait ta tronche. Non, mieux, pour qu'on remplace le mot « Merde » par « Berthier ». Comme ça, on pourrait te dire : « T'es vraiment une grosse Berthier, Berthier. »

– Ah, mince, en venant, j'ai marché dans une Berthier, ris-je en faisant mine d'essuyer ma chaussure.

– C'est dégoûtant, ça, Clarence. Ça me rappelle qu'en arrivant je suis allé couler une énorme Berthier dans les chiottes et que j'ai failli les boucher !

Enfin, mon collègue se réveille.

– Ça va, je... j'ai compris.

– C'est bien, Berthier, c'est bien. Bon, puisque tu as sérieusement besoin d'un cours de rattrapage, tu ne vas pas lâcher Clarence d'une semelle et tu vas apprendre d'elle. C'est clair ?

Je m'étrangle. Oups. Tout de suite, c'est beaucoup moins drôle.

4.

Pas envie. Comme une sensation de trop-plein, d'avoir la tête prête à exploser. Comme si mes jambes étaient coupées par une lame de fond. Ce que c'est chiant, de bosser… Mais bon, la bonne nouvelle, c'est qu'aujourd'hui je vais rencontrer mon fleuriste pour la première fois et qu'il ne sortira pas indemne de notre échange. Tout ça, je veux qu'il le ressente : cette envie de ne rien foutre et de se vautrer dans la fainéantise parce qu'on a à peine le courage de sortir du lit.

C'est le matin, la porte s'ouvre sur la silhouette de Clara, ma meilleure amie, mais aussi colocataire. Ah, ça, se payer un appartement sur Paris, même si on a un travail qui paye bien, ce n'est quand même pas donné ! J'ai un crédit sur le dos, moi ! Je crois que les agences immobilières sont à deux doigts d'accepter les reins comme payement. Je devrais peut-être leur poser la question. Enfin bref, Clara bosse de nuit et ça me fait plaisir de la voir. Généralement, on se croise, mais nous n'avons pas le temps de nous parler, toutes les deux bien trop occupées à travailler.

– 'Lut, lance-t-elle.

– Matinale ? rétorqué-je en touillant mon café.

Elle dépose sa veste sur le portemanteau en soupirant, puis s'installe à table en face de moi.

– Il faut bien. Dis donc, tu n'en as pas marre de ton taf, là ? C'est à cause de vous, l'inflation ?

Je hausse les épaules et soulève un sourcil. Ça, je n'en sais rien. Je ne suis qu'une cadre moyenne. Loin d'être au courant de tous les plans. Je sens qu'elle va me gonfler.

– Pour une fois qu'on se voit, tu ne peux pas parler d'autre chose ? Je suis déjà assez saoulée moi-même, si tu veux savoir.

– Je dis juste que quand tu étais plus jeune, tu rêvais de changer le monde, pas de le pourrir.

– Les rêves, c'est pour les gogos et les hippies. Note que ce sont souvent les mêmes, d'ailleurs.

Comptons ensemble. Combien ? Un chiffre, un nombre, peu importe. Combien de personnes avaient des rêves qui ne se sont jamais réalisés ? Combien ont pris une grande claque dans la tronche arrivées à l'âge adulte ? Combien se sont rendu compte que l'existence n'était pas un long fleuve tranquille, mais un torrent déchaîné qui débouche sur une cascade au bout de laquelle nous chutons tous, inexorablement ?

Clara secoue la tête en se rendant à la cuisine pour attraper un café à son tour. Elle reste hypnotisée par la capillarité, lorsqu'elle trempe, du bout des doigts, son morceau de sucre dans l'arabica.

– D'ailleurs, tu ne devrais pas déjà être au bureau ?

– Mission de terrain. Ça m'emmerde. Et toi, tu bois un café avant d'aller te coucher ?

C'est à son tour de hausser les épaules, cette fois-ci.

– Je ne vais pas dormir tout de suite. J'ai envie de regarder un peu la télé.

D'un point A à un point B dans l'appartement. C'est toujours comme ça que fonctionne Clara lorsqu'elle n'est pas en train de travailler. Ah, entre elle et moi, c'est une belle histoire d'amitié. On s'est connues au collège. Elle était la grande, la belle, la forte et moi, j'étais petite et fragile. Je me suis toujours cachée derrière elle, comme si j'avais besoin de réconfort. Par chance, nous avons traversé les classes ensemble et elle n'a cessé de me protéger jusqu'à ce que, petit à petit, je prenne confiance en moi. Sauf que voilà, les choses changent et quand on arrive dans la vie d'adulte, que sont devenus les cools du collège et du lycée ? Des moins que rien. Ceux qui réussissent sont tapis dans le silence et ils attendent leur tour. C'était mon cas. Une fois mon diplôme en poche, j'ai poursuivi mes études tandis que Clara a préféré rentrer dans le monde du travail rapidement. Elle ne sait pas ce qu'est une « présentation », un « PowerPoint », une « réunion *asap* pour brainstorm », ou encore le « *quiet quitting* » – qui me tente de plus en plus. Elle bosse comme gardienne de nuit dans un hôtel près de Pigalle. C'est tout. Et je crois que ça lui convient. Lorsqu'elle a du temps libre, elle s'enfourne des chips, du soda, du Nutella à la cuillère, bref, elle engouffre tout ce qui passe sans prendre un gramme – ce qui, entre nous, est vraiment dégueulasse !

Maintenant que nous sommes adultes, c'est moi qui la prends sous mon aile. La répartition du loyer n'est évidemment pas équitable, mais c'est comme ça. Le temps qu'elle retombe sur ses pattes. Dix ans qu'elle aurait dû retomber dessus, d'ailleurs, mais Clara n'a jamais eu la grâce d'un félin.

J'attrape mon manteau, puis claque la porte.

– À toute.

Pas de réponse. Tant pis.

J'arpente la rue Damrémont en inspirant profondément l'air saturé de la capitale. Honnêtement, j'ai de quoi être fière. Il n'y a qu'à faire un tour dans le métro pour se rendre compte que dans notre travail, nous sommes bons. Très bons. Bordel, vivement que j'en finisse avec cet Étienne, que je puisse retourner au bureau mener des missions à distance.

Au croisement de la rue Lepic, je m'arrête près d'une boulangerie, figée, en apercevant Berthier. Oh, non, ce n'est pas vrai…

– Berthier, qu'est-ce que tu fous là ?

Surpris, il relève la tête dans ma direction et me lance une salutation de la main aussi timide que pathétique.

– Bah, je te suis, comme prévu, non ? Fait pas chaud, hein ? poursuit-il en se frottant les mains.

Non, parce que nous sommes en décembre. Et d'ailleurs, c'est un mois particulièrement propice à la dépression. La grisaille, le mauvais temps, les nouvelles dramatiques qui passent en boucle à la télé et à la radio… Les planètes sont alignées pour augmenter notre chiffre d'affaires.

– Tu vas rester sagement derrière moi et ne pas tenter quoi que ce soit, vu ?

L'enjeu est trop important : mon travail. Si je me fais virer, je suis foutue. Je n'ai pas envie de tout recommencer à zéro parce que j'ai un incapable dans les pattes. Nerveusement, j'attrape le bord de son manteau pour le rapprocher de moi et le prévenir :

– Tu as compris, Berthier ? Je te jure que si tu interviens et que tu fais foirer quoi que ce soit, j'enfonce ton téléphone là où la lumière ne brille jamais et je t'appelle à répétition jusqu'à ce que tu en crèves.

Paniqué, mon collègue hoche la tête en me regardant avec de grands yeux. Je ne le lâche pas du regard. Je suis une tueuse. Je maintiens le contact visuel jusqu'à ce qu'il le rompe de lui-même. Une fois que sa pleine et entière soumission m'est acquise, je le relâche, tapote son blouson pour faire mine de le nettoyer, puis me dirige vers le fleuriste.

Magasin classique. Rien de flambant. Bien décoré.

Faut-il être fleur bleue pour voir la vie en rose ?

Je vais le foutre en dépression tellement profondément qu'il souhaitera n'être jamais né. On ne peut pas se permettre que des phénomènes comme Étienne se reproduisent. Mieux vaut traiter le mal à la racine avant d'attendre qu'il fasse des petits.

Je pousse la porte, suivie de près par Merdier. Il a intérêt à se contenter de sentir les roses et de jouer au client modèle, celui-là. Sinon, je ne vais pas le supporter.

– Bienvenue chez *Fleur de l'Âge*. Je peux vous aider ?

Il est ridicule, bordel. Ça va me prendre cinq minutes.

Que la partie commence, Étienne.

5.

Je ne sais pas ce qui me séduit le plus : le tablier marron dégueulasse monochrome attaché autour de la taille, la tignasse blonde décoiffée comme si le type revenait d'une rave party, ou le pathétique évident de tout ce magasin. Même Berthier ne pourrait pas rater une cible pareille tant elle est énorme. Ça va être un vrai jeu d'enfant.

– Oui. Je cherche des chrysanthèmes.

Tout de suite, Étienne devient plus solennel. Qu'est-ce que je vois dans son regard ? Est-ce un bon comédien ? On dirait… de la compassion. Mais il ne me connaît pas, donc ce type est forcément un escroc. Il ne peut pas être réellement désolé pour moi, ce qui signifie que c'est un menteur. Et de la pire espèce, en plus. Ah, c'est donc pour cela qu'il arrive si bien à cacher son jeu auprès de D & C. Les mythomanes sont les plus difficiles à appréhender. Ils sont tellement persuadés de ce qu'ils racontent qu'ils en oublient la vérité. Dans un premier temps, il est donc nécessaire de leur remettre les idées en place.

– C'est… c'est pour l'enterrement de ma mère…, sangloté-je.

Pff. Qu'est-ce que je suis forte. J'arrive carrément à pleurer sur commande. Voyons jusqu'où je peux pousser le vice.

Tête creuse. Trop sensible. Facile à détruire.

– Je suis vraiment désolé. Toutes mes condoléances, madame.

Mmh. Réponse classique. Pour le moment, je n'ai rien à redire. Son visage est grave. Il emballe les chrysanthèmes pour former un bouquet. Chacun de ses gestes est teinté du plus grand soin apporté à ses fleurs. Bon sang, ce qu'il a l'air de les aimer. Il en coupe soigneusement les tiges, enroule amoureusement le ruban, applique un demi-gramme de colle pour que le tout tienne…

C'est comme des préliminaires qui ne finissent jamais. C'est une véritable torture. D'un autre côté, j'ai mentionné un décès. J'imagine qu'il se donne au maximum pour que le bouquet me plaise. Et c'est là que ça va devenir intéressant.

Premier constat : pour une raison que j'ignore et que je n'arriverai sans doute jamais à expliquer, ce type aime son travail. C'est donc dans cette confiance en lui que je dois frapper, dans un premier temps. Si je lui porte un coup sur ce qu'il affectionne le plus, il sera touché.

Objectivement, c'est un magnifique bouquet qu'il me tend. Mais je n'en ai rien à faire. D'une part, ma mère est morte depuis un moment et d'autre part, je suis là pour l'enfoncer, lui mettre le nez dans la pisse comme un chiot qui fait à côté du journal.

Je fais mine de me frotter les yeux pour essuyer mes larmes et pose mon regard sur le bouquet. Je vais pour l'incendier, lorsqu'il dégaine un second bouquet, avec un air tendre.

– Je n'ai pas l'habitude de me mêler de ce qui ne me regarde pas, madame, mais… vous avez l'air vraiment affligée et j'en ai le cœur brisé pour vous.

Je fronce les sourcils. À quoi joue-t-il ? Je n'ai pas besoin qu'il me déconcentre de la sorte. Si je ne suis pas à fond dans mon rôle, les larmes ne coulent pas. Je ne dois pas me poser trop de questions.

– C'est pour ça que j'ai décidé d'ajouter un second bouquet, poursuit-il en esquissant un sourire plein de bienveillance.

Étrangement, dans toute cette mascarade, ce qui me frappe, ce sont ses mains. Longues, élégantes… celles d'un travailleur passionné. Beurk. Il a même de la terre sous les ongles. C'est tout simplement ignoble. Ce n'est pas possible, il s'amuse à leur mettre des doigts, à ses plantes ?

Ahh… c'était dégoûtant, ça !

– Ah bon, mais ?…

– Ce sont des hortensias, me coupe-t-il. Ce sont les fleurs de l'espoir. Quand je les vois, tous les jours, je me rappelle que quoi qu'il arrive, il y a toujours de l'espoir.

Pitié, je vais gerber.

– Ma mère est morte, je vous rappelle.

– Et j'en suis profondément désolé. Je ne m'habituerai jamais à voir des gens pleurer la mort de leurs proches. Mais si je peux apporter un peu d'espoir, depuis mon petit niveau, je me dis que ça vaut le coup d'essayer. Vous n'en voulez pas ?

Mes dents commencent à faire des étincelles entre elles. Il m'agace, avec son baratin de gourou. Lui, il a l'air d'être du genre à rejoindre des sectes bizarres.

– Votre bouquet est dégueulasse. Vous êtes sûr que vous êtes fleuriste ? Je réalisais de meilleures compositions florales quand j'avais cinq ans avec la mauvaise herbe du jardin de ma grand-mère ! C'est pitoyable et vous espérez que je vais payer pour ça ?

Bam. Piqué dans son ego. Énerver les gens, c'est presque aussi facile que d'appliquer une bête formule mathématique. Admettons que X = leur passion et que Y = les titiller dessus : X + Y = colère noire. C'est presque du cent pour cent.

Personne ne supporte d'être remis en cause dans un domaine où il se pense compétent.

Personne, sauf lui.

Alors que je m'attendais à un retour de flamme énergivore qui le pousserait à réfléchir toute la nuit à cette altercation d'une rare violence verbale au sein de son magasin, Étienne se contente de sourire.

– Je suis désolé s'il ne vous plaît pas, madame. Je peux recommencer, si vous préférez. Je dis toujours que nous passons notre vie entière sur les bancs de l'école. J'ai encore beaucoup à apprendre.

– Ce n'est pas ça, c'est que votre bouquet me fout carrément en rogne tellement il est moche !

– Il est fréquent de rediriger sa colère vers des causes extérieures lorsqu'on ressent une grande peine, à l'intérieur. Je crois que si ce bouquet vous permet au moins de vous décharger de ces émotions négatives, il a déjà formidablement bien accompli son devoir.

Mais bon sang, il va craquer, oui ? Pas une once de colère dans son regard. Comme s'il n'y avait rien d'autre, au fond de ses yeux, que de la gentillesse et de la compassion à mon égard. Il reste parfaitement stoïque à chacune de mes attaques.

Ça y est, je commence à comprendre ce qui ne va pas, chez lui : il est fêlé. Il n'est pas normal – comme nous autres, Berthier et moi. Il est tellement… condescendant ! J'ai l'impression d'être une enfant de primaire à qui il explique la vie sans hausser la voix. Ça, c'est le genre de spécimen horrible issu de l'éducation positive, qui doit avoir des parents qui se nourrissent de quinoa et de feuilles de bambou. Mon secret pour une bonne éducation ? Une mère décédée jeune et un père alcoolique et violent. Cocktail parfait pour réussir dans la vie professionnelle.

J'ai été élevée à coups de « Bou-hou-hou, ce n'est pas ce que je voulais pour toi, ma fille, bou-hou-hou, tu méritais mieux, bou-hou-hou ». Ma mère était une héroïne, avant de clamser, parce qu'elle a réussi à faire grimper l'action Kleenex en Bourse à elle toute seule. Elle passait sa vie affalée dans son canapé, à chialer, pendant que mon père picolait dans la pièce d'à côté en essayant d'écrire le prochain grand roman français. *Spoiler :* ils meurent tous les deux à la fin et la gamine s'en sort toute seule.

C'est moi qui commence à perdre patience, à vrai dire.

J'attrape son bouquet et l'éclate par terre, avant de sauter dessus à pieds joints.

– Voilà ce que j'en fais de vos putain de fleurs ! Vous voulez vous la jouer comme ça ? Très bien ! Je n'ai pas dit mon dernier mot.

Au lieu de s'emporter, de me hurler de sortir de son magasin comme n'importe quel être humain normalement constitué le ferait, Étienne se déplace lentement vers moi, puis me pose une main sur l'épaule en esquissant la moitié d'un sourire.

– Ce n'est pas grave. Parfois, ça fait du bien de pleurer. Quand rien ne va, autour de moi, je me rappelle une chose : quoi qu'il nous arrive, le monde tourne encore.

– C'est les talons que je vais tourner. En dehors de votre boutique miteuse.

– Avant de partir, sachez que vous n'êtes pas seule avec votre peine. Il y a des tas d'endroits où vous pouvez la partager. Un, en particulier. J'ai un club et on serait ravis de vous accueillir. On se réunit demain soir. Je vous laisse l'adresse sur la carte du magasin. Vous serez la bienvenue.

Je suis devenue une spécialiste dans l'analyse non verbale des personnes qui m'entourent. Pour moi, les gens sont comme des livres ouverts parce que je suis un reptile sans cœur. Même leurs émotions – que je ne ressens pas – me semblent si simples à déceler que tout cela en devient enfantin.

Pour Étienne, c'est la même chose. Sauf que je ne vois que du bon au fond de lui. De la bienveillance, de la sympathie, de… l'amour. Comme si toutes ces choses rayonnaient grâce à sa cosmoénergie de chevalier du zodiaque.

– Allez au diable. Je vous souhaite d'avoir rendez-vous à la préfecture un jeudi après-midi de grève des transports, espèce de connard.

6.

– Avoue que ce n'était pas une réussite…

Attablée autour d'un café, place de Clichy, je me repasse en boucle la scène qui vient de se jouer, tandis que Berthier, en face de moi, a l'air de prendre un malin plaisir devant mon échec. Comment les choses ont-elles pu mal se dérouler à ce point ? Je pensais que je maîtrisais la situation.

Ce n'était qu'un premier essai.

Non seulement je ne suis pas parvenue à mes fins, mais en plus de cela, il m'a carrément prise pour une fille triste. Moi. Il m'a même filé une carte pour le retrouver à son club de dépressifs. Je n'ai pas la moindre envie de me rendre à sa réunion de fans d'Evanescence. S'ils ont des problèmes, au contraire, ça fait mon affaire.

– Berthier, si tu ne veux pas que je ferme ton claque-merde moi-même, tu devrais la boucler.

J'ai les doigts posés sur les tempes et je les malaxe, comme si cela allait m'aider à trouver une solution. Je n'arrive pas à croire que c'est moi qui vais me faire virer dans trois mois si je ne parviens pas à faire plier Étienne et que cet imbécile heureux de Berthier me colle aux basques. Lui, il ne peut rien lui arriver de pire : c'est déjà le souffre-douleur de tout le service. Mais moi, je suis censée être une *rock star*. Je déchire dans mon domaine.

– Nicole a carrément eu une idée de génie. Elle a comploté pour que Julien Courbet revienne sur scène pour un nouveau spectacle… Je viens de voir ça sur le WhatsApp de la boîte.

– Elle est forte, avoué-je en soupirant. Ça rendra sans doute des tas de gens malheureux, c'est sûr, mais ça ne changera rien pour mon fleuriste…

Rah, il ne manquait plus que ça : un appel de Clara. Je croyais qu'elle devait s'occuper de manger des chips devant la télé, elle. Pourquoi m'appelle-t-elle maintenant ? Je n'ai pas le temps pour ça…

Agacée, je décroche en faisant signe à Berthier de la boucler.

– Quoi ?

– Tu as la voix de quelqu'un d'insatisfait.

Je lève les yeux au ciel.

– Bon, qu'est-ce que tu veux ?

– Raconte.

Je souffle un grand coup. Au moins, Clara est forte pour ça. Quand j'essuie des échecs, je peux lui en parler et même si le plus souvent elle n'est pas du genre à me remonter le moral, elle écoute. C'est déjà pas mal.

– Je suis tombée sur plus fort que moi. Enfin, pour le moment. Je vais trouver le moyen de le faire craquer.

Je ne m'étale pas sur les détails de ma rencontre avec Étienne. D'abord, parce que ce que je lui raconte a l'air de la plier de rire et ça ne me plaît pas du tout. Ensuite, parce que je n'ai pas envie de trop dévoiler mes failles. Avoir l'air humaine en se montrant faillible de temps à autre, pourquoi pas. Passer pour une faible, sûrement pas.

– Non, mais sans blague : tu lui as fait le coup de la fille éplorée ? J'aurais carrément payé pour voir ça.

– Je suis multicasquette. J'ai beaucoup de tours dans mon sac. Celui-ci n'a pas pris, mais j'en trouverai un autre. Sur ce, Clara, je vais te laisser. Je n'ai pas que ça à foutre que de t'écouter.

De toute manière, je sais très bien que je ne pourrai pas y couper en rentrant à la maison ; elle va se moquer de moi comme jamais alors qu'elle paye à peine de quoi m'aider à rembourser mon crédit tout en vivant chez moi. Je crois que ma situation l'amusera moins dans trois mois, si je ne suis pas parvenue à faire tomber ce foutu fleuriste en dépression.

Parce qu'il n'y a rien d'autre à faire. Les cas récalcitrants sont courants et dans ces moments-là, nous n'avons pas d'autre choix que d'insister. Parce que, sincèrement, on pourrait se contenter de les buter. J'imagine que c'est dans nos cordes. On pousse bien des gens au suicide, parfois. Ça ne devrait pas poser trop de problèmes moraux de coller deux parpaings aux pieds d'un loser un peu trop heureux de vivre et de lui apprendre le vrai sens des mots « dignité devant l'Éternel ». Mais on ne peut pas. Comme Marc nous l'avait si bien démontré : « Si vous avez un fruit périmé dans la corbeille, il va contaminer tous les autres petit à petit. Et c'est exactement ce que nous voulons. Supprimer un fruit périmé, donc le mettre à la poubelle, c'est tout recommencer à zéro. »

La dépression, la morosité, tout ça est une chaîne. Une épidémie dont nous devons assurer la santé en permanence. Supprimer un résistant n'est jamais une bonne idée. S'il se supprime de lui-même, en revanche, les conséquences psychologiques sur son entourage sont si dévastatrices que ça devient intéressant. Mais les personnes déprimées, avec un petit nuage noir au-dessus de la tête, sont toujours plus rentables lorsqu'elles sont vivantes.

– C'était qui ? ose Berthier.

– Ma coloc.

Je regarde tous ces gens qui battent le pavé, le pas pressé. Je peux au moins me satisfaire de ça. Nous remplissons notre office à merveille. Ils ont tous l'air de faire la tronche. En même temps, rien de plus facile, à Paris. Si je devais opérer sur le terrain à Nouméa ou en Finlande, ce serait une autre histoire.

– Je ne savais même pas que tu avais une coloc. Pourtant ça fait longtemps que nos bureaux sont en face…

– Parce que tu crois qu'on va devenir meilleurs amis, Berthier ? Tu penses qu'on va commencer à se confier des petits secrets sur nos week-ends merdiques à Deauville ? Non. Parce que la vérité, c'est qu'un collègue qui pue de la gueule et qui te raconte sa vie un lundi matin à la machine à café, ça donne juste envie de se défenestrer.

Berthier a un mouvement de recul, puis forme un U avec sa main et souffle dedans. Bon sang, ce qu'il est con !

– Non. Mais bon, je me disais que c'était l'occasion de se connaître un peu mieux. Je suis sûr que tu ne sais pas que je suis marié. Pourtant, je porte une alliance.

– Mmh…

Donc, ça veut dire qu'il y a plusieurs Berthier dans ce monde. Grand Dieu, ils se multiplient ! Faites que ça s'arrête.

– Si ça ne t'ennuie pas, Berthier, j'ai davantage besoin d'idées que d'entendre parler de ta vie qui me fout le cafard. Rien que de penser que tu as une femme et que tu peux potentiellement te reproduire, ça me hérisse le poil.

Cet Étienne est vraiment récalcitrant et j'ignore encore comment le faire tomber.

⋆⋆⋆

Le lendemain, au bureau, j'ai des idées plein la tête. On dit que la nuit porte conseil – ça n'a jamais été aussi vrai. Je suis passée dans les locaux des types de la R&D. Ils fourmillent de nouvelles inventions pour m'aider. Ce ne sont pas forcément des gadgets, mais plutôt des stratégies que je vais m'efforcer d'appliquer. Les employés de cette partie de notre société sont surtout des psychologues de formation qui savent très bien comment venir à bout d'une bonne santé mentale. Mais même entre leurs mains, le dossier d'Étienne est resté insoluble. Ce mec est une énigme pour tout le monde et il m'appartient de la percer. Il ne me résistera pas longtemps. Je m'y refuse catégoriquement.

Lorsque la poignée de mon bureau tourne, je suis à deux doigts d'exploser et d'incendier la personne qui entre sans frapper, jusqu'à m'apercevoir qu'il s'agit de Marc. Bordel, mais qu'est-ce qu'il veut, celui-là ?

Comme à chaque fois qu'il marche, on dirait que la vie est une souffrance et que le moindre effort est insurmontable. Il grimace à chaque pas. S'il n'essayait pas de trouver l'élixir de jouvence en s'infligeant des séances de sport tous les jours, il n'aurait pas cette tronche. À un moment, il faut accepter de vieillir.

– Qu'est-ce qu'il se passe, Marc ?

– Squash, hier.

Je lève les yeux au ciel quand il détourne le regard. J'ai besoin d'être sarcastique, c'est plus fort que moi.

– Ça avance, ce dossier ? demande-t-il nonchalamment.

– Je croyais que j'avais trois mois.

Tout de suite, il tient à calmer le jeu. Il met ses mains en avant, l'air de me dire de redescendre de mes grands chevaux, puis rétorque :

– Tout doux, je ne fais que demander. Tu sais, je crois beaucoup en toi. Et puis, j'ai assuré à la direction que tu étais sur le coup. Moi, tu vois, je suis manager, donc les missions de terrain, c'est de l'histoire ancienne. Mais toi, tu es une vraie tueuse. D'ailleurs, en parlant de mission de terrain… comment ça se fait que tu sois ici ?

J'en étais sûre. Il est venu pour me mettre la pression en m'annonçant de but en blanc que la direction était désormais au courant. Si j'échoue, ce sera pour ma pomme. Il pourra se draper dans un mélange d'hypocrisie et de surprise en leur assurant que je suis pourtant la meilleure et qu'il ne comprend pas comment mes capacités d'habitude si extraordinaires ont pu être altérées à ce point. Et ensuite, bien sûr, je serai virée. Quel salaud !

– Tu ne dois pas le prendre pour toi, ni être trop stressée, Clarence. Tu vois, quand je me fixe un objectif, je l'atteins, c'est comme ça, lâche-t-il en croquant dans une pomme.

Sauf en ce qui concerne ton tour de taille, connard.

– Mmh, je suis du genre vraiment intransigeant, poursuit-il. Tous les matins, je me lève à cinq heures et je prends une douche glacée avant de faire des abdos. Ça me donne un meilleur *mindset* pour la journée. Faut être un lion. Foncer, foncer, foncer. Graouh. Tu vois ce que je veux dire ?

– Carrément.

Tocard.

Après deux tapes sur mon bureau – sur lequel Marc avait pris soin de s'asseoir comme s'il était chez lui –, il quitte la pièce en ne me laissant qu'une saleté de parfum d'anxiété dans son sillage. Tic-tac, l'horloge tourne. Si Étienne ne devient pas un bon client, je suis fichue…

7.

– Et tu n'as vraiment rien trouvé ? demande Clara en s'installant en face de moi sur le canapé.

Comment lui dire que je préférerais mille fois qu'elle me foute la paix ? Pour le moment, je suis en train de réfléchir à mon approche. La plus évidente était de l'attaquer sur son travail, mais ça n'a visiblement pas fonctionné. J'ai également songé à lui donner un coup sur le plan physique, en le poussant à complexer. Ce n'est pas si difficile : il suffit de lui envoyer des spams qui concernent des chirurgies transformatrices de grande qualité dans sa boîte mail, ou des idées de compléments alimentaires pour maigrir, des choses comme ça. Et comme nous sommes tous paranoïaques de nature, il finira par se demander si les commerciaux qui envoient ces mails ont bien ciblé. Puis il en conclura que oui et qu'il a probablement besoin de perdre du poids. Des choses comme ça, en somme. Mais je ne crois pas vraiment en l'efficacité de ce procédé, avec Étienne. Il a l'air diablement bien dans ses pompes et c'est ce qui m'inquiète.

– Je cherche. Il résiste à toutes les attaques numériques. C'est pour ça qu'on m'envoie sur le terrain, figure-toi.

Clara plonge sa cuillère dans un gros pot de glace, puis l'enfourne entièrement dans sa bouche.

– Mmmh… est-ce que tu as pensé au truc le plus évident, mais pourtant le plus difficile ?

Même si je suis certaine que ce sera une idée pourrie, je prends la peine de lever la tête pour écouter ce que ma colocataire souhaite me proposer.

– Je t'écoute.

– Souviens-toi de la dernière fois où tu as été en dépression. Genre, vraiment. La dernière fois que tu as été si mal que tu aurais pu en crever. Tu te souviens ? C'est à ce moment-là que je t'ai ramassée à la balayette. Pourquoi tu ne lui ferais pas la même chose ?

Aussitôt, mon regard se pose sur le portrait de *nous*, seul souvenir qu'il me reste de la relation amoureuse que j'entretenais avec Laurent. Je lance un œil discret à ma main. Il y manque une chose sans laquelle je me sens nue comme un ver : une alliance.

– T'es conne ou tu le fais exprès ? Tu crois que j'ai le temps d'épouser Étienne, de lui briser le cœur et de rompre avec lui ? Arrête de dire des conneries pareilles, s'il te plaît. Si c'est pour dire ça, tu peux aussi aller dans ta chambre et me foutre la paix.

– Je vois que tu es encore sensible sur le sujet.

– Pas du tout ! m'exclamé-je avec vigueur. C'est juste que je suis stressée parce que j'ai un dossier difficile à gérer et que tu me pollues l'esprit avec des idées à la noix.

Si elle croit que je n'ai pas tourné la page, alors là, elle se fourre le doigt dans l'œil jusqu'au fondement. Je suis une battante. Je ne me laisse pas abattre par une déception amoureuse. Comme l'a dit Marc, je suis une fonceuse. Je fonce, je fonce, je fonce…

Et des fois, je percute un mur…

– Il est tard, je vais me coucher, ajouté-je.

– Et moi taffer. À toute.

Je hoche la tête, puis file dans ma chambre pour me changer. Une tenue confortable, une série sur mon ordinateur posé à côté du lit juste pour avoir un bruit de fond, et je fermerai les yeux. Avant, c'était Laurent qui me berçait. Il aimait toujours me raconter les livres qu'il lisait, avant de se coucher. Et puis, il buvait un thé, il laissait la lumière allumée de son côté et je n'arrivais pas à dormir. Et surtout, quand il finissait enfin par poser son fichu bouquin, il ronflait comme un moteur de tracteur lancé à toute allure. À cause de lui, j'ai développé une mauvaise habitude. Après quinze ans de vie commune, c'était prévisible, en même temps. J'ai toujours besoin d'un bruit pour m'endormir. C'est donc Netflix qui comble le vide.

Installée dans le lit, j'attrape mon téléphone pour regarder le dernier message qu'il m'a envoyé :

Clarence, réponds-moi. Quand est-ce que je peux venir récupérer mon sweat ?

Qui s'en fiche, de son putain de sweat ? Je n'ai jamais répondu. Je l'ai lâchement laissé en « vu », parce que le revoir serait insupportable. Je suis passée à autre chose, mais j'ai eu du mal à refermer la plaie. Je ne veux pas qu'elle se rouvre bêtement.

Personne ne peut imaginer ce que j'ai ressenti à ce moment-là. Je m'attendais à tout sauf à ce qu'il prononce ces mots : « Je crois que je n'ai plus de sentiments pour toi, Clarence. » À cet instant, s'il avait eu l'oreille plus attentive, il aurait entendu les morceaux de mon cœur se briser comme une porcelaine de Limoges écrasée au sol. Mon sang a tourné trois fois. J'avais chaud dans tout le corps. C'était si brutal, si inattendu. Quinze ans. Balayés d'un revers de main, comme ça, en quelques mots qui ne me laissaient même pas la possibilité de me défendre. C'était un tribunal, mais le procès n'était pas équitable. J'étais coupable d'office.

Quand notre moitié a un problème avec nous, on peut toujours l'arranger. Faire des compromis. C'est ce qu'on appelle le couple. Mais quand il n'y a plus de sentiments et que c'est unilatéral… tout est foutu. On a beau essayer de se débattre, c'est comme une tentative pour sauver le *Titanic*. On ne peut qu'assister au naufrage. Impuissant.

Son sweat et le portrait dans le salon, c'est à peu près tout ce qu'il me reste.

S'il savait, Laurent, que son sweat, je m'endors tous les soirs dedans, en séchant mes larmes sur ses manches…

L'odeur est presque partie, mais j'ai l'impression qu'il m'enveloppe dans ses bras et qu'il est là. Que je ne suis pas seule !

Putain, si Clara savait ça, elle se foutrait de moi sur dix générations.

Une larme de plus, demain est un autre jour. Elles sécheront toutes seules.

8.

– C'est TA fille, lance mon père en attrapant ma génitrice par les cheveux. Tu peux me dire pourquoi elle pisse encore au lit à douze ans ?! Ce n'est pas possible d'être aussi conne !

Je vais encore en prendre pour mon grade. Prostrée dans ma chambre, les bras autour des genoux, misérablement installée dans ma propre urine, j'écoute la violente dispute qui éclate dans le couloir. J'entends du fracas. Le pire, ce n'est pas de voir, mais d'imaginer. Est-il en train de lui coller la tête dans le mur ? De la frapper ? Je n'en ai pas la moindre idée. Tout ce que je sais, c'est que ce n'est pas près de se terminer.

– Comment tu veux que je termine mon roman, Virginie ? Comment ?! Comment je suis censé faire avec le travail qui me prend déjà toute la journée, toi qui m'emmerdes quand je rentre et cette conne qui se pisse dessus en pleine nuit ? Putain, je suis épuisé, tu comprends ça ?

Le fameux grand roman français de mon père. Le fils spirituel de Victor Hugo, sans doute.

Quelques minutes plus tard, ma mère me prend contre elle, prostrée avec moi. Je suis dans ses bras, mais je ne ressens rien. Comme si elle était déjà morte. Comme si son étreinte était devenue squelettique et qu'elle avait déjà embrassé la grande faucheuse. C'est une sensation étrange. J'ai l'impression d'être caressée par le spectre de la mort en personne lorsqu'elle pose ses mains sur moi.

– Ce n'est pas ce que je voulais pour toi, tu sais, sanglote-t-elle. Je suis désolée.

Alors pourquoi elle ne lui résiste pas ? Pourquoi elle n'essaye pas ? Au moins une fois ? Si ça ne marche pas, est-ce que ça pourra vraiment être pire, de toute façon ? C'est toujours la même rengaine, avec elle. De belles paroles, mais jamais suivies d'actes.

C'est à cet instant que je m'éveille en sursaut. Encore ces foutus cauchemars qui me hantent. Mauvais souvenirs qui me reviennent en tête comme le refrain d'une vieille chanson qu'on aimerait oublier. C'est quand même drôle, l'esprit humain. Nous sommes capables de nous adapter absolument à tout. De la meilleure situation à la pire. Lorsque j'étais enfant, je me souviens que ces situations me paraissaient tout à fait normales. Je ne connaissais rien d'autre, donc je ne voyais pas le problème. J'imagine que quand on est élevé dans la haine, que l'amour nous est complètement étranger, on finit par s'habituer.

Ce n'est que beaucoup plus tard, en me rendant chez des camarades de classe, que je me suis aperçue que la situation était sans doute problématique. Mais quels choix s'offraient vraiment à moi ? En parler à l'école ? Génial, ça aurait été la honte absolue. J'ai préféré prendre sur moi et subir jusqu'à avoir l'âge de me barrer pour de bon.

Ce réveil en sueur me donne au moins une idée : parler. C'est ça qui me trotte dans la tête. La parole. C'est bête et pourtant, c'est salvateur, dans mon cas. J'ai besoin de parler au groupe de parole d'Étienne. Non pas pour me libérer de mes souffrances d'enfant – qui n'en sont plus depuis longtemps –, mais pour infiltrer son groupe d'amis et le détruire de l'intérieur. C'est ça ! Merci, cauchemar ! Mon approche était mauvaise. Je pensais pouvoir le briser depuis l'extérieur, mais c'est comme le cheval de Troie. J'ai besoin de pénétrer son espace pour le pourrir.

J'aurais dû y penser depuis le départ ! C'était pourtant évident ! Dès ce soir, j'attrape la carte d'Étienne et je me rends à son fichu club pour commencer à intégrer son cercle de connaissances. Ça ne devrait pas être trop compliqué.

Bon sang, ce que je suis intelligente. Ce que je suis vicieuse. Je vais réussir ma mission.

***

Il est dix-huit heures. Forcément, la pluie a décidé de se joindre à la partie. Et comme si cela ne suffisait pas, il ne s'agit pas du petit crachin breton, mais d'une bonne grosse averse du Pas-de-Calais. J'entre par la porte cochère, puis me dirige vers la cour intérieure. Bon sang, où est-ce que je suis ? Il ne m'a même pas donné l'emplacement exact de la réunion, cet imbécile. On peut dire qu'il est vraiment nul en ce qui concerne les rendez-vous, celui-là. Heureusement qu'il est fleuriste et pas président de la République.

– Vous venez pour la réunion, vous aussi ? demande une jeune femme basanée style latino en arrivant à mon niveau.

– Ouais. C'est où ?

Elle me sourit en protégeant ses cheveux sous son long manteau, dressé en parapluie au-dessus de sa tête.

– Suivez-moi. C'est juste là, mais il faut forcer un peu sur la porte.

Pas de souci, prends ton temps… Ce n'est pas comme s'il faisait un froid de canard et que j'étais trempée jusqu'à l'os.

– Au fait, je m'appelle Germaine.

Drôle de nom pour une fille qui a l'air d'avoir tout juste vingt ans. Mais bon, passons.

Eh bien, pourquoi ne me lâche-t-elle pas du regard ?

– Ah. Clarence.

– Enchantée.

Politesses, formalités, sans intérêt.

Nous débouchons sur une pièce d'une trentaine de mètres carrés. Il s'agit vraisemblablement d'un local aménagé, ou quelque chose comme ça. Bon sang, dans l'échelle sociale française, je suis considérée comme aisée parce que je gagne bien ma vie et voilà que je me retrouve un jeudi soir, dans un coin paumé du 18e arrondissement, en train de me sécher dans les fichus locaux d'un groupe de parole qui ne sert à rien.

– Ils ne vont plus tarder à arriver, m'assure Germaine. Vous êtes un peu en avance.

Pourquoi a-t-elle besoin de parler, celle-là ? Qu'est-ce qui a bien pu lui arriver de si terrible, du haut de son jeune âge ? Elle a perdu ses dents de lait et la petite souris n'est pas passée ?

Je me retrouve avec la désagréable sensation que nous avons tous déjà connue un jour, c'est-à-dire me retrouver dans un lieu complètement étranger, à la merci de mes hôtes, sans savoir quoi faire de mes deux bras, ni où m'asseoir, ni comment me comporter. Je suis dans le flou le plus total et il n'y a rien de plus agaçant.

– Vous aussi, donc.

– En fait, je m'occupe d'ouvrir la réunion, aujourd'hui. Je devais tout préparer avant que les autres n'arrivent, donc… je suis pile à l'heure. Mais vous pouvez m'aider, si vous voulez.

J'imagine que je n'ai pas le choix.

En même temps que nous préparons du thé et ajustons les chaises pour qu'elles forment un cercle, je dévisage

– discrètement – la jeune femme. Teint basané, latino, cheveux longs, fins et noirs comme le charbon. Elle a de beaux yeux marron et des lèvres pulpeuses. Je ne comprends vraiment pas de quoi elle se plaint. Même sa poitrine est tellement orgueilleuse qu'on dirait qu'elle essaye de se faire la malle tant elle est énorme. Le pire, c'est qu'elle a la taille fine. Je me fiche pas mal des critères des canons de beauté dans notre société, mais je suis sûre d'une chose : si celle-ci a un problème, il n'est pas physique. Elle pourrait faire tomber raide dingue n'importe qui, avec une allure pareille. Elle a la chance d'être de ceux qui ont une grâce naturelle dans l'apparence. Comme si leur peau était brillante comme les étoiles et douce comme le miel. C'est insupportable.

Ressaisis-toi, tu ne vas pas être jalouse d'une gamine de vingt ans.

– Alors, qu'est-ce qui vous amène ici ? m'interroge-t-elle avec un grand sourire.

– Le besoin de parler.

Moins j'en dis, mieux je me porte. Mais maintenant que j'y pense, l'absence d'Étienne peut devenir un atout si je sais comment tourner la conversation à mon avantage. Cette Germaine est probablement dans son cercle de connaissances, puisque c'est elle qui ouvre l'association, aujourd'hui. Cela signifie qu'elle sait sûrement des choses sur lui. Et il ne lui viendrait pas à l'esprit que je pourrais utiliser ces informations à mauvais escient pour mieux le détruire. C'est une chance à côté de laquelle je ne peux pas passer.

– Comment vous êtes arrivée ici, vous ? demandé-je.

– Oh, eh bien… un jour, j'avais besoin de parler et Étienne a pris le temps de m'écouter tout un après-midi.

Mmh. Et au passage, je pourrais instiller une idée tordue dans la tête de Germaine. Ce ne serait pas une mauvaise chose non plus, après tout.

– Ah, euh… Bizarre, non ? Il a quand même trente-huit ans et toi… tu es toute jeune.

Je suis sûre qu'elle comprend très bien ce que je veux dire par là. Est-ce que j'essaye de le faire passer pour un pervers ? Bien sûr que oui. Je dois le détruire de l'intérieur.

– Oh, non, je vous assure, rit-elle. Étienne n'est vraiment pas comme ça. Si vous ne le connaissez pas encore très bien, vous allez voir : c'est le type le plus gentil de tous les temps. Je crois que de ce côté-là, personne ne lui arrive à la cheville. On croirait un ange tombé du ciel pour venir en aide aux mortels.

Mouais. Je ne crois pas à ces histoires bibliques, moi. Je suis une rationnelle. Une vraie de vraie. Et si quelqu'un doit avoir le rôle d'un être surnaturel, ici, c'est moi : je suis un démon venu des enfers pour le mettre plus bas que terre. Mais ça n'a rien de personnel : c'est juste mon job qui est diabolique.

– Je vois. Un type bien, donc.

– Ah oui, vraiment !

Mince. Encore raté. Ce n'est pas possible, même les gens qui l'entourent ne disent pas de mal de lui. C'est à croire qu'il est tout bonnement irréprochable. Ça ne va pas se passer comme ça…

Alors que nous finissons d'installer tous les préparatifs pour la réunion, Étienne passe soudainement la porte du local, avec un sourire jusqu'aux oreilles.

– Bonjour, vous deux. Germaine, c'est de l'excellent travail, je te félicite. Et vous, eh bien… je suis ravi de vous revoir !

– Clarence, lâché-je.

Sans se départir de son sourire, le fleuriste m'attrape la main pour me la serrer avec énergie.

– Je suis content que vous ayez décidé de venir. Vous en aviez probablement besoin. Ce n'est pas tous les jours que des inconnus écoutent mes conseils. Vous devez vraiment être d'une grande écoute pour me prêter une oreille aussi attentive. Je dois dire que ça me met un peu la pression.

Je hausse les épaules.

– Vous ne croyez pas en votre propre groupe de parole ?

– Oh, si. Bien sûr que si. Je suis très heureux que vous soyez là, mais vous aviez l'air d'avoir tellement de peine et tellement besoin d'en parler, l'autre jour, que je ne suis pas si surpris que ça.

Je déteste les gens qui se croient savants, comme ça. Ils énoncent des vérités après la guerre ! Une seule alternative : les ignorer. Sinon, ils ont vite fait de nous rendre fous.

– Et je peux le prouver, ajoute-t-il en plissant les yeux avec malice.

Je m'assieds sur l'une des chaises du cercle en croisant les bras.

– Bien sûr. À d'autres, lâché-je.

Je n'ai plus qu'à attendre que le reste de son groupe de parole arrive et je pourrai enfin commencer à glaner des informations sur lui.

Tandis que mon regard reste verrouillé sur le mur d'en face, à la manière d'un robot dont on aurait oublié de visser les articulations du cou, j'aperçois un bouquet de fleurs qui se déplace sous mon regard. Il plaisante ! Ce n'est pas possible !

– Ce sont des hortensias, comme je vous l'ai dit la dernière fois. Je n'ai pas oublié notre rencontre. Elle m'a même bouleversé, pour être sincère. Vous n'avez pas aimé mon premier bouquet, donc j'ai décidé d'en confectionner un que vous ne pourriez pas refuser.

J'essaye de ne pas baisser le regard pour ne pas prendre cet étalement de fleurs en plein dans les yeux, mais vient un moment où je ne suis plus en mesure de résister. Si j'avais été allergique au pollen, on aurait tout de suite pu m'envoyer aux urgences. Fort heureusement – ou pas –, je n'ai aucune allergie et le bouquet que m'offre Étienne est tout simplement magnifique. Il a disposé les hortensias de manière à former un cœur.

– La forme symbolise l'amour et les hortensias, l'espoir. C'est une manière de vous dire qu'il ne faut pas perdre espoir en la vie et en l'amour. On peut toujours être surpris.

D'accord. Étienne est fleuriste, pas poète ni philosophe, et ça se voit. Le seul qui puisse réunir ces trois critères est Raphaël Enthoven, avec sa réflexion tellement au ras des pâquerettes qu'on dirait qu'il écrit couché dans l'herbe. Pour les autres, il faut choisir !

– Merci, articulé-je difficilement.

Si j'avais été seule avec Étienne, je lui aurais probablement fait manger ses hortensias en papillote. Mais puisque les membres du groupe de parole arrivent petit à petit et que je souhaite qu'ils aient une haute opinion de moi, je ne peux me le permettre. Ma ruse est bien huilée : si je reste ici et que je deviens invisible, je pourrai apprendre des tas de choses à propos d'Étienne. Second plan si le premier foire : prendre de l'influence dans son groupe de parole et l'en foutre dehors d'une manière ou d'une autre. Qu'il se sente brisé, rejeté, abandonné. Que finalement sa vie ne tienne plus qu'à un fil et que ce fil, ce soit moi. Juste avant que je ne décide de le rompre pour qu'Étienne tombe définitivement dans le vide le plus abyssal qui soit.

Une fois que tout le monde est arrivé, il se place au centre du cercle de chaises, puis tape dans ses mains.

– Merci à tous d'être là. Je sens qu'une fois de plus, nous allons nous libérer de toutes les émotions négatives que nous ressentons. Dans un premier temps, avant de commencer, quelqu'un veut-il du thé ? Aujourd'hui, c'est Germaine qui s'est occupée de le préparer en compagnie de Clarence, une nouvelle que nous accueillons aujourd'hui.

Aussitôt, tous les regards se tournent vers moi.

Allez, essaye de sourire.

Oh, non, vu leurs tronches, là, tu es plutôt en train de grimacer.

– Clarence se présentera un peu plus tard, déclare Étienne comme s'il cherchait à me sauver. Levez la main pour le thé.

Une fois que tout le monde – ou presque, puisque je n'en veux pas – est servi, Étienne m'encourage à me présenter.

– Tu n'es pas obligée de te lever, lance-t-il de sa voix douce. Tu peux simplement dire qui tu es, et ce que tu es venue faire ici. Ou alors, si tu ne le sens pas, tu peux juste rester silencieuse et écouter ce que les autres ont à dire. Tu es dans une zone sécurisée, Clarence. Tous ceux qui sont là sont des gens de confiance à qui tu peux parler librement de tous tes problèmes.

Juste pour qu'il se taise enfin, je me lève et me présente en quelques mots :

– Je m'appelle Clarence, j'ai trente-huit ans.

Aussitôt, je me rassieds et Étienne ainsi que tous les autres m'applaudissent. Bon sang, ce qu'ils sont niais ! On dirait une réunion des Alcooliques anonymes. Ce que je viens de faire ne demande pas le moindre courage et je n'ai aucun souci particulier à partager avec ce groupe de losers, excepté celui d'appartenir à une société qui veut le malheur profond des gens et que l'une de mes cibles me résiste. C'est là mon seul problème et finalement, Étienne a raison : traîner ici va peut-être m'aider à le régler.

S'en vient maintenant le tour d'un garçon aux cheveux mi-longs. Il a l'air d'avoir autour de trente ans. Il se lève, les yeux déjà mouillés de larmes, pour nous raconter l'histoire de sa vie. Ni plus ni moins. Il avait sept ans lorsque son père est mort et à ses yeux, il avait toujours été un véritable héros. Lorsqu'il pensait à son père, il l'imaginait avec une cape de Superman, comme un type vraiment légendaire auquel il aurait voulu ressembler. Mais voilà, son père est mort d'un cancer généralisé à l'âge de soixante-dix ans.

Attends une seconde… Soixante-dix ans ? Il l'a eu à soixante-trois ?

En creusant un peu plus dans son histoire, le jeune homme nous apprend qu'il a enduré tous les emplois les plus mal payés et les plus dégradants pour un jour avoir suffisamment d'argent pour lancer sa société. Et une idée lui restait toujours en tête : celle de son père qui, pour seul héritage, lui avait cédé des lopins de terre qui visiblement valaient une fortune. S'il est là aujourd'hui, c'est à cause de la désillusion qu'il a subie ces derniers temps. Les terrains ont été estimés à moins de cinq cents euros – autant dire rien –, il s'est rendu compte que son père avait vingt-cinq ans de différence d'âge avec sa mère, qu'elle était sa secrétaire et qu'il avait surtout profité d'elle, qu'il n'était pas véritablement un héros de la guerre d'Algérie et que tout ce qui lui avait été raconté jusqu'à présent n'était qu'une vision détournée de la vérité. À mesure qu'il évoque les fissures qui se creusent sur le masque héroïque de son père, ce héros qui, finalement, ne lui a rien laissé de tangible, le jeune homme pleure à chaudes larmes.

Mouais. Moi non plus, je n'ai pas eu des parents franchement glorieux. Et même si son père était un vioc qui sautait sa secrétaire, au moins, il ne lui tapait pas dessus. C'est toujours ça de pris.

À la fin de sa tirade, Étienne se lève pour lui donner l'accolade.

– C'est une très belle histoire. Tu as une grande admiration pour ton père, mais aujourd'hui, regarde-toi. Parle-nous un peu de ce que tu fais.

– Je suis en doctorat. J'ai créé une société…

– Tu vois ? Ton but, finalement, était de devenir mieux que ton père ne l'a jamais été. Et… c'est déjà le cas. Tu as quoi, trente ans ? Tu peux déjà être très fier de toi. Je suis sûr que de là où il est, il te regarde avec un grand sourire.

Les paroles d'Étienne ont pour résultat de tirer les larmes du garçon.

– Merci, Étienne, sanglote-t-il en attrapant son thé. J'avais… j'avais besoin de l'entendre.

Oh, pitié, ce que ça peut être cliché. Tout ça parce que les gens ont des problèmes qu'ils s'inventent. Ils ne savent pas ce que c'est que d'être fort ! Tout ce qu'ils connaissent, c'est la plainte permanente et ils se complaisent dans ce modèle parce que des couillons comme Étienne leur tiennent la jambe pour leur rappeler à quel point ils sont merveilleux. La vérité, c'est que tout ça, ce n'est que du vent. Tu es triste ? Eh bien, arrête. C'est aussi simple que ça. Ou alors, aie au moins de vraies raisons de l'être. Je ne peux pas m'émouvoir pour un type qui a idéalisé l'image de son père toute sa vie alors qu'il n'a probablement plus aucun souvenir de lui.

Ça va être comme ça longtemps ?…

C'est au tour de Germaine de se lever pour nous raconter son histoire. Celle qui, apparemment, lui pèse le plus sur le cœur et l'a transformée à tout jamais. Elle nous parle de sa meilleure amie, celle qu'elle avait déjà depuis le collège. Une amie solitaire qu'elle a essayé d'aider du mieux qu'elle a pu parce que cette dernière n'avait jamais eu confiance en elle. Elle était, d'après les mots de Germaine, comme une chenille qui ne se transformerait jamais en papillon. C'était une sorte de larve, un paillasson – du genre de Berthier – sur lequel tout le monde s'essuyait les pieds sans scrupules. Une fille invisible comme on en croise des dizaines tous les jours sans même les voir. C'est ce que j'appelle les transparents. Ils existent, mais personne ne les voit. Ils sont comme des fantômes. Et cette amie, au fur et à mesure, a commencé à prendre confiance en elle grâce aux bons conseils de Germaine et à ses prises de position. À chaque fois qu'elle avait une difficulté, elle n'hésitait pas à voler à son secours pour la défendre et lui apprendre à se protéger par ses propres moyens.

Au final, elle a tellement bien appris à se débrouiller par ses propres moyens qu'elle a fini par envoyer paître Germaine du jour au lendemain, sans raison. Le fond ? Elle était probablement jalouse de l'assurance et de la beauté de la jeune Latino. Sans jamais le lui dire. Une jalousie qui s'est transformée en rancune, qui s'est métamorphosée en haine, petit à petit. Le jour où cette amie s'est sentie suffisamment en confiance pour ne plus jamais avoir besoin de Germaine, elle l'a jetée comme une malpropre en prétextant qu'elle était toxique pour elle et qu'elle l'empêchait d'avancer.

Ah, bien sûr, je m'y attendais… le concert de larmes qui accompagne les histoires les plus tragiques. Et il y avait évidemment un mec, dans le lot. Forcément. Toutes les amies qui s'éloignent ont un petit copain dans leurs bagages, c'est quasiment un *starter pack*. Un mec toxique les éloigne de leurs anciennes relations et les coupe petit à petit de leur cercle premier. Un grand classique, pas de quoi en faire tout un drame. C'est d'une banalité affligeante et pourtant, cela semble avoir beaucoup affecté Germaine qui, déjà, ne peut plus s'arrêter de pleurer en se demandant ce qu'elle a bien pu faire pour mériter ça.

– Tu as été une formidable amie, Germaine. Parce que tu lui as apporté tout ce dont elle avait besoin. Même la confiance en elle, pour voler de ses propres ailes. C'est pour cela que tu as été merveilleuse.

C'est tout ce que la jeune Latino avait besoin d'entendre pour fondre en larmes dans les bras d'Étienne. C'est donc ça, un groupe de parole ? J'ai du mal à croire que ça aide vraiment les gens, ces histoires. Tout à l'heure, elle avait l'air rayonnante et maintenant, tout son mascara a coulé comme si elle avait piqué une tête avec dans la piscine municipale.

Les histoires s'enchaînent et pas une ne se ressemble. Tous des dépressifs, des brisés par la vie, des ennuyeux, des marginaux, des gens qui n'ont rien et qui ne sont rien non plus – comme dirait l'un de nos futurs CEO. Ils débitent leurs histoires comme des imbéciles parce qu'au fond, tout ce qu'ils cherchent à entendre, à la fin, ce sont les compliments et les encouragements d'Étienne, qu'ils doivent confondre avec une sorte de réincarnation de Bouddha. Leur gourou.

Lorsque la séance se termine, je n'ai pas encore pris la parole et je ne souhaite pas m'y mettre. Toujours est-il que j'ai appris des tas de choses intéressantes à propos de chacun d'entre eux. Déjà, si ça ne marche pas avec Étienne, il est à noter qu'il me sera aisé de rendre dépressifs tous les autres dans le groupe de parole qui, eux, le sont presque déjà. Merci, Étienne, pour la clientèle gratuite ! Ensuite, je sais qu'ils finiront par se livrer d'une manière ou d'une autre et qu'à un moment, une information sera pertinente sur Étienne parce que c'est lui que je veux atteindre. Je me fous de tous ces minables qui ont des vies pourries. C'est ce maudit fleuriste qui risque de me faire virer !

Je décide de laisser tous les autres partir et de rester un peu plus longtemps en compagnie d'Étienne. Je vais avoir besoin de temps pour apprendre à le connaître et deviner tous ses petits secrets pour mieux les utiliser contre lui. Tout commence toujours par une phase d'observation plus ou moins prononcée.

Je me rends au niveau de la porte pour sortir, avec toutes les informations dont j'ai besoin en tête. Je suis prête à créer un nouveau plan, mais un éclair déchire le ciel et la pluie se fait de plus en plus battante.

Merde. Je sens que je ne vais pas rentrer si facilement.

9.

– Vous n'y pensez pas, quand même, si ? s'étonne Étienne en me voyant enfiler mon manteau.

Dehors, la température doit avoisiner les 10 °C et la pluie tombe avec tant de puissance qu'on jurerait voir chuter par milliers des poings lancés à toute allure par Mike Tyson. Mmh. Ce n'est vraiment pas idéal.

J'ai l'impression que tu n'es pas tirée d'affaire, ma vieille…

Étienne a l'air réellement inquiet. Lorsque je tourne le regard vers lui, j'aperçois dans ses yeux qu'il se soucie de mon sort.

– Attendez au moins que cet orage passe. Vous n'avez qu'un manteau. Si vous voulez, vous pouvez vous installer. Ça ne me dérange absolument pas.

Je soupire longuement. Bon sang, je n'ai vraiment pas le choix. Maudite pluie, maudites intempéries. Je déteste les orages. Non seulement ça me fout la frousse, mais en plus, ça m'oblige à rester avec Étienne et je n'en ai pas spécialement envie.

Je m'installe sur un fauteuil du local et c'est le moment que choisit Étienne pour me rejoindre avec une nouvelle tasse de thé, qu'il me tend.

– Je suis content que vous soyez venue. Vous n'avez pas vraiment pris la parole, aujourd'hui. Je comprends. Vous n'êtes peut-être pas prête…

– Voilà. C'est ça.

J'attrape le thé, puis le bois à grandes lampées. Il n'est pas trop chaud. Et puis, Étienne prépare mieux le thé que les bouquets.

– Au moins, vous avez pu entendre d'autres histoires. Mais je crois que cette activité ne peut que vous aider. J'ai senti, quand vous êtes entrée dans ma boutique… j'ai senti comme vous étiez triste, au fond de vous.

Oh, non, encore un type qui va me parler des énergies, des chakras, de l'aura, de notre karma, de la lumière et du rayonnement, du fait que nous, les êtres humains, sommes des animaux solaires qui renvoient les bonnes ondes autour de nous. Autant que les mauvaises. Je ne veux pas entendre ce genre de discours. Si j'avais envie que ma tête soit gavée de conneries pareilles, je serais allée faire un tour à la fête de l'Huma.

Étienne ne sait pas de quoi il parle. Je suis parfaitement en accord avec moi-même et mes valeurs. Je suis une femme impitoyable. La vie n'a jamais été tendre avec moi et je n'ai pas l'intention de l'être avec elle. D'aucune façon. Dans ce monde, il n'y a que deux voies possibles : manger ou être mangé. Une fois qu'on l'a compris, on s'arrange pour avoir des dents si longues qu'elles rayent le parquet.

– C'est sûr. En même temps, je viens de perdre ma mère.

– Vous avez raison, me sourit Étienne. C'était stupide de ma part.

– Carrément, même.

Le fleuriste étend son bras pour atteindre un tiroir de la commode près de nous et en tire un paquet de post-it. Sur l'un d'eux, il écrit son numéro de téléphone et me le tend.

– Est-ce que vous me faites du rentre-dedans ? Parce que si c'est ça, je ne suis pas intéressée.

Il éclate de rire en secouant la tête.

– Oh, non, je vous rassure. Je ne suis pas prêt à vivre une autre relation. Pas de sitôt, en tout cas. Je vous le donne simplement pour que vous puissiez me contacter en cas de besoin. Si vous souhaitez parler, ou autre. Je serais ravi de pouvoir vous aider à traverser cette épreuve. Et, cette fois, j'espère que mon bouquet vous plaît…

Je lance un regard laconique aux fleurs, posées sur la table.

– Il n'est pas mal.

– Mais je crains que vous ne puissiez le ramener chez vous de cette façon. Avec la pluie dehors… Vous voulez que je vous appelle un taxi ?

La pluie continue de faire rage, dehors. Ce n'est pas comme si ça allait s'arrêter de toute manière, alors autant prendre les devants. Sans répondre à la question d'Étienne, je me lève d'un bond, prête à partir.

– Vous avez raison. Je ne peux pas emporter le bouquet avec moi. Vous allez devoir le garder. Au revoir, c'était sympa.

Une fois la porte ouverte, la pluie commence déjà à me tambouriner sur le visage depuis la cour arrière. Bon sang, j'ai la sensation que rentrer ne sera pas une mince affaire. Mais une fois que je serai en haut de la rue Lepic, mon appartement ne sera plus très loin.

Allez, du courage, Clarence.

En rentrant, je vais prendre un bon bain bien chaud pour me consoler. Je l'aurai bien mérité, après une journée aussi pourrie.

La rue est difficile à arpenter. À la limite de l'impraticable. Entre le vent et la pluie, j'ai le combo idéal pour ne rien voir du tout. Mes cheveux volent dans tous les sens et l'eau me rentre dans les yeux. C'est insupportable.

Une voix, plus loin, attire mon attention.

« Clarence ! Clarence ! »

Je me tourne rapidement pour découvrir Étienne, en train de me courir après, parapluie en main.

– Étienne ?! Mais qu'est-ce que vous foutez ici ?!

– Le temps de trouver mon parapluie et de vous poursuivre et me voilà ! Je n'allais pas vous laisser partir sans la moindre protection.

– Rentrez chez vous, balayé-je sa proposition. Je n'ai pas besoin de votre aide.

– Vous êtes trempée comme une soupe, vous allez tomber malade.

Il n'a pas tort. Mais je suis une vraie tueuse. Lorsque les microbes entrent dans mon corps, ce sont eux qui tombent malades et qui meurent. Mes défenses immunitaires sont au top de leur forme.

– Laissez-moi tranquille !

– Très bien, s'agace-t-il. Je vous laisse tranquille.

Étienne attrape la paume de ma main et y colle le manche de son parapluie, avant de se retirer en me lançant seulement un dernier regard.

– Prenez soin de vous en rentrant, Clarence !

Pour se les réchauffer, le fleuriste rentre les mains dans ses poches et marche, dans son t-shirt trempé, le long de la rue Lepic. Je le vois s'éloigner à petits pas, sans aucune protection sur le dos et grelottant déjà de froid. Et moi, comme une idiote, je me retrouve là : immobilisée au beau milieu de la rue, sans même savoir quoi lui dire.

Qu'est-ce que j'aurais pu répondre, avant qu'il ne parte ? Merci ? Non, parce que cela aurait validé son geste et je ne veux pas de son aide. J'exècre les gens qui se comportent de cette façon.

J'aimerais lui courir après, moi aussi, et lui rendre son foutu parapluie en le lui collant dans l'arrière-train. Mais le froid, le vent et la pluie ne m'en laissent pas vraiment l'occasion. Même si je le souhaitais du plus profond de mon cœur, l'opération serait trop périlleuse. C'est un véritable cataclysme, ici ! Je n'aurais pas dû rester si longtemps. Les autres ont profité d'une accalmie pour filer et moi, je me retrouve mouillée jusqu'à l'os.

Ce qu'il y a, avec les personnes étranges comme Étienne, c'est qu'on ne peut pas s'empêcher de rationaliser leurs comportements à travers nos propres prismes de pensée. Pourquoi cet imbécile a-t-il fait cela ? Pourquoi est-il aussi étrange ? Est-ce que je l'intéresse ? C'est le genre d'attentions qu'on a pour les gens qui nous plaisent, non ? Ou est-ce que c'est moi qui ne suis plus habituée au flirt ? De toute façon, j'ai laissé tout ça derrière moi.

Lorsque je passe enfin la porte de mon appartement, je suis accueillie par Clara, qui trépignait d'impatience de me voir.

– Ah, enfin, t'es rentrée de ta réunion des Alcooliques anonymes.

– Non. Si ça avait été les Alcooliques anonymes, j'aurais peut-être pu boire un coup. Là, c'était juste chiant.

– Il est à qui ce parapluie ? s'étonne-t-elle en levant un sourcil.

Je le dépose dans l'entrée, sans répondre.

– Allô, Clarence ? Je te parle !

– Je vais dans ma chambre. Ne me dérange pas.

10.

Je suis transparente. Invitée à une fête de ma faculté, je me glisse dans les coins et les recoins de la salle, en essayant de me faire remarquer le moins possible. J'ai dix-neuf ans et je n'ai jamais connu l'amour. Avec un modèle parental comme le mien, je crois que je n'ai pas la moindre chance de le connaître un jour. Tout ce que je connais du couple, ce sont les embrouilles. J'ai réussi à traverser le lycée sans intéresser personne. Pareil pour l'université. Pour le moment, je suis la fille seule. Isolée. Sans personne. Il y a bien Clara, qui est toujours là d'une manière ou d'une autre et qui est encore plus nulle que moi. D'une certaine manière, cela me permet d'avoir un faire-valoir.

J'ai un verre à la main. La musique me casse les oreilles et j'ai envie de rentrer. De toute façon, c'est toujours la même chose dans ces soirées : je m'ennuie. On me laisse dans un coin – pas comme Bébé – et je deviens une plante verte.

C'est là qu'il se pose en face de moi. Lui aussi a un verre à la main. Waouh. Ça nous fait un point commun. Rarement un garçon aussi beau s'était approché de moi de si près.

J'en ai le souffle court. C'est donc ça, qu'on peut ressentir. Dès que j'ai pu quitter mon foyer familial, je me suis tout de suite précipitée vers l'indépendance. Mon propre appartement et tout le reste. Je me débrouille toute seule. Pour tout.

Pourquoi est-il si proche de moi ? Est-ce à moi qu'il sourit ?

– Tu t'appelles Clarence, c'est ça ? Moi c'est Laurent.

– R-ravie de te rencontrer.

S'ensuit la scène la plus délicieuse, mais aussi la plus longue de toute ma vie. Nous sommes comme seuls dans la foule et je l'écoute parler pendant vingt bonnes minutes. De temps en temps, je lance une réponse laconique, de manière qu'il comprenne que mon intérêt pour lui est réel. Je ne veux pas avoir l'air gauche, mais je ne sais pas comment m'y prendre dans la séduction. Et puis, je n'ai jamais vu mon père être gentil comme ça avec ma mère. C'était tout le temps coups et compagnie. Qu'est-ce qui cloche chez lui ? Qu'est-ce qui peut bien intéresser ce type ? S'il me demandait de lui prendre la main et de le suivre jusqu'au bout du monde, je crois que je m'y plierais.

On ne peut pas savoir qu'on manque de quelque chose si on n'y a jamais goûté avant. Et je manque d'amour. Et d'attention. C'est tout ce qu'il est en train de me donner. Ses paroles s'enchaînent. Il sourit, il rit, il danse en face de moi et m'invite à faire de même. Nous passons un moment complètement hors du temps et j'aimerais lui dire dans le langage des yeux qu'il peut faire tout ce qu'il veut de moi. Que je suis à sa merci.

Je crois vraiment qu'il me drague. Est-ce seulement possible ? Je suis sans doute la fille la plus bizarre de la fac, alors pourquoi moi ? Pourquoi serais-je l'élue de son regard ce soir ? C'est peut-être une blague de mauvais goût. Je n'en sais rien.

– Tu me plais beaucoup, tu sais. Ça fait longtemps que je veux te le dire, avoue-t-il.

Mon sang devient brûlant comme du magma. Il pulse dans mes veines et j'ai l'impression de fondre.

– M-mais... qu'est-ce que tu aimes chez moi ?

Laurent se penche à mon oreille. J'en ai des frissons dans tout le corps.

– J'aime les fausses notes. Les autres sont beaucoup trop ennuyeuses.

***

Il y a longtemps que ce ukulélé n'a pas été accordé. Avant, j'en jouais.

Assise en tailleur sur mon lit, je me saisis de l'instrument pour gratter les cordes. Je me souviens du moment où il me l'avait offert. J'avais joué toute la nuit. Ensuite, Laurent l'a volontairement désaccordé pour qu'il ne sonne plus jamais juste. Il m'a dit que c'était comme ça qu'il me préférait. Que j'étais sa « fausse note » à lui. Celle qui n'est pas comme les autres. Qui ne sonne pas juste, mais qui a une personnalité bien à elle. En fin de compte, je m'aperçois surtout que Laurent aimait les filles bizarres et dérangées. À l'époque, ça ne me posait pas de problème parce que d'une certaine façon, c'était ce qui pouvait m'arriver de mieux.

– Qu'est-ce que tu fous ? demande Clara depuis l'autre côté de la porte.

Sans même attendre mon approbation, elle entre dans ma chambre, puis, me trouvant le regard triste, sur mon lit, décide de me rejoindre en soupirant.

– Tu penses encore à lui, c'est ça ?

– Non. Ce connard est parti. Aussi brusquement qu'il est arrivé, d'ailleurs.

Parfois, Clara a des gestes de tendresse envers moi. Ce soir, elle me passe une main dans les cheveux, comme si elle essayait d'apaiser la tempête qui fait rage à l'intérieur de mon crâne.

Lorsqu'elle agit de la sorte, j'ai toujours le sentiment que ses mains sont un peu magiques et puis je me reprends rapidement en me rappelant que ce ne sont que des conneries. Personne n'a de mains guérisseuses ou de pouvoirs. Il n'y a que la rationalité froide et mathématique du monde qui nous entoure. Ni plus ni moins.

– Et ça te chamboule, insiste-t-elle. C'est normal, Clarence. Vous étiez ensemble depuis si longtemps...

– Tu cherches à remuer le couteau dans la plaie ? Je vais très bien, OK ? Je suis juste un peu bouleversée, avec cette journée à la con. Cet Étienne ne craque toujours pas. Je suis en train d'établir un plan pour le détruire. Tu vas voir. Il va la ressentir, toute cette peine, Clara. Il saura ce que ça fait !

– C'est vraiment ce que tu veux ?

– C'est mon job.

– J'ai l'impression que ça dépasse un peu le cadre professionnel, tu ne crois pas ? On dirait que tu lui en veux personnellement, maintenant.

Je secoue la tête en haussant les épaules. Clara ne peut pas comprendre parce qu'elle n'a jamais rencontré Étienne, mais je sais qu'il ne s'agit pas d'un type bien et qu'au fond, il mérite tout ce qui lui arrivera après mon passage – et surtout le pire. Je connais très bien les mecs comme lui. Parce que Laurent était exactement du même genre. Bien sous tous rapports, à aider les gens dans le besoin dès qu'il en avait l'occasion, à être sociable, à toujours tendre la main. C'était un homme auquel on aurait confié le bon Dieu sans confession. Pourtant, il a suffi que je lui confie mon cœur pour qu'il le brise. Sans même me laisser la possibilité de me défendre.

Il est comme lui et j'aurai sa peau.

Lorsque Clara décide enfin de me laisser tranquille en jetant un regard inquiet derrière elle, je recommence à jouer du ukulélé. Avec toutes les fausses notes qui accompagnent les vibrations des cordes. J'imagine qu'elle est encore derrière la porte, à se boucher les oreilles avec ses mains. Mais c'est comme ça que m'aimait Laurent : comme une fausse note. Et c'est peut-être ce que je suis, au fond.

Une anomalie dans la matrice, une tarée, une bizarre que personne d'autre ne peut aimer. Rien qu'une fausse note, quoi.

11.

– Oh, Merdier ! En place ! Je t'ai posé une question et j'ai besoin d'une réponse, là !

Mon collègue est essoufflé. J'ai besoin d'un peu d'activité et la salle de sport dédiée de l'entreprise est parfaite pour ça. Nous avons tout le matériel nécessaire pour nous exercer à la boxe française.

À chaque fois que j'envoie un coup dans les mains tendues de Berthier, j'énonce un nouveau plan, comme s'ils fusaient par milliers. C'est une façon de brainstormer. Tout n'est pas bon à garder, loin de là. Je ne suis pas fan, par exemple, du plan qui consiste à remplacer le shampoing d'Étienne par de la crème dépilatoire. Bien sûr, ce serait marrant, mais je ne suis pas certaine que ça suffise pour le faire tomber en dépression profonde. Vu le soin qu'il apporte à sa tignasse pour lui donner un air coiffé/décoiffé, je suis sûre qu'il y tient, mais peut-être pas à ce point.

– Euh… Je dirais 4/10.

– Seulement ?! Putain, j'étais sûre que celui-là, c'était le bon…

– Trop facilement vérifiable.

Ouais. J'ai le numéro d'Étienne, ce qui signifie que je peux l'utiliser comme bon me semble, et je crois que cet imbécile de fleuriste n'a pas idée de tout ce qu'on peut faire, de nos jours, avec un simple numéro de téléphone. On peut le donner à énormément de gens qui sont tous très intéressés par la prospection de nouveaux clients. C'est une manière de foutre un coup au moral, bien sûr, mais ce n'est pas tout : on peut aussi très aisément passer des appels anonymes pour mettre en place des scénarios tordus. Les gars en recherche et développement m'ont conseillé cette méthode : l'appeler en se faisant passer pour la gendarmerie et l'accuser de tout un tas de choses. Cette arnaque est plutôt classique sur Internet. Nous recevons tous des spams qui nous annoncent que la DGSE nous recherche pour tel ou tel délit. Les gens normaux s'empressent de supprimer ces mails et les gogos répondent, par acquit de conscience, et cliquent généralement sur la pièce jointe. C'est là que le drame se produit. Puisque c'est une arnaque courante, on n'a pas nécessairement idée de l'utiliser par téléphone. Même si Étienne connaît l'astuce, il ne comprendra pas ce que lui veulent les voleurs. Ils sont censés n'avoir aucune chance de lui soutirer quoi que ce soit par téléphone. Donc, il commencera à douter.

À mesure que j'explique mon plan, Berthier a l'air de plus en plus décontenancé.

– Non, je ne crois pas que ce soit une bonne idée, Clarence…

– Putain… Et dire que maintenant je dois écouter ton avis. Depuis quand ça m'intéresse, ce que tu dis, Berthier ?

C'est horrible, parce que d'une certaine manière, je me rends compte que j'écoute vraiment ce qu'il est en train de me dire. Oh, non… Ce n'est vraiment pas ce que je voulais. Est-ce que c'est comme ça que je vais finir ?

– Bon, et qu'est-ce que tu proposes ?

– Eh bien, figure-toi que j'ai eu une idée.

Alors ça, ça me surprend. Je suis tellement étonnée que j'ai envie d'écouter pour savoir ce qu'il souhaite proposer.

Berthier, une idée ? Bah ça !

– J'ai réfléchi au seul truc qui pourrait me mettre en dépression, lance-t-il avec un sourire satisfait.

Bizarrement, je brûle d'entendre la suite.

– Que ma femme me quitte.

Ce n'est pas vrai… il va me sortir le même plan que Clara. Pourquoi veulent-ils tous me pousser dans les bras d'Étienne ? Est-ce que j'ai l'air désespérée à ce point de trouver un plan digne de ce nom ?

– Je vois très bien où tu veux en venir, lancé-je en envoyant une nouvelle frappe contre Berthier, qui l'évite de justesse. Mais je ne vais pas sortir avec Étienne pour lui briser le cœur. C'est complètement pourri, comme plan.

– Pas tant que ça. Si tu t'arranges pour entrer carrément dans son intimité, tu auras le champ libre pour tout détruire. Je ne vois que cette solution, Clarence. Et puis, si tu ne le fais pas, j'ai peur que nos deux têtes tombent.

Ma tête, c'est sûr. La sienne, si je peux l'emporter dans ma chute, ça me convient. Mais bon sang, je n'ai pas envie de me coltiner cette andouille d'Étienne. En plus, il vit à Montmartre et c'est vraiment un quartier que je n'apprécie pas. Historiquement pauvre, jusqu'à ce que les bobos commencent à aimer faire du vélo.

– Tu sais quoi ? soupiré-je. Je suis prête à tout tenter.

Je déteste voir le sourire dégoûtant sur la face de rat de Berthier, mais pour le moment, c'est tout ce qu'il me reste. Dans notre société, on doit toujours surveiller nos fréquentations. Traîner avec les derniers de cordée et donc les rejetés de la chaîne alimentaire, c'est un souci : on casse notre cote de popularité et de « coolitude ». Traîner avec Berthier, c'est aussi efficace socialement que d'avoir une pancarte « Macron, démission » à Levallois-Perret. Tout le monde nous regarde de travers. Forcément. J'ai l'impression que chaque minute passée avec lui est une nouvelle marche que je dégringole dans l'échelle sociale de la boîte. On va me respecter de moins en moins parce que j'ai de mauvaises fréquentations. En plus de ça, je n'ai pas l'occasion d'être au bureau aussi souvent que je le souhaite pour me défendre. Ce qui signifie que tout le monde peut glisser des ragots sur moi. Et je suis sûre que de ce côté-là, Nicole ne se prive pas. Elle doit s'en donner à cœur joie. Je suis certaine qu'elle me pisse dans le dos avec la puissance d'un karcher.

– J'ai déjà réfléchi à une manière dont tu pourrais t'y prendre. Au point où j'en suis...

– Comment ?

– Tu as son numéro de téléphone ?

– Malheureusement, oui. Cet imbécile me l'a donné.

– C'est une excellente nouvelle. Je suis certain que ce sera facile pour toi. Tu lui envoies un message pour lui dire que tu veux boire un verre avec lui et là, tu commences à attaquer sérieusement.

Tout en souriant – parce qu'il pense probablement que nous nouons un début de complicité –, Berthier m'explique son plan en long, en large et en travers.

Ça y est, je crois que j'en ai déjà marre.

J'ai beau lui raconter qu'Étienne n'est pas prêt pour une nouvelle relation – en tout cas c'est ce qu'il m'a dit –, Berthier n'écoute rien. Pour lui, au contraire, c'est un signe qu'il l'est et qu'il n'attend que la femme de la Providence pour que ce projet se concrétise. Après tout, peut-être qu'il a raison. Qui se donnerait vraiment la peine de laisser son numéro simplement pour… parler ? Ce n'est pas comme ça que fonctionnent les choses, d'habitude. Enfin, je crois. Depuis Laurent, je suis perdue. Je n'avais jamais eu à faire l'effort surhumain d'être celle qui fait un pas vers l'autre. Je ne sais pas du tout comment ça marche, la drague. Au moins, chez les animaux, c'est simple : ils se sautent dessus. Moi, si demain je saute sur quelqu'un dans la rue, je vais direct en prison sans passer par la case départ.

– C'est du tout cuit ! s'exclame Berthier en se permettant de me taper sur l'épaule.

Est-ce moi qui ai peur, en fin de compte ?

Je regarde la main de mon collègue, posée sur mon épaule, puis il l'enlève aussitôt. Comme s'il avait compris que l'excès le conduirait à sa perte dans les prochaines secondes.

Depuis Laurent, je n'ai pas eu à me soucier de ce genre de choses et je crois que je n'en ai jamais eu l'envie non plus. Retrouver une autre personne, même si c'est pour de faux, c'est définitivement acter la fin de ma relation avec lui. C'est tirer un trait définitif sur mon mariage.

Rien que d'y penser… je frissonne.

– Non, c'est un plan de merde, je ne sais pas si j'y arriverai, soufflé-je en m'asseyant sur un banc.

La tête entre les mains, je me mets à réfléchir à tous mes autres recours. Cramer sa boutique, cramer son club de parole… je me demande si je n'ai pas quelques tendances pyromanes.

Avec délicatesse, mon collègue s'installe à côté de moi.

– Clarence, tu es la meilleure dans cette boîte.

– Je sais.

– Tu vas réussir à monter ce plan et tu sais pourquoi ? Parce qu'un jour, tu vas prendre la place de Marc. Et tu vas faire la nique à Nicole, aussi.

Faut-il être fleur bleue pour voir la vie en rose ?

La tête entre les mains, je reconnais que les paroles de Berthier ont un certain écho en moi, à l'instant.

– Tu crois ?

– J'en suis absolument certain. Je ne connais personne de plus doué que toi pour faire tomber les gens en dépression.

Ça, c'est vraiment un gentil compliment.

– Merci, Berthier. Toi, tu es le meilleur pour supporter les coups.

⋆⋆⋆

En rentrant chez moi, j'ai de nouvelles idées en tête. Ça me fait mal de penser ça, mais Berthier a raison. Je suis la meilleure dans mon domaine et je vais le prouver une fois de plus. Ne serait-ce que pour clouer le bec à Marc et à Nicole. Les troubadours comme Alain Souchon chanteront des chansons à ma gloire une fois que j'aurai accompli cette mission.

Métro. Ennuyeux. Pue la pisse.

À peine ai-je posé mon sac sur la table que Clara m'assaille déjà de questions.

– Tu as un regard déterminé. Tu as une nouvelle idée, pas vrai ?

Comment peut-elle savoir ça ? Bon, d'un autre côté, nous traînons ensemble depuis si longtemps que Clara est capable de connaître le fond de ma pensée juste en me regardant quelques instants.

– Je vais le faire.

J'ai mon téléphone en main.

Salut, Étienne. J'aimerais bien qu'on se voie. Juste histoire de boire un verre.

Envoyé.

12.

Foutues boucles d'oreilles. Pourquoi sont-elles si difficiles à mettre ? J'ai l'impression de me perforer les lobes un peu plus à chaque fois que j'essaye. Je n'ose même pas demander de l'aide à ma colocataire, parce que je sais très bien ce qu'elle va me répondre : « Je t'avais prévenue ! Si tu ne les portes pas pendant trop longtemps, ça finit par se reboucher ! »

Et comme je suis déjà doucement en train de monter en pression, je n'ai pas envie d'entendre ses remontrances.

Quand Clara est revenue s'installer il y a six mois, je n'imaginais pas que ce serait aussi... définitif. Bien sûr, elle venait quand même de temps à autre, même quand Laurent vivait ici. Mais ce n'était pas pareil. Elle n'existait presque pas. C'est à peine si nous la fréquentions. Nous étions tous les deux dans notre bulle et elle gravitait à côté. Maintenant, je suis tout le temps avec elle – quand elle ne travaille pas.

J'inspire un grand coup avant de quitter ma chambre pour rejoindre le salon. Opération discrétion. Je ne dois surtout pas être vue par Clara. Sinon, elle va se foutre de ma gueule. Ça ne va pas manquer. Je suis passée chez le coiffeur pour me faire un magnifique brushing, je me suis maquillée – sans ressembler au Joker –, j'ai enfilé une robe rouge volcanique et réajusté mon décolleté à l'aide d'un collier doré qui appartenait à ma mère.

Ce n'est même pas de l'or et c'est à peu près tout ce qu'elle m'a laissé – avec des cicatrices mentales indélébiles, des traumatismes et des angoisses. Autant dire que j'ai pas mal perdu au change. Je crois que toutes ces souffrances ne valaient pas, quoi… maximum cinquante balles chez un bijoutier médiocre ?

Quand j'étais môme, je me disais que tous les adultes étaient nuls et que je ne serais jamais comme eux. Manque de bol, je ne suis qu'un être humain et la fatalité me rattrape dans tout ce qu'elle a de plus brutal. Je ne suis que le fruit de ma propre espèce et je l'abhorre autant que je me hais.

Je pose le pied hors de ma chambre et tout de suite, Clara m'apostrophe.

– Waouh, waouh, waouh… la bombe ! Hé, on peut savoir où tu vas, comme ça ? Je croyais que tu devais te mettre en couple avec lui et lui briser le cœur, pas le faire saigner du nez dès votre premier rencard.

Tout de suite, je la corrige :

– Ce n'est pas un rencard. Je lui ai juste dit que je voulais lui parler.

– Et comment tu te sens ? demande-t-elle en s'approchant de moi, son bol de céréales à la main.

Il est autour de dix-neuf heures et pour Clara, c'est le petit-déjeuner. Elle vit tellement en décalé que cela ne me choque même plus.

Comment je me sens ?… Drôle de question. Minable. Ridicule.

On dit que certaines choses sont comme le vélo. Qu'elles ne s'oublient pas. Je n'ai jamais eu qu'un seul homme dans ma vie et je n'ai pas eu besoin de le draguer. C'est lui qui s'en est chargé et je suis tombée dans ses filets dès le premier instant. Il n'y a pas eu de… flirt. Tout était tellement fluide, tellement naturel. Je sais que je ne trouverai pas ça une deuxième fois. C'était Laurent qui menait la barque et moi, je me laissais porter au fil de l'eau. Cette fois, je vais devoir prendre les commandes et je n'ai aucune idée de comment conduire ce genre de discussions.

Dans la grande liste des choses qu'il me restait à comprendre, j'imaginais que le couple et l'amour étaient tous les deux déjà cochés.

– Ça va.

– Ça ne va pas, donc. Et les boucles d'oreilles ? demande-t-elle en foutant du lait partout.

Je rumine intérieurement en avisant la tache sur le sol, mais cela ne semble pas déranger Clara le moins du monde.

– Attends, je vais t'aider à les mettre, continue-t-elle en disparaissant dans ma chambre pour revenir avec mes bijoux. Assieds-toi. Je t'avais prévenue, hein : si tu ne les mets pas pendant trop longtemps…

– Le trou se rebouche. Je me demande si c'est pareil avec ta bouche. Si tu la fermes pendant trop longtemps, est-ce que tu perds la parole ?

– Ha ha. Très drôle. Ça, figure-toi que tu ne le sauras jamais. Je n'ai pas l'intention de me taire.

Pendant que mon amie s'affaire au niveau de mes oreilles et que je souffre le martyre – le trou était bien rebouché –, j'angoisse. Je me demande comment sera ce rendez-vous. Ce n'est pas un rencard. En tout cas, ce n'est pas comme ça que j'ai présenté les choses à mon fleuriste. Mais vu la façon dont je me suis habillée, il comprendra sans doute que je suis là pour un peu plus que simplement discuter.

C'est horrible de ne pas me sentir prête à ce point.

Avec Laurent, ça ne fait que six mois. Ça n'allait déjà plus avant. Il y avait de la distance. Mais je le prenais pour acquis.

Quand on possède quelque chose depuis si longtemps, on ne s'imagine pas qu'on puisse un jour le perdre comme ça. Du jour au lendemain.

J'ai beau tourner et retourner la situation dans ma tête, je ne comprends toujours pas ce qui a pu clocher à ce point. Oui, j'étais très prise par mon boulot et lui aussi. On ne se voyait pas autant qu'on aurait dû. C'est certain. Mais nous n'étions pas comme ces couples qui, petit à petit, deviennent des étrangers l'un pour l'autre. Trop seuls pour oser se quitter, trop malheureux pour oser se le dire. C'est comme une relation-prison de laquelle on ne sort jamais. Je n'étais pas dans cette configuration. Tout n'était pas toujours rose, mais j'avais eu un exemple bien plus dur avec mes deux parents et pourtant, ils sont restés ensemble alors même qu'ils se tapaient régulièrement dessus.

– Et voilà, se félicite Clara. Là, tu es parfaite. Il va fondre comme une glace au soleil, ton fleuriste.

– Tu crois ? marmonné-je avec un air sombre. J'ai… j'ai l'impression de trahir Laurent. Ce n'est pas normal.

– Laisse-le tomber, OK ? Tourne la page. Ça fait six mois, maintenant.

Six mois que je ne suis plus que la moitié de moi-même, parce que l'autre partie m'a quittée.

– Ouais. Je vais faire ça.

– Fonce à ton rencard !

Je n'ai même pas la force ni le courage de lui répéter pour la seconde fois qu'il ne s'agit pas d'un rencard.

Avec Étienne, nous avons rendez-vous dans ce petit café qui s'appelle *Le Nazir*, près de la rue Lepic. C'est juste à côté de sa boutique. C'est lui qui m'a proposé le lieu. Je ne suis pas très loin non plus, donc ce n'est pas un problème. Je n'ai même pas besoin de prendre le métro.

À mesure que j'avance, j'ai l'impression que mes jambes sont de plus en plus lourdes. Comme si tout à coup elles devenaient de plomb.

J'arrive au café et aperçois Étienne, qui se lève en me voyant.

– Salut, lance-t-il joyeusement en me donnant la bise.

Briser la glace. Vite. Comment faire ?

– Eh ben… une lettre en moins au nom de ce café et on se retrouve en 1944, pas vrai ?

Pas top.

– Quoi ? Je n'ai pas trop compris, sourit-il.

Je vois. En plus, je n'ai pas fait mouche. Pour un démarrage, ce n'est vraiment pas terrible. Je vais devoir laver l'affront à grands coups de martini.

Nous nous installons à une table et je prends quelques instants pour contempler Étienne. Il n'a pas l'air à l'aise, lui non plus, mais je vois qu'il essaye de ne rien laisser transparaître. Il a évidemment apporté un bouquet de fleurs. Je commence à en avoir par-dessus la tête de ses foutus hortensias. Je vais finir par les lui faire bouffer en papillote.

Il me *le* rappelle tellement…

Ses cheveux ébouriffés, cette expression joviale qui ne le quitte pas. Dans le cas de Laurent, comme celui d'Étienne, c'est comme s'ils étaient nés avec une banane greffée sur le visage. Toujours le sourire. Moi, c'est pareil, mais le fruit est à l'envers. On dit que je tire toujours la tronche.

– Tout va bien pour toi ? demande-t-il.

Nous commandons deux boissons. Lui, un jus d'orange pressée et moi, un cocktail. J'ai besoin de m'alcooliser le corps pour résister à cette pression. Bon sang, je n'imaginais pas que c'était un rencard avant que Clara ne me dise l'inverse. J'y allais en toute décontraction, en me disant que c'était dans la poche et qu'il allait forcément tomber raide dingue de moi – parce que ce n'est qu'un pauvre fleuriste célibataire –, et au final, je me retrouve avec une angoisse constante, qui ne cesse de ramper à l'intérieur de mon ventre. Comme un serpent. Louvoyer entre les obstacles est l'une de mes plus grandes forces, mais je ne sais pas si je serai en mesure d'enjamber celui-ci.

Sa voix, son visage… il me rappelle tellement Laurent que j'ai l'impression d'avoir rencard avec mon ex-mari.

– Oui, euh… Ça va.

– Tu avais besoin de parler. C'est ce que j'ai compris tout de suite, alors tu peux y aller. Sache que je ne suis pas dans le jugement. J'ai envie d'apprendre à te connaître, moi aussi. D'ailleurs, je voulais savoir : est-ce que le groupe de parole t'a aidée ? Au moins un peu ?

– Pas du tout. Je trouve ça con. Mais…

Mince… Vu la tronche qu'il tire, il n'a pas beaucoup apprécié ma remarque.

– Mais… j'y ai trouvé des notes encourageantes pour la suite. Je me dis que ça pourrait m'aider, dans le futur. Quand je serai prête à m'ouvrir aux autres, je veux dire.

Bien rattrapé. Je suis un chat. Même quand je tombe du sixième étage, je retombe sur mes pattes avec une agilité déconcertante.

Étienne a l'air ravi, tout à coup. Il étire la moitié d'un sourire, puis attrape son bouquet pour me le tendre.

– Cette fois, je ne permettrai pas que tu l'oublies. Tu as besoin de ces hortensias.

Je n'ai pas le choix. Je dois les accepter. Allez, après tout, ce n'est qu'un homme : il pense sûrement avec son zob comme les autres et le séduire ne sera pas un problème. Pour le moment, il n'a pas encore jeté un œil à mon décolleté. Il n'a pas non plus complimenté ma tenue. De là à dire que je ne lui plais pas, il n'y a qu'un pas. Pourtant, entre le moment où je me suis rendue dans sa boutique, à son groupe de parole et maintenant, c'est comme le jour et la nuit. Je n'ai pas fait autant d'efforts depuis… depuis que nous avions fêté nos dix ans, avec Laurent. Je portais la même robe et je viens de m'en rendre compte. Je me sens vraiment ridicule.

J'ai envie de tout arrêter.

Allez, respire, tu ne peux pas être si ridicule que ça.

Quand je pense que tout part à vau-l'eau, que rien ne va, je me rappelle que Marlène Schiappa a fait la couverture de *Playboy* et tout va mieux. Je ne peux pas plonger plus au fond qu'elle.

– Merci, Étienne. C'est gentil.

Tout à coup, le fleuriste plonge son regard dans le mien avec plus d'intensité, puis croise les mains.

– Alors, Clarence… je me rends compte, malgré nos deux rencontres, que je ne sais absolument rien de vous.

Qu'est-ce que je pourrais bien lui raconter ? J'ai besoin de m'inventer une vie.

– À part que j'ai perdu ma mère.

Stratégie de déstabilisation pour le faire revenir sur un sujet que je maîtrise. Ça ne fonctionne pas. Étienne hoche la tête avec un air désolé, puis se mure dans le silence en me regardant droit dans les yeux. Finalement, c'est moi qui suis déstabilisée. Il est la force tranquille. Comme un vieux chêne.

– Et… je vis plutôt mal mon divorce.

Mince, c'est sorti tout seul. Je n'aurais pas dû dire ça.

– Vraiment ? Que s'est-il passé ?

– On ne s'aimait plus. C'est tout.

Enfin, surtout lui.

Bravo. Pour un premier rencard, j'entame par une blague bien sentie sur le Troisième Reich, puis je poursuis par mon divorce. Définitivement, je peux l'affirmer : la séduction, ce n'est pas comme le vélo. Ça s'oublie. Ça s'oublie bien, même. Quels étaient nos sujets de discussion, avec Laurent ? D'aussi loin que je m'en souvienne, c'est toujours lui qui venait vers moi d'une manière ou d'une autre. Ce n'était jamais l'inverse. Ou presque. Je me suis toujours sentie maudite là-dessus. Et puis, briser la glace, ce n'est pas si facile.

– Je suis triste de l'apprendre.

– Tu as été marié, toi aussi ?

Étienne hoche la tête avec un visage grave, puis détourne les yeux pour fixer la rue. Je crois que je tiens quelque chose. Finalement, tout ça n'était pas une si mauvaise idée. Je découvre déjà un point faible chez le fleuriste et je m'empresserai de l'exploiter lorsque j'en saurai davantage.

– Et toi, alors, que s'est-il passé ?

– Elle est partie. C'est tout.

Ainsi donc, il est faillible.

– Je suis désolé, mais je n'ai pas vraiment envie d'en parler. C'est… enfin, ce n'est pas un sujet que j'aime aborder.

La déduction de Clarence Holmes : Étienne n'est pas aussi irréprochable qu'il peut le laisser paraître. Il a certainement des cadavres dans le placard. Il a peut-être déconné avec elle. Ha ! Je m'en doutais. C'est un vicieux, d'une manière ou d'une autre.

Bon, mais cela n'empêche que niveau séduction, pour le moment, je suis proche du zéro.

Avec l'évocation du sujet de son mariage qui est tombé à l'eau et les précédents ratés de notre conversation, j'ai le sentiment que nous allons avoir du mal à nous comprendre. Je dois absolument reprendre le contrôle de la situation ou je ne pourrai jamais mettre mon plan à exécution. Toujours est-il que j'ai appris une information notable le concernant.

– Pas de problème. Je comprends.

– Alors… on est tous les deux un peu brisés par la vie, c'est ça ?

Je n'en pense pas un mot, mais je veux qu'il s'ouvre à moi. Je veux qu'il me confie ses plus vilains secrets. Je dois pénétrer dans son esprit. Le comprendre pour mieux le détruire. Bordel, avec ce que me fait endurer Marc, j'espère bien que j'aurai une promotion à la clé.

– Je crois bien. Mais d'un autre côté, on peut toujours se reconstruire. J'ai la naïveté de croire que ce n'est qu'une question de volonté.

Mouais. La détermination est une chose, la fatalité en est une autre. En ce qui me concerne, je ne vois pas comment me reconstruire sereinement sur des bases aussi malsaines que celles laissées par mes parents et par ma relation avec Laurent. J'ignore si un jour je pourrai décemment me sentir de nouveau bien dans ma peau. À cent pour cent, j'entends. Mais l'égocentrisme, c'est de penser que nos problèmes, personne d'autre ne les vit. Souvent, on se rend compte que nous sommes extrêmement nombreux dans les mêmes situations, sans jamais oser en parler.

– Tu as peut-être raison, Étienne. J'espère que nous réussirons à poser de nouvelles fondations à nos vies, dans ce cas.

Beurk. Une fois de plus, je n'en pense pas un mot. Je n'aime pas ce type. Je déteste sa tranquillité, sa force intérieure qui me paraît immuable. Je n'aime pas savoir que je ne le déstabilise pas le moins du monde et qu'au contraire, tout ce qu'il souhaite, c'est m'aider.

– Mais changeons de sujet, proposé-je. Je suis désolée pour mon comportement de l'autre fois. J'étais… j'étais un peu nerveuse. Et puis, triste, surtout.

– Pas de problème, tranche-t-il avec bienveillance. Je ne suis pas du genre à m'en formaliser. Et puis, je ne sais pas pourquoi, mais j'ai l'impression que tu as un boulot stressant. Non ?

Il est temps d'inventer un mensonge. Un plus gros encore que celui que je me raconte à moi-même à propos de ma santé mentale. Un qu'Étienne pourra gober facilement.

– Je travaille en banque. À La Défense.

Je n'arrive pas à croire qu'en racontant ce bobard, j'adoucis la réalité. Même si je ne suis pas une employée de banque, je suis presque certaine que ce serait plus éthique de ma part de l'être. Les banques ne plongent pas les gens en dépression – à moins que ? Les inventeurs d'agios font partie de mes héros du quotidien. Je trouve qu'on ne parle pas assez d'eux. Il y a tout de même une saveur d'ironie incroyable dans le système bancaire. Moins on a d'argent, plus on nous en prend et inversement. Et tout le monde l'a accepté ! De toute manière, si je n'avais pas été recrutée chez D & C, je me serais sûrement tournée vers les banques ou les assurances. J'avais une vocation, dans ce domaine. C'est certain. Mais il me faudrait bien plus d'une vie pour explorer tous les métiers les plus gerbants de France – j'aimerais en avoir plusieurs !

– C'est pour ça ! En effet… tu dois vraiment subir beaucoup de pression.

Je le regarde de haut en bas en souriant. Ma seule pression, c'est cet imbécile heureux qui ne veut pas gober ses Xanax comme tout le monde. S'il continue de se montrer aussi récalcitrant, je lui perfuse *Les Feux de l'amour* en intraveineuse pendant quinze saisons. On verra s'il ne finit pas par se taper la tête contre les murs. Il ne va pas bien. Je peux le voir d'ici. Maintenant que je suis entrée dans sa vie un peu plus intimement et que nous avons une vraie conversation, sa santé mentale fragile se voit aussi gros qu'un bloc de saindoux au rayon fruits et légumes.

– Tu n'as pas idée.

– C'est pour lutter contre cette pression que je tiens énormément à mon groupe de parole. Tu sais… quand ma femme est partie, j'ai décidé de le monter parce qu'on sous-estime beaucoup le pouvoir du dialogue avec les autres. Voir des gens en détresse tous les jours, se réunir, les écouter et essayer de trouver des solutions à leurs problèmes… finalement, ça en apporte aux miens.

Je fronce les sourcils. Qu'est-ce qu'il est en train de me baragouiner ? Il a prétendu que j'avais besoin de parler, mais je crois plutôt que c'est lui qui aime débiter à propos de sa vie et de ses sentiments. Dans deux minutes, si je ne l'arrête pas, il va me dévoiler son mot de passe PayPal et son code de carte bleue.

– Cela agit comme une béquille, en quelque sorte. Enfin, si je comprends bien. Pour ne pas craquer, c'est ça ?

Il sourit et claque des doigts dans ma direction.

– Tu as tout compris.

Bien. Berthier avait peut-être raison. C'est par ce groupe que je devrais commencer. Le détruire, c'est détruire Étienne.

– Ça me rappelle tout le temps qu'il n'y a pas de problèmes, seulement des solutions, poursuit-il. Mais bon, tu ne devrais pas écouter Germaine ou les autres… Ils me font passer pour un saint, mais je ne le suis pas.

Ah, enfin ! Il va se confier à propos de ses vices. Si je savais écrire de manière discrète, je crois que je pianoterais sur mon téléphone pour prendre des notes. Mais au lieu de cela, je feins un SMS important pour activer l'option d'enregistrement sur mon smartphone. Je ne veux pas perdre une miette de ce qu'il me dira dans les prochaines secondes. C'est bien trop important. Ma carrière en dépend peut-être. Toutes les informations sont bonnes à prendre et je suis une professionnelle – en plus, cela me permettra de prouver à Marc que j'avance.

– Ah non ?

– Non. Parce que lorsqu'on aide les autres comme je le fais, finalement, on s'aide soi-même. Quand on se place dans une position aussi haute que la mienne, on satisfait surtout son ego en prenant la main des autres pour leur montrer un chemin qu'on n'est pas capable d'emprunter soi-même. C'est très cruel, mais c'est comme ça.

Et merde ! C'était encore une réflexion philosophique enthovenienne à propos de son propre dysfonctionnement mental. Mais ça ne m'aide pas du tout.

– Je comprends.

Pas du tout. Je trouve ça con.

– Tu reviendras ?

Est-il en train de me demander si je retournerai dans son groupe de parole ridicule dont le seul but est de se guérir lui-même alors que je suis censée le faire tomber en dépression prochainement ?

– Bien sûr, Étienne.

13.

On dit qu'un bon mensonge est toujours enrobé de vérité. C'est ce qui le rend si crédible. Le « plus c'est gros, mieux ça passe » n'est pas seulement valable pour Rocco Siffredi. C'est une généralité. On ne prend jamais la peine de vérifier un trop gros mensonge. Par contre, le mensonge timide, lui, paraît suspect. Je vais donc de nouveau me rendre à ce groupe de parole, mais pour cela, j'ai besoin de travailler un peu mon histoire et ce que je vais raconter. Je ne peux pas m'y pointer et avoir l'air parfaitement insensible à ce que je dis moi-même. Il doit y avoir de l'émotion. Des larmes. Du vrai.

Les mains plaquées sur le lavabo de la salle de bains, je me regarde dans le miroir brisé.

– Ma mère est morte quand j'avais dix-huit ans et ça m'a détruite parce qu'elle ne m'a jamais aimée.

Pas une larme. Rien. Ce n'est pas assez convaincant. Ce sont les premiers mots qui sont sortis de ma bouche, mais je crois que je devrais essayer d'ajuster un peu les choses. J'ai l'impression de ne pas y croire moi-même alors que jusque-là, je n'ai fait que dire la vérité. Finalement, je l'ai plutôt bien accepté. Cela me conforte dans l'idée que je suis plus robuste que la moyenne des gens. Il n'y a qu'à voir la nouvelle tendance sur les réseaux sociaux : la plainte constante. J'ai eu une vie de merde et je ne dis rien à personne parce que ça ne regarde que moi. Je ne vais pas l'étaler sur les réseaux.

Ah, parce que ça, c'est devenu la nouvelle mode : se plaindre. De tout et de n'importe quoi, pourvu qu'on se fasse plaindre en retour. Ouvrir ses réseaux, c'est comme écouter parler le couple Balkany dans la grande horloge du temps. Ça ne finit jamais, c'est insupportable, indécent et c'est une complainte de plus à chaque phrase.

– Ma mère est morte d'un accident de voiture, quand j'avais dix-huit ans. C'est mon père qui conduisait. Mes grands-parents étaient à l'arrière et ils n'avaient malheureusement pas attaché leurs ceintures. Tout le monde est mort. Parce qu'en plus, mon petit frère était dans le coffre.

OK, c'est peut-être gros, mais ça ne pourra pas passer. Ils ne croiront pas à ça un seul instant. Surtout si je le dis avec une telle hilarité.

– Pourquoi tu ne leur dis pas ce qui est *vraiment* arrivé à tes parents ? demande Clara en faisant irruption dans la salle de bains.

Je me retire du lavabo à toute vitesse pour reprendre la position la plus normale possible.

– De quoi tu parles ?

– Arrête, j'ai très bien entendu et j'ai compris ton plan. Il est bon.

– Intégrer son groupe de losers pour mieux le détruire de l'intérieur.

– Diabolique. Ingénieux. Digne de toi. Mais je ne suis pas certaine que ça marchera. Tu t'y rends ce soir ?

Je hoche la tête en essayant de me tirer les larmes moi-même.

Allez, bon sang, pense à quelque chose de triste… Soirée raclette alors que je suis intolérante au lactose… Le 1er mai qui tombe un dimanche… Le retour de Julien Clerc sur scène…

– La guerre en Ukraine ? La menace d'une Union européenne qui s'apprête à mourir ? Des milliers de gens qui meurent ? m'assène Clara.

– Comment tu sais que ?…

– Je te connais.

Je secoue la tête avec agacement.

– Fous-moi la paix avec l'Ukraine. On fait tous semblant d'être tristes et concernés, mais combien s'en soucient vraiment ? Tout ça, ce n'est que du paraître. J'essaye de penser à un truc qui me touche vraiment.

– Oui, pardon, j'avais oublié à qui je m'adressais… Eh bien, ton divorce avec…

– Non ! Ne finis pas ta phrase, Clara.

Mon amie s'arrête net, puis soupire avant de me prendre dans ses bras.

– Meilleures amies, OK ? Je ne te laisserai jamais tomber, Clarence.

Il n'y a qu'avec elle que je me sens capable de montrer un peu de vulnérabilité. Clara est une fille tellement… tellement éthérée. On dirait que la vie lui glisse dessus et qu'elle se contente d'exister alors que tous les autres se fraient un chemin dans l'immense fleuve de merde qu'est la vie. Du haut de son emploi pourri, de ses habitudes délétères et de son amour immodéré pour les produits gras et sucrés, Clara semble toujours avoir plus d'altitude que tous ces gens qui se revendiquent d'un mode de vie sain. Elle, elle ne fait pas semblant. Elle ne joue pas un rôle. C'est juste… Clara ! Mon amie de toujours, mais aussi ma seule alliée.

– Tu sais quoi ? continue-t-elle. Je pense que je devrais venir, ce soir.

Mon sang ne fait qu'un tour.

– Quoi ?! Mais tu déconnes ? Je vais devoir te présenter et puis tu n'as rien à raconter, toi !

Un SMS me tire de ma discussion avec elle. Il s'agit d'Étienne.

Encore du courage pour ta maman disparue. Toutes mes pensées t'accompagnent, Clarence. Si tu as besoin de parler, tu sais, je suis là. De jour comme de nuit.

– Qu'est-ce que c'était ?

– Étienne.

Clara fronce les sourcils.

– On dirait que tu aimes recevoir des messages de ce type.

– Hein ? Mais qu'est-ce que tu racontes ? rétorqué-je en rangeant mon téléphone. Ce n'est qu'un imbécile et je te rappelle qu'il s'agit de ma cible. Si ce con ne tombe pas en dépression dans quelques semaines, je suis foutue et toi aussi. Parce que je ne pourrai plus payer le crédit. Et puis, je te signale que c'est toi qui as eu cette idée la première !

– Mais je ne pensais pas que ça te plairait à ce point, répond-elle sèchement.

Je rêve, ou Clara est en train de me piquer une crise de jalousie parce que je reçois des SMS ?

– Attends… tu es… jalouse ?

J'éclate de rire en voyant sa tête de six pieds de long. Ah, mais oui, c'est ça ! Elle l'est vraiment ! Je n'arrive pas à le croire ! Non, franchement, l'hilarité me prend aux tripes lorsque j'avise son regard déconfit. On dirait une gamine à laquelle sa meilleure amie vient d'annoncer qu'elle allait jouer avec quelqu'un d'autre dans la cour de récréation.

– Meilleures amies, hein ? essaye-t-elle de confirmer.

– Mais bien sûr. Qu'est-ce que tu vas imaginer ? Ce type ne compte pas pour moi. Je vais le plonger dans la dépression la plus profonde et ensuite, on reprendra notre vie normale : toi, la mi-chômeuse et moi, la génie du mal.

Le sourire qu'elle me tend vaut bien toutes les déclarations du monde. J'adore vraiment Clara. Elle est impayable. Ses réactions sont tellement imprévisibles qu'elle met beaucoup de piment dans ma vie.

Mais je n'ai pas davantage le temps de poursuivre mes exercices de théâtre. Je dois me rendre au boulot, ne serait-ce que pour m'entretenir avec les employés du bureau.

– Tu n'as pas répondu, au fait : pourquoi tu ne leur dis pas la vérité à propos de tes parents, hein ?

Tout à coup, d'horribles flashs me traversent l'esprit. Mon air insouciant se transforme en une moue concernée.

– Parce que la vérité est plus dure que la fiction. Même moi, je ne me sens pas de leur infliger ça. Personne n'a besoin de savoir à part toi et moi.

– Je t'accompagne, ce soir.

Cette fois-ci, ce n'est plus une question. Bien. J'imagine que ça me fera de la compagnie et qu'Étienne sera ravi de rencontrer Clara.

Au bureau, rien ne pouvait plus me décevoir que de tomber, en tout premier, sur le visage de Berthier, qui agite sa main près de la machine à café. Oh, bon sang…

– Ça va ?

– À chaque fois que tu ouvres la bouche, j'ai envie de poser une bombe dans le RER A et de me faire sauter avec. Sinon, ça va.

Ma remarque semble l'amuser, puisqu'il éclate de rire en me donnant une tape sur l'épaule comme si nous étions meilleurs amis. Et voilà ce qu'il se passe quand on commence à descendre dans l'échelle sociale d'une société. Tous les marginaux de celle-ci nous taillent une bavette comme si nous avions élevé les cochons ensemble. Une fois que cette mission sera terminée, je pourrai reprendre ma place de prédatrice. De jeune cadre-requin dynamique prêt à faire tomber les têtes et à les empiler pour arriver au sommet.

– Tu ne sais pas la dernière ? Nicole a...

– Je me fous de ce qu'a accompli Nicole, OK ? Je ne veux même pas le savoir ! Ce n'est qu'une bouffonne. À tel point que quand elle marche dans les couloirs, je peux entendre ses clochettes faire « ding, ding ». On dirait une vache qui prévient de son arrivée.

Un instant de silence. Berthier a l'air terrifié.

– Ce ne sont pas des clochettes, mais des boucles d'oreilles Chanel qui ont coûté à mon mari l'équivalent de ton salaire annuel.

Et voilà, je m'en doutais. Parler de Nicole, c'est un peu comme la dame blanche. On finit toujours par l'invoquer.

Je me retourne vers elle avec un air agacé.

– Tu peux repasser par le portail infernal par lequel tu viens de sortir, si tu veux. On n'a plus besoin de toi, démon. Retourne nager dans la lave.

Nicole se fend d'un petit rire amusé, puis porte sa tasse à ses lèvres. Sans doute encore l'une de ses décoctions de bobo débile. Je mise sur un thé vert menthe-goyave avec une touche de poussière d'étoiles, un nuage de lait et une pincée de nostalgie d'enfance brisée sur son lit d'espoirs déçus. Bref, une recette très simple à réaliser.

– Tiens, Berthier, tu es là, toi aussi ? C'est vrai que maintenant, vous formez une super équipe, tous les deux.

– C'est clair ! répond-il fièrement.

– Ne lui donne pas d'attention, Berthier. Et toi et moi, nous ne sommes pas une équipe. Simplement des… collaborateurs qui ont été forcés de travailler ensemble.

– Je suis presque sûre que ça revient au même, rétorque Nicole en me gratifiant d'un sourire narquois. Mais bon, j'imagine que ça peut créer de belles choses. C'est aussi à ça que sert l'entreprise, non ? À resserrer les liens entre les équipes. Peut-être que vous allez finir ensemble. Après tout, la place est libre, n'est-ce pas, Clarence ?

– Ferme-la.

– Il est où, ton « mari », Clarence ? demande-t-elle en articulant longuement.

***

– Je ne sais pas ce qui me retient de vous mettre à pied, tonne le responsable des ressources humaines. Vous battre en plein milieu du service ! Ce ne sont pas des manières, bordel ! On n'est pas à l'Assemblée nationale, ici !

Le RRH, autant le dire tout de suite : moins on le rencontre, mieux on se porte. Mais chez D & C, il a une fonction très particulière. Le responsable des ressources humaines est là, bien sûr, pour gérer les crises du personnel, les recrutements, mais dans notre entreprise il a aussi la charge d'être le « psychologue » de la société. C'est vers lui que nous nous tournons quand les choses vont mal et je ne suis jamais allée le voir depuis mon divorce. Je ne suis pas comme Étienne, à avoir besoin de parler de mes problèmes à tout bout de champ pour qu'ils se règlent. Comme si la parole, le dialogue, pouvaient vraiment aider. Il s'agit de soucis internes. Enfouis tout au fond de moi. Il n'y a que moi qui puisse les gérer.

Le petit bonhomme, tout rond et tout chauve, ressemblant étrangement à Philippe Etchebest, me toise du regard.

– Bon sang, Clarence !

Il donne un coup sur son bureau et toutes les fournitures dessus sautent comme un seul homme, avant de retomber à leur place. On dirait presque que ça a été étudié pour.

– Vous allez me répondre, oui ?

– Ne me mettez pas à pied. J'ai une mission extrêmement importante à accomplir pour Marc. Il me l'a confiée personnellement et c'est vrai que je suis un peu sous pression, en ce moment.

– Je vais vous expliquer une chose, Clarence, d'accord ? Ici, nous sommes dans une entreprise qui fout les gens en dépression. C'est un travail à plein temps et mon rôle est de m'assurer que cela ne déteint pas sur la santé mentale de nos employés. Parce que si nos clients doivent être tendus, nerveux, au bord du suicide, ça ne doit surtout pas être le cas de nos collaborateurs. Une bonne santé mentale, nous le savons tous les deux, c'est extrêmement important. Là, vous avez pété le nez de Nicole parce qu'elle a parlé de votre mari !

Je baisse la tête en soupirant. Bon, peut-être que j'y suis allée un peu fort.

– Ce n'est pas la première fois que vous vous comportez comme ça. Vous avez déjà frappé Nicole deux fois !

– Elle l'avait bien cherché, l'autre fois ! Et puis, c'est elle qui avait commencé.

– Mais c'est vous qui avez fini.

Je m'en souviens comme si c'était hier. Elle était arrivée au bureau, toute contente de nous annoncer que son gamin était HPI. Nous étions à la machine à café et elle a commencé à nous expliquer qu'il avait des troubles de l'attention, qu'il n'aimait pas faire ses devoirs, qu'il s'ennuyait à l'école et qu'il était turbulent. Comme tout parent complètement frappadingue, elle a pensé qu'il était HPI. Je lui ai donc rétorqué qu'il était simplement con et qu'elle se cherchait des excuses pour ne pas voir la vérité en face. Et puis merde, c'est quoi cette nouvelle case ? HPI ! Alors, maintenant, à chaque fois que quelqu'un aura un mauvais comportement, on trouvera une nouvelle case dans laquelle le ranger pour l'excuser ? Son enfant est juste... un enfant ! Avec ses turbulences et ses comportements déviants. Rien de plus. Si je pouvais faire passer un message à tous les parents beaucoup trop fiers qui pensent que parce que leurs enfants se comportent mal, ils sont infiniment plus intelligents que les autres, je leur dirais ceci : non. Votre gamin est juste un gamin tout ce qu'il y a de plus normal. Quoi de plus élémentaire que de ne pas aimer l'école, de détester faire ses devoirs et d'avoir de l'énergie à revendre au point de se faire remarquer ? Ce ne sont que des gosses.

Mais j'ignore pourquoi... quand elle a parlé d'enfants, je suis sortie de mes gonds. C'est peut-être parce qu'il s'agissait de l'un de nos projets, avec Laurent. Nous en avions déjà discuté. Je ne me sentais pas encore prête...

Si nous avions franchi le pas, au moins, nous aurions encore quelque chose en commun à partager. Quelque chose d'autre qu'un foutu sweat dans lequel je m'endors parfois en pleurant, le soir. J'aurais eu un souvenir de lui. La représentation physique de la moitié de son amour. La matérialisation de tous les sentiments qu'il me portait. En chair et en os. Une photo du passé. Du temps où nous étions heureux. Et cette photo aurait grandi là, dans mes entrailles, jusqu'à se retrouver propulsée dans cet endroit pourri que nous appelons orgueilleusement le « monde », comme s'il n'y en avait qu'un seul et que nous étions le centre absolu de l'univers étendu. Cette photo, cet amour vivant, je l'aurais chérie. Oh, ça oui. Comme personne n'a jamais chéri un enfant. Je lui aurais donné tout l'amour qu'il m'a manqué, quand j'étais enfant. J'aurais sans doute été la mère la plus protectrice, mais aussi la plus fière qui soit. Ce bambin, il n'existe même pas et pourtant, je me sens prête à tout pour lui. Comme si une lionne rugissait à l'intérieur de moi et qu'elle avait été insatisfaite par ma lâcheté.

Ce qui m'en a empêchée ? Je n'étais pas prête. Ce n'était pas le moment. J'avais des dossiers urgents à gérer et j'étais dans une grande période d'ascension. Et nous savons tous ce qu'il advient des femmes enceintes, dans les grandes entreprises. Leur progression est bloquée par des N+1 misogynes qui pensent encore que les règles, c'est sale.

Je m'en tire avec un avertissement. Ça aurait pu être pire. Et pour ainsi dire, je ne regrette rien. Nicole méritait bien de prendre un coup de poing dans la figure. Tout ça ne va pas m'aider à redorer mon blason au sein de la société. Je sais que ma rivale agit de cette façon pour me pousser à bout. Pour que je commette le pire et que mon dossier soit entaché. Grand bien lui fasse. Offrir une tartine de phalanges à cette pétasse est tellement thérapeutique que ça devrait être remboursé par la sécu. Parfois, j'ai l'impression que ma main et la joue de Nicole sont des âmes sœurs qui n'aspirent qu'à se rencontrer. Et je ne suis pas du genre à briser les couples.

Nouveau SMS d'Étienne.

Tu viens, ce soir ?

Je serai là

Et étrangement, j'ai hâte d'y être. Je crois que je suis bien partie pour que cette mission touche à sa fin.

14.

– Dis donc, on peut dire que tu y as mis du tien, pour ce soir ! s'exclame Clara en ajustant son rouge à lèvres.

Je comprends toute l'ironie de sa phrase. Je ne suis pas maquillée, j'y vais en jean simple avec des baskets et un t-shirt.

– On ne va pas à la *fashion week*. C'est un club de futurs dépressifs.

– Et alors ? Ça n'empêche pas de rester élégantes. Je te rappelle que tu es censée séduire Étienne, pas Dédé du PMU du coin.

Je lève les yeux au ciel et en profite pour prévenir Clara de rester discrète pendant cette fichue réunion. Je ne voudrais pas qu'elle se fasse trop remarquer. Habituellement, elle parvient à être invisible, mais on ne sait jamais. Je n'aimerais pas qu'elle me complique la tâche avec Étienne. D'autant plus que j'ai l'impression d'être sur le point de parvenir à mes fins.

Accompagnée de mon amie, je me rends au lieu de réunion. Tout le monde est déjà présent et nous regarde en souriant. Nous prenons des chaises et presque aussitôt, alors qu'Étienne a la parole pour remercier tout le monde d'être venu, Clara commence déjà à chuchoter à mon oreille :

– Tu ne m'avais pas dit qu'il y aurait autant de monde.

– La ferme.

– Ni qu'Étienne ressemblerait autant à Laurent.

Intérieurement, je bouillonne et grince des mâchoires. Je sens qu'elle ne va pas me simplifier le travail.

La réunion peut enfin commencer et tous les dépressifs du coin viennent pleurer sur la perte d'un être cher, sur leur mauvaise santé mentale et sur le désespoir absolu qu'est leur vie. Je les écoute attentivement pendant que Clara se marre en douce en me glissant des mots à l'oreille, à chaque fois. Elle y va toujours de son petit commentaire les concernant.

– Cette fille, avec sa meilleure amie… c'est pathétique, quand même. Elle devrait passer à autre chose !

– Tu imagines si tu me perdais ? Comment tu réagirais ?

– Mais pourquoi je te perdrais ? demande-t-elle en fronçant les sourcils.

Haussement d'épaules.

– Si tu continues de parler, en tout cas, je risque de te foutre dehors à grands coups de pied au cul. C'est clair ?

– Ça va, ça va, je me tais.

Ce qu'il y a de passionnant avec ces réunions, c'est que les gens ne viennent pas tant exposer une situation qu'un point de vue sur celle-ci. Je crois qu'il y a autant d'êtres humains que de façons différentes d'aborder ces problèmes. Pourtant, ils ne se concentrent que sur leur petit prisme sans jamais prendre la peine d'essayer de s'en défaire pour régler le souci. C'est comme si, conformément aux symptômes de notre triste ère, ils se contentaient de vomir leurs problèmes sans essayer de trouver de solutions. C'est quand même tellement plus agréable de se rouler dans la complainte et de s'inventer des montagnes infranchissables. Tout le monde nous plaint, on a l'impression d'être spécial. C'est vrai que c'est au moins aussi tentant qu'une théorie du complot. Mais la vérité est parfois froide et cruelle : on a juste besoin de changer de prisme.

À propos de l'histoire de Germaine, elle nous ressort exactement la même soupe réchauffée que la dernière fois. Ce n'est pas du mot pour mot, mais presque. Comme si l'histoire avait besoin de sortir en plusieurs fois parce qu'elle était trop douloureuse pour passer d'un coup. Je trouve ça profondément ridicule. À l'extérieur du cercle de réunion, pour le peu que je connais d'elle, je n'ai pas eu l'impression qu'elle était en souffrance. Loin de là. J'ai vu une fille joviale qui prenait plaisir à préparer l'arrivée des autres en faisant chauffer le thé, en disposant des biscuits ici et là et en répétant à qui voulait bien l'entendre qu'Étienne est un type formidable. Alors pourquoi, une fois à la réunion, ne devient-elle plus que l'ombre d'elle-même ? C'est comme si le spectre de son histoire étendait sa main glaciale jusqu'au fond de son cœur dès l'instant où elle se lève pour prendre la parole.

Dans ce cas, j'ai une solution : ne plus en parler. Oublier tout ça. Parfois, je me demande si je ne viens pas d'une autre planète. Tous leurs soucis me paraissent tellement ridicules, tellement dérisoires…

Une fois qu'elle a fini de se morfondre, Germaine se rassied en essuyant ses larmes et c'est Étienne qui prend la parole, en souriant avec un air compatissant.

– C'est très courageux de ta part de partager ça avec nous.

– De nouveau, le corrigé-je.

Clara me lance un regard plein de surprise, puis je vois un sourire se dessiner sur son visage. D'accord, je viens de mettre les pieds dans le plat et je sens que je vais le regretter, mais c'était plus fort que moi.

– Tu as quelque chose à dire à ce sujet, Clarence ? Nous sommes tous ici pour nous écouter, partager, réagir… Alors, ton avis est le bienvenu.

– Ça, je n'en suis pas sûre… Mais si vous insistez…

Je me lève, puis soupire. Tous les regards sont braqués sur moi. Vieux relents de collège et de lycée, quand je passais au tableau pour un exposé. Bon, très bien, je n'ai plus qu'à essayer d'être la plus douce possible pour ne froisser personne. Après tout, le but est de m'intégrer à ce groupe de réunion pour mieux le détruire.

– Ce que je veux dire, c'est que c'est la deuxième fois qu'elle nous partage cette histoire et ce n'est que ma deuxième séance. Ça me rappelle cette fois où, quand j'étais à la fac et que je venais de perdre mon père, cette fille est arrivée vers moi, dans la cour. Je pleurais. Elle m'a demandé ce qui n'allait pas et je lui ai dit que mon père était mort. Vous savez ce qu'elle m'a répondu ? « Oh, moi non plus, ça ne va pas ! En ce moment, j'ai une cystite. »

Grand silence.

– Et à ce moment-là, je me suis dit, mais… quel putain de rapport ? Je viens de te dire que mon père était mort et tu me réponds que tu as un problème urinaire. Est-ce que nos deux situations sont vraiment comparables ? Non. Pas du tout. Est-ce que la mort de mon père venait juste d'être ramenée à un problème de tuyauterie ? C'était clairement l'impression que ça donnait. Et puis, j'ai réfléchi. Cette fille n'avait jamais eu de problème. En fait, pour ainsi dire, elle ne devait même pas savoir ce qu'était un vrai problème. Un truc sérieux, qui vous prend aux tripes. Et donc, c'est tout ce qu'elle a trouvé à dire à ce moment-là parce que pour elle, c'était super grave ! Parce que les gens sont comme ça, au fond : ils s'inventent des problèmes pour avoir des choses à partager. Alors qu'en vérité, quatre-vingt-dix-neuf pour cent de leurs ennuis pourraient se régler genre… en un claquement de doigts. En particulier une cystite. Alors, OK, c'est chiant, mais deux ou trois antibios et on n'en parle plus. Pas de quoi en faire tout un plat, ni comparer ça à la perte d'un parent. Pourtant, cette connasse l'a fait. Vous imaginez un peu ce que j'ai ressenti, ensuite ? Je me suis demandé si j'étais normale. Si tout ça était normal ! Et puis comment ça se chope, généralement, une cystite ? Question pour des connaisseurs.

Je jette un regard à l'assemblée, mais personne ne répond. Ils sont tous suspendus à mes lèvres.

– Je vais vous le dire : c'est quand on baise et qu'on ne prend pas la peine de pisser après le rapport. Parce que dans les livres ou dans les films, on ne vous montre pas le moment où la nana va aux chiottes après s'être fait perforer. Mais c'est comme ça. Donc, en conclusion, cette fille venait de se faire éclater le millefeuille la veille – ce qui, normalement, aurait dû être plutôt un bon moment – et le lendemain, elle a répondu à la mort de mon père par sa cystite. Et vous savez le pire ? C'est qu'elle avait l'air tellement préoccupée par sa plomberie qu'on s'est mises à en parler et que je l'ai rassurée autant que je l'ai pu. C'était tellement lunaire ! Tout ça pour dire que, merde, Germaine, tu as quel âge ? Remets-t'en ! Cette fille t'a tourné le dos ? Elle est partie depuis qu'elle a rencontré son mec ? Très bien. Qu'est-ce que tu peux y faire ? Rien. Je suis bien placée pour savoir que les relations sont comme des cordes tendues entre deux personnes. Si l'une des personnes décide de lâcher son bout de la corde, c'est foutu et on doit l'accepter. Alors, sèche tes larmes, grandis, sors, éclate-toi, mais putain, arrête de te morfondre sur ton « amie ». Elle n'est pas morte, elle n'est pas partie pour mieux revenir, elle t'a juste planté un poignard dans le dos pour des gamineries parce qu'elle était sûrement jalouse. Tu veux savoir pourquoi ? Parce que, regarde-toi. Objectivement, j'ai le droit de le dire et ce ne sera pas du harcèlement sexuel : tu es bonne et elle devait sûrement être dégueulasse. Voilà, c'est tout ce que j'avais à dire.

Lorsque je me rassieds, tous sont encore bouche bée.

– Et tu m'avais dit de ne pas me faire remarquer, c'est ça ? glousse Clara à mon oreille.

– Oh, la ferme.

* * *

Le reste de la réunion, j'essaye d'être la plus discrète possible parce que Germaine s'est fendue de quelques larmes après mon intervention et je n'ai pas envie d'en rajouter. Si je dois être détestée par tous les autres membres de ce club, autant que ce soit pour les bonnes raisons, c'est-à-dire quand j'aurai causé leur destruction pure et simple en réduisant Étienne à néant. Mais pour le moment, je dois me tenir à carreau pour ne pas rester sur la touche.

Lorsque la réunion se termine enfin, je vais pour m'éclipser, mais je suis apostrophée par le maître de réunion, qui me demande de venir le voir. Et merde... je sens que je vais en prendre pour mon grade. En plus, je ne lui ai même pas présenté Clara et je l'ai ramenée comme si de rien n'était.

– Clarence, je... je dois te parler quelques instants, si ça ne te dérange pas.

– Ça me dérange, rétorqué-je pour éviter la conversation.

Je sais très bien ce qu'il veut me dire, mais moi, je suis sur le départ. Si nous ne pouvons pas avoir cette discussion, il ne peut pas me virer du club. Et je suis prête à parier que c'est ce qu'il souhaite faire.

– Eh bien, je voudrais te parler quand même.

Depuis quand est-ce qu'il a du caractère, celui-là ? Moi qui le prenais pour une sorte de carpette bouddhiste sur laquelle on peut s'essuyer les pieds à souhait...

– Oui, je suis désolée, je ne t'ai pas présenté Clara, mais…

– Tu n'avais jamais parlé de ton père, ni de ses soucis… Je suis content que tu l'aies fait, aujourd'hui.

Mince. Le pire, c'est que tout ce que j'ai dit à son propos était absolument vrai. Et je n'ai pas nécessairement envie d'approfondir le sujet avec lui maintenant. Je ferais mieux de trouver un moyen rapide de m'éclipser.

Je jette un œil en direction de la porte, dans l'espoir de trouver Clara, mais elle est déjà dehors, à m'attendre. Ah, la sale lâche ! Elle me lance des « coucous » de la main tout en sachant que je ne peux pas lui répondre. Elle a préféré fuir plutôt que de m'accompagner pour voir Étienne. Dès qu'elle a compris qu'il allait m'aborder, elle a filé !

– Oui, oui, c'est bien. Bah…

– Est-ce que ça t'a aidée ? Tu es une fille assez secrète et j'ai l'impression que tu as besoin de ce jardin bien à toi, dans lequel personne ne peut entrer. Mais tu nous en as fait découvrir une partie, ce soir, et j'ai trouvé ça extrêmement courageux de ta part. Alors donc, tu n'as pas seulement perdu ta mère. Ton père aussi est allé rejoindre les cieux.

« Rejoindre les cieux ». Pff. C'est complètement stupide. Personne ne s'envole avec de petites ailes, dès qu'il meurt. C'est simplement comme si on nous coupait Internet. Paf. Plus de connexion. Plus rien. Juste le néant. Mon père est mort dans l'indifférence la plus totale. J'étais triste, comme si je venais de perdre un pilier de mon existence parce qu'il en avait été un. Mais un pilier bancal, sur lequel on n'a pas du tout envie de poser des fondations.

Alors, Étienne ne souhaite pas du tout me parler de la soufflante que j'ai infligée à Germaine, ni de la façon dont cela a provoqué un grand silence dans l'assemblée durant plusieurs dizaines de secondes. Finalement, ça me convient.

– Ouais. Ça m'a aidée.

Mensonge. Vilain mensonge.

Cela a surtout ouvert de nouveau une cicatrice que je pensais définitivement fermée. Je n'avais pas envie de revenir sur ce sujet, mais les mots sont sortis d'eux-mêmes, sans que je puisse les contrôler.

– J'aimerais te revoir, Clarence. Qu'est-ce que tu dirais d'un rendez-vous, disons… demain soir ? Au même endroit que la dernière fois. Je crois que nous avons encore des choses à nous dire. D'ailleurs, je te félicite pour ton intervention. Bon, ça aurait pu être un peu plus doux, parce que cette pauvre Germaine a traversé beaucoup d'épreuves, tu sais, mais… je crois que ça va l'aider.

– V… vraiment ?

Alors c'est ça, « aider » les gens ? Leur en mettre plein la gueule jusqu'à ce que leur seule réponse possible soit les sanglots ? Dans ce cas-là, je suis carrément l'abbé Pierre Luther King.

15.

– Espèce de lâcheuse ! Tu m'as abandonnée, râlé-je en passant la porte de chez nous.

Clara éclate de rire, puis me pince la joue.

– Bla-bla-bla, je ne suis pas du tout une charmeuse, ah, mais c'est que tu cachais bien ton jeu ! Il voulait carrément te voir seul à seule, à la fin. Je n'allais quand même pas m'interposer !

– Bien sûr que si.

Je dépose mon manteau dans l'entrée, puis me secoue les puces. Dehors, il pleut et on passe notre temps sous la flotte, en ce moment. C'est tout simplement abominable.

– J'ai juste constaté que madame était une grande adepte de la séduction. Je n'allais pas gâcher ce moment.

– Tu ne t'es même pas présentée.

– Il m'a déjà oubliée, rassure-toi ! Si tu me cherches, je vais dans ma chambre, mais, hé ! Sache que c'était vraiment très amusant. Et puis, qu'est-ce que tu as débité sur cette pauvre gamine ? Tu l'as bombardée encore plus salement que les Américains au Vietnam.

– Même moi je ne cautionne pas ta comparaison. Allez, va t'empiffrer de chips. Moi, je suis tellement épuisée que sur une échelle de 1 à 10, je ne monte même pas le premier barreau.

Clara claque des doigts dans ma direction, puis ferme la porte de sa chambre. Bon sang, je n'y crois pas… tout le schmilblick avance, mais je ne suis pas certaine qu'il prenne la bonne voie. Étienne commence à m'apprécier et c'est ce que je veux, alors pourquoi est-ce que je me sens aussi peu assurée ? Je devrais déborder de confiance en moi et sabrer le champagne pour célébrer cette victoire. Mais au lieu de cela, je me sens vide comme si je venais de vomir mes tripes après une soirée trop arrosée. J'ai craché des vérités, ce soir. Elles étaient douloureuses à sortir. Surtout à propos de mon père. C'est une histoire que je n'avais… jamais vraiment racontée à quelqu'un d'autre qu'à Clara. C'est comme si, tout à coup, cette partie de moi existait pour de vrai. Que ce n'était plus seulement une anecdote qu'on balance comme ça, mais qu'elle était devenue une réalité à laquelle je dois maintenant me confronter avec tout le sérieux que cela demande.

Mais je ne peux pas affronter tous les démons qui parsèment mon esprit. Ils sont bien trop nombreux et beaucoup trop puissants pour moi.

Je me rends dans la salle de bains pour me refaire un brin de toilette et reprendre mon souffle. J'ai l'impression d'avoir été en apnée durant toute la réunion.

Clarence ?! Mon sweat !

Encore Laurent avec son putain de vêtement à la con ! Je vais finir par le jeter, si c'est comme ça.

Résolue à lui répondre, cette fois, j'empoigne mon téléphone.

Tu n'as qu'à venir le chercher !

Je ne peux pas. J'enverrai quelqu'un.

Qu'il aille se faire foutre. Je suis sûre que c'est pour une autre qu'il a décidé de me larguer. Les hommes sont comme ça, ils naviguent de branche en branche. Ils ne prennent pas le risque de tomber de l'arbre. S'il a choisi de me plaquer, c'est qu'il avait une autre cible en vue et ça me dégoûte. Je n'ai pas eu la moindre nouvelle de lui. Nous avons arrangé notre divorce à l'amiable. Il a récupéré ses affaires très rapidement et maintenant, il y a ce maudit sweat. Je me dois d'être en capacité de le lui rendre et pourtant, je n'y arrive pas. J'aurais l'impression que ce serait comme effacer Laurent pour toujours. Mettre un terme définitif à notre relation. Comme si je croyais encore qu'elle pouvait revivre.

Le miroir brisé de la salle de bains me rappelle que tout cela n'est qu'une illusion. Une vaste blague dans laquelle je m'enfonce jour après jour. Un déni confortable.

C'était il y a un an et je m'en souviens comme si c'était hier…

⋆⋆⋆

D'aussi loin que je m'en souvienne, je me suis toujours dit que je ne méritais pas le bonheur. Que si ma vie avait été une succession de ratés et de souffrances, c'est qu'il devait y avoir une raison ! J'ai même fini par me convaincre que j'étais la réincarnation d'un grand méchant de l'Histoire, comme Gengis Khan, Mussolini, ou le mec qui a inventé le télé-achat.

Il faisait beau. C'était un mois de février et Paris était ensoleillée. On ne peut pas croire à un miracle avant de le vivre. C'est même le principe. Pourtant, c'était là. Sous mes yeux. Ma *photo* était en train de croître à l'intérieur de mes entrailles. Je le sentais depuis quelque temps, mais nous en avions eu la confirmation récente, avec Laurent. J'étais enceinte. Je n'étais pas prête, je croulais sous le travail, mais je m'en fichais. Pour une fois, l'être cynique et froid que j'étais avait décidé d'interpréter les signes à sa façon. Comme toutes ces connasses – à la Nicole – qui se nourrissent d'horoscopes idiots. Mais cette fois, c'était mon tour. J'ai vu là le signe que notre amour, avec Laurent, allait continuer de s'étendre et qu'il n'en finirait jamais. Que même la mort ne nous séparerait peut-être pas et qu'une fois cet enfant sorti de mon ventre, il y aurait une preuve. Physique. Matérielle. Tangible. Une preuve que notre amour existait vraiment. Je devais faire ma première échographie, pour vérifier que tout se développait normalement.

Oh, ce que j'étais heureuse ! Avec Laurent, nous avions même déjà réfléchi à un prénom à lui donner. Il voulait – avec son sens de l'humour douteux – que des tas de jeux de mots puissent s'attacher au nom de notre enfant et en plus de cela, il avait choisi un nom qui me plaisait : Théo. « Comme ça, m'a-t-il dit, on va pouvoir l'appeler Théorrible, ou encore lui dire : "Théocourant que les portes, ça se ferme ?" »

J'avais éclaté de rire. Je le trouvais tellement drôle… Il a ajouté : « Et puis, ça se crie bien, je trouve, non ? Quand on donne un nom à son enfant, il faut vérifier, avant toute chose, qu'il se crie bien ! Essaye, pour voir ! »

Et là, assise sur le fauteuil de notre salon, je me suis mise à hurler « Théo ! » comme si j'étais fâchée contre lui. Et c'est vrai que ça marchait drôlement bien. C'était court, mais efficace. Je l'aimais déjà tellement… Je ne savais pas encore si ça allait être un petit gars, mais peu m'importait.

Lorsque je suis sortie de chez le médecin, j'étais blême. Rien ne se passait comme prévu et ce qui devait être un miracle se révéla en fait un cauchemar.

Comment lui dire, maintenant ? Il ne rentre pas avant dix-huit heures, mais comment lui dire ? Comment se préparer à avouer l'inavouable ? J'avais la gorge nouée. Mon estomac se contractait, ma poitrine me compressait. Je pouvais à peine respirer. L'épreuve du métro me parut insurmontable et ce n'est qu'arrivée à la maison que j'ai réalisé : il était parti.

Il n'était pas encore arrivé qu'il avait déjà filé. Mon bébé. Ma photo. Mon miracle. Combien y avait-il de chances pour que je tombe enceinte et que notre couple ne s'en porte que mieux ? Quasiment aucune. Combien y avait-il de chances pour que je perde l'enfant en cours de route ? Quasiment aucune non plus, selon les statistiques. Ou en tout cas, pas à ce stade.

Ne pas gagner, c'est bien mieux que perdre. Car, dans le premier cas, on n'a rien. Dans le second, on possède déjà quelque chose qu'on nous enlève et c'est pire que tout. J'aurais mille fois préféré ne jamais tomber enceinte, ne jamais m'attacher, ne jamais développer de sentiment pour cet amas de cellules qui s'est finalement disloqué et a emporté une partie de mon âme avec lui. C'est comme si la vie, dans son infinie puanteur, avait décidé que non seulement je ne méritais pas d'être heureuse, mais qu'en plus, je méritais d'être malheureuse. L'ataraxie, c'est pour les autres.

Je me suis enfermée dans la salle de bains, la tête entre les mains.

– Non, non, non, non, non… ce n'est pas possible, ce n'est pas possible.

Je faisais les cent pas, comme une lionne en cage qui attendrait l'heure de jaillir sur la piste du cirque. Nerveuse, prête à bondir et à rugir.

Alors, comment va notre petit ange ?

C'était pire que tout. C'était abominable. Un poignard me transperçait le cœur. Je voulais lui répondre, parce que je souhaitais qu'il me rassure, qu'il soit avec moi, là, maintenant, mais je ne parvenais pas à pianoter les mots sur mon clavier. J'étais figée. Tout ce que je pouvais répéter en boucle, c'était « non ». Je refusais strictement d'y croire. Tout ce bonheur qu'on m'avait promis, on me le reprenait avant même que j'aie le temps d'y goûter pendant que les autres, eux, nageaient dedans et se permettaient même de le gaspiller en m'éclaboussant avec. Quelle injustice, quelle trahison ! Pourquoi ? Pourquoi moi ?!

– Non, non, non..., hurlais-je. Non ! Comment lui dire ? Comment lui dire ?...

Incapable de trouver une réponse, j'expédiai mon poing dans le miroir de la salle de bains, provoquant une large fissure en son centre.

L'espace d'un instant, le temps ne s'écoulait plus. Il n'y avait que moi, les gouttes de sang qui perlaient au bout de mes phalanges, les trois bouts de verre plantés dans ma peau comme des parasols dans le sable, et le vide.

Il allait bientôt rentrer et j'allais devoir le lui annoncer.

***

– Clara, lancé-je en passant la tête par la porte de la salle de bains. Fais-moi penser à... à changer le miroir, OK ?

Intriguée par ma demande, Clara quitte sa chambre pour me rejoindre en me regardant avec un air suspect.

– Ça fait des semaines que je t'en parle et tu n'as jamais voulu...

– Mais cette fois, je crois que je suis prête.

16.

Il envoie des fleurs ! Chez moi ! Je n'arrive pas à le croire ! Est-ce que ce type est un aristocrate tout droit tiré d'une fiction du XIXe siècle ? Est-ce qu'il va bientôt débarquer, pour me dire qu'il veut ma main ? Étienne reste toujours galant, jamais un mot de travers et surtout, il est d'une éducation irréprochable. Depuis que je suis retournée le voir l'autre fois, nous n'avons cessé de nous fréquenter. Dans mon cas, ce n'est pas dans un but noble et authentique, comme lui. Non, c'est pour mieux le cerner et mieux le détruire. Je ne suis pas une petite minette qui se laisse séduire par des colis floraux.

– C'est quand même le troisième bouquet ce mois-ci, lance Clara, appuyée contre le mur, en mangeant nonchalamment sa banane.

– Oui, bah, je suis au courant.

– Encore des hortensias ?

– Non. Des tournesols, cette fois.

Clara lève un sourcil, puis secoue la tête, comme si nos histoires florales ne l'intéressaient pas le moins du monde – alors qu'elle est la première à espérer grappiller le moindre potin à propos de tout ça.

Mais moi, je commence à en avoir marre. On s'éloigne quand même pas mal du sujet de base, à savoir : le faire tomber en dépression. Je me fiche qu'il m'envoie des fleurs accompagnées de mots doux, pour me dire qu'il est là pour moi si j'en ai besoin, ou encore qu'il apprécie ma compagnie.

– En même temps, si tu arrêtais de le voir aussi souvent... J'ai l'impression que tu le vois plus que moi !

– N'exagérons rien non plus, râlé-je en récupérant les fleurs. Et puis merde, Clara, je suis en mission de terrain ! Tu crois que ça me plaît de passer du temps avec Étienne ? Tu crois que j'ai envie d'écouter ses histoires à la con, à propos de son club ? Non. Mais si je veux me rapprocher de lui, je suis bien obligée de me plier à certaines contraintes.

Fleurs en main, je décide de claquer la porte de ma chambre et de laisser Clara réfléchir à ce que je viens de lui asséner. Il serait temps qu'elle grandisse et qu'elle comprenne que je mène ma vie comme je l'entends. Et par ma vie, j'entends : mon boulot.

Je profite de cette semi-dispute pour en rajouter une couche en passant ma tête par l'entrebâillement de la porte.

– Et si tu n'es pas contente, tu n'as qu'à te trouver un autre appart. Vu ?

Plus de réponse. Très bien. Au moins, je lui ai cloué le bec.

Je regarde la date sur mon téléphone. Nous sommes en février. Je n'ai plus qu'un mois et demi pour réussir. Après ça, je suis fichue. Tout ce que j'ai fait jusqu'à présent, c'est récolter des informations sur lui, mais il m'en manque encore. Je dois passer à l'assaut très bientôt et ça tombe bien, parce que ce soir, je sors voir Étienne une fois de plus.

Mes journées sont essentiellement occupées à naviguer entre le bureau et chez moi, pour discuter avec Berthier, trouver de nouvelles idées avec lui et me renseigner auprès du service de recherche et développement pour savoir s'ils n'ont pas des gadgets récents qui pourraient m'aider. La réponse est toujours non. Par contre, l'information officielle vient de tomber et elle se répand un peu partout dans la boîte comme une traînée de poudre : une fois son mandat accompli, Emmanuel Macron viendra pantoufler chez nous à un poste de direction. Ce n'est pas étonnant, avec le potentiel qu'il a, il peut se le permettre. Les portes lui seront grandes ouvertes !

Ah, si certaines personnalités publiques pouvaient nous rejoindre, ce ne serait pas de refus ! Il y en a qui sont naturellement douées. Lomepal, par exemple ! Il arrive à me rendre malheureuse pour des événements tragiques que je n'ai même pas vécus. On dirait que ce type est imbibé de tristesse jusqu'à la moelle, c'est quand même dingue !

– Je sors, crié-je à Clara sur le pas de la porte.

Aussitôt, mon amie quitte sa chambre pour me confronter. Elle a les bras croisés au niveau de la poitrine et tape du pied contre le sol.

– Je parie que tu vas le voir.

– Oui. Et tu me dis ça comme si on était ensemble, toutes les deux. Je n'ai plus le droit de bosser, maintenant ?

– Si. Mais on ne passe presque plus de temps toutes les deux et… ça me manque, voilà.

– Tu vas devoir t'en contenter, soupiré-je. En tout cas, pour le moment. Mais tu es censée être occupée aussi, je te signale que tu as un travail, qui est de… euh… je ne sais même pas ce que tu fais dans la vie, tu changes tout le temps.

Clara roule des yeux.

– J'ai été virée, laisse tomber. Je t'attends, d'accord ? On pourra peut-être regarder un épisode de quelque chose ensemble.

Sans lui répondre, je claque la porte derrière moi, direction *Le Nazir*. C'est encore là que nous avons prévu de nous retrouver. C'est parfait pour nous deux, puisque ce café se trouve entre nos appartements respectifs et permet donc une équité optimale dans la distance que nous avons à parcourir.

Ça y est, j'aperçois Étienne. Oh, bon sang, pourquoi est-ce que je m'emballe autant ? Je devrais bâiller d'ennui à l'idée de le revoir et pourtant, même si je sais que mon but secret est de le détruire, je ne peux m'empêcher de sourire.

Non, ce n'est sûrement pas sincère. Ça l'est ?

– Je suis content de te voir. Tu as reçu les fleurs ?

Je m'installe en face de lui et le bougre ne se départit pas de son large sourire.

– Ouais. Euh, à ce propos, d'ailleurs... je me demandais... pourquoi tu m'envoies des fleurs, comme ça ?

– Oh ! Oh, OK, je vois, j'ai créé un malaise.

On peut dire ça, oui.

Étienne mue son sourire en un éclat de rire si puissant et sincère qu'il pourrait donner à la pluie la beauté du soleil.

– Ne m'en veux pas, s'il te plaît, c'est juste que bah... tu vois, je suis fleuriste. Donc, c'est un peu le seul cadeau symbolique que je peux envoyer.

– Symbolique ? demandé-je en plissant les yeux.

Tout à coup, Étienne semble encore plus emballé par notre conversation et il se penche légèrement dans ma direction.

– Tu ne sais pas que toutes les fleurs ont une symbolique particulière ? Tout le monde n'est pas au courant, mais il y a de vrais codes, dans ce domaine. Les hortensias, comme je te l'ai dit, sont les fleurs de l'espoir. Les roses rouges, tout le monde le sait, désignent l'amour et la passion...

– Et les tournesols ?

– Les tournesols, fut un temps, signifiaient qu'on avait des ambitions trop hautes pour nous. C'était... une sorte de moquerie, du coup. Maintenant, ce n'est plus le cas. Ils signifient :

« Je t'aime beaucoup », mais en tant qu'ami. C'est comme un grand sourire qu'on peut offrir à quelqu'un.

Je ne sais pas pourquoi, mais je me sens un peu blessée par les explications d'Étienne. Alors, c'est ça ? Je t'aime beaucoup, mais comme un ami. Je t'offre mon sourire pour que tu aies un peu plus de gaieté dans ta vie. J'imagine que ça devrait me donner un vrai pétard aux fesses en m'envoyant l'impulsion dont j'avais besoin : « Allô, Clarence, tu es en train de déconner grave ! Étienne n'est pas du tout amoureux de toi, au contraire, il te voit comme une amie et dans moins de deux mois, tu auras perdu ton job. »

OK, j'en avais besoin. Ces tournesols sont comme un électrochoc pour moi. Ils signifient que j'accomplis mal mon job et que je passe à côté de la mission qui m'a été confiée. Je dois en remettre une couche. Puisqu'il ne fait pas le premier pas, c'est à moi de jouer.

– Oh, je vois…

– Tu… ça va ? Tu as l'air un peu déçue.

– Je ne m'attendais pas à ça, c'est tout.

Étienne semble comprendre mon état – pour une raison que j'ignore. C'est comme si ce type était extralucide.

Puisqu'il devine que j'en ai besoin, il pose sa main sur la mienne en me gratifiant, comme toujours, d'un grand sourire.

– Je sais que ça ne va pas très fort pour toi, en ce moment. Mais j'aimerais te demander quelque chose d'un peu spécial.

L'intérêt a été piqué. Balance, mon gars.

– Pour être sincère, j'ai traversé des périodes… un peu sombres, dans ma vie. Ça n'a pas toujours été facile, tu vois ? Je ne parle pas de problèmes que tu pourrais qualifier de « mineurs » comme lorsque tu parles de Germaine. Non. Et je devine que toi et moi, en vérité, nous nous ressemblons beaucoup. Nous avons tous les deux été amochés par la vie, d'une manière ou d'une autre. Parfois, les cabossés n'ont pas l'air de l'être. La peinture est fraîche et on ne se rend pas compte de toutes les éraflures en dessous. Pourtant, elles sont bien là : marquées comme des cicatrices qu'aucune chirurgie ne pourra jamais effacer. Ce sont les blessures qui ne se voient pas. Celles de l'âme. Et elles font mal, Clarence. Je sais que tu peux le comprendre. Plus que toutes les autres, ces blessures sont douloureuses.

Je papillote des yeux.

– Où est-ce que tu veux en venir ?

Je me rends compte dans un instant de lucidité que sa main est toujours tendrement refermée sur la mienne. J'ignore pourquoi, mais cette sensation me réchauffe autant qu'elle me terrifie. Ce n'est pas *lui*. Il n'est pas le même que Laurent et en agissant de la sorte, j'ai l'impression de le remplacer par un autre. Je suis tétanisée.

– Je sais que c'est rapide, je sais que… qu'on ne se connaît pas beaucoup, mais…

– Oui. Je suis d'accord !

Étienne hésite un instant, fronce les sourcils, puis me regarde avec un drôle d'air.

– Tu es d'accord pour… m'accompagner chez mes parents et leur faire croire que tu es ma petite amie juste pour qu'ils ne soient pas trop inquiets pour moi ? Ils ont tellement peur que je sois seul, avec tout ce qu'il s'est passé.

Moi et ma grande gueule 2.0. Je dois rattraper le coup.

– Eh bien, euh… oui. Je suis d'accord. Je ne veux pas que tu te sentes seul et puisque tu m'as beaucoup aidée, je crois que c'est la moindre des choses.

– Oh, merci, Clarence, tu ne peux pas savoir comme ça me fait plaisir ! Tu es une personne de confiance pour moi. Tu es arrivée dans ma vie il y a peu de temps, mais je sens que ce n'est pas par hasard. Tu sais, il y en a qui voient du hasard. Moi, je ne vois que des rendez-vous.

Je suis dans de beaux draps. Mais si Étienne doit de toute façon prendre des vacances pour voir ses parents, j'imagine que ma seule chance est de m'y rendre avec lui. Sinon, il partira trop longtemps et je ne serai plus capable de le foudroyer à distance.

Bon sang, je ne peux même pas appuyer sur la case du burn-out avec lui : il prend des congés ! Ce n'est pas possible de vivre aussi sainement.

– Mais… ça ira, pour ton boulot ? demande-t-il.

– Oui. Pas de souci. Je peux demander des congés.

C'est faux. Cela fera partie intégrante de ma mission. Elle se poursuit dans son cercle familial.

17.

Parfois, je me demande si je suis une génie du mal ou juste une personne lambda. Et puis, la réalité me rappelle à elle : j'ai un compteur de dépressifs. Un peu comme un tableau de chasse. Il me rappelle à quel point je suis une tueuse. À quel point j'assure dans mon boulot ! Comme une bête ! J'en suis à 6 713. Honnêtement, quand j'aurai réussi avec Étienne, je m'accorderai des points supplémentaires parce qu'il en vaut bien trois ou quatre, celui-là – si ce n'est plus !

Je n'ai pas beaucoup de temps pour me préparer et je dois faire ça de la meilleure façon. Mon voyage dans le sud de la France en compagnie d'Étienne doit être le coup décisif. Dans un premier temps, je vais en informer Marc. Pour le coup, c'est un plan diabolique et il ne vient même pas de moi. C'est comme si la victime me donnait le poignard pour le lui planter. Étienne ne le sait pas encore, mais il vient de signer son anéantissement. Il est comme un agneau qui travaillerait dans un abattoir comme contremaître.

Je frappe à la porte de Marc, qui m'invite à entrer.

Comme à chaque fois que j'arrive dans son bureau, je trouve mon manager en train de golfer. C'est dingue. On dirait qu'il n'est jamais occupé et qu'il a toujours le temps d'être soit sur son tapis de course, soit sur son vélo elliptique, ou en train de faire je ne sais quelle connerie. Une fois, je l'ai chopé en train de jouer avec son agrafeuse – dans un splendide remake de *Pac-Man*, où l'agrafeuse mangeait des boules de Patafix sur son bureau.

On ne peut pas dire qu'il soit sérieux, ni concerné par son propre job. Marc est un cadre tout droit sorti des plus grandes écoles où il n'a rien appris de spécial, sinon déléguer son travail à plus compétent que lui pour s'attirer tous les lauriers et gravir les échelons. Il est typiquement le genre d'énergumènes à cause desquels les grosses boîtes sont saturées d'éléments incompétents qui les sclérosent de l'intérieur.

– Marc ? Je peux te parler ?

– Bien sûr, mais tu arrives quelques secondes trop tard. Tu as raté un superbe swing.

J'abaisse mon regard sur son club de golf, puis le relève vers lui.

– Oui. Quel dommage. J'aurais adoré voir ça.

– Qu'est-ce que tu veux ? Ça avance, avec l'irréductible ?

Je sens que je vais encore prendre un coup de pression, moi. Même si Marc n'en fout pas une au boulot, ce qu'il aime bien, c'est demander aux autres de se donner à cent, non, à deux cents pour cent. Manager toxique ? Peut-être bien, oui. Mais en même temps, ne sommes-nous pas chez D & C ? Rien de plus normal.

– Justement, à ce propos…

– Ah non, Clarence, ne me dis pas que tu renonces. Je ne veux pas me séparer de toi dans mon équipe.

Tout ce que cette phrase sous-entend est absolument odieux, mais je préfère ne pas relever.

– Je suis sur le coup et je vais réussir, ne t'inquiète pas. Je voulais simplement te signaler que j'allais devoir me rendre dans le sud de la France pour accompagner Étienne. Je suis en train de gagner sa confiance.

– Ça, c'est excellent ! sourit Marc en donnant un coup dans une balle de golf pour l'envoyer dans un gobelet. *Yes !* J'ai marqué !

Mon supérieur poursuit, tandis qu'il se dirige vers son bureau pour attraper une autre balle :

– Gagner la confiance de l'individu pour mieux le détruire. Il n'y a que ça de vrai. Tu vas le briser en mille morceaux, j'en suis certain. Sinon…

De nouveau, il donne un coup dans le projectile qui, par mégarde, vient exploser un mug posé sur un meuble.

Douce ironie. Marc n'est pas assez mauvais au golf de bureau pour rater à ce point. Il l'a fait exprès pour casser la tasse. Il sait parler en sous-texte, celui-là…

Le mug, c'est moi. J'ai pigé.

– Va voir les gars de la R&D *asap*. Demande-leur de te filer un logiciel espion. Tu n'auras qu'à l'installer sur le téléphone d'Étienne pour que l'un de nos agents puisse garder le contact avec toi, à distance.

J'ai compris le message. C'est Berthier qui va s'en charger parce que je suis, de toute façon, censée l'aider à remonter la pente. Je ne vois pas comment il pourrait en être autrement. Oh, bon sang, j'ai envie de me jeter sous un bus rien que d'y penser.

Passage chez les types de R&D, installation du logiciel espion.

« Vous n'aurez plus qu'à le glisser sur le téléphone de la personne à son insu, et elle ne le verra même pas. Votre collaborateur sur place sera capable de fouiller intégralement ses messages, ses mails, bref, d'avoir accès absolument à tout. »

Génial. Je sens que ça va être formidable. Comment l'installer depuis mon téléphone vers celui d'Étienne ? Les gars de notre service ont pensé à tout : il suffit d'activer l'application sur mon téléphone, puis de le poser sur celui d'Étienne pendant une vingtaine de secondes pour que tout soit opérationnel et que la connexion soit établie. Un vrai jeu d'enfant. Je suis obligée de reconnaître qu'ils font vraiment du bon travail, ceux-là. À croire qu'ils aiment leur job !

Tous les préparatifs sont en place : j'ai droit à un budget de mission dans le cadre de cette opération de terrain très spéciale. Cela va me permettre de dépenser sans avoir besoin de taper sur mon compte personnel.

Arrivée à la maison. Discrétion. Ne surtout pas croiser Clara...

– Ah, bah t'es là ! me lance-t-elle.

Maintenant qu'elle n'a plus de travail, elle est constamment à la maison et honnêtement, je n'en peux plus. Je supporte très bien mon amie, soyons clairs, mais pas en permanence. On a besoin, à un moment ou à un autre, d'un peu d'intimité. Mais je peux difficilement la congédier. Elle a toujours été à mes côtés, en particulier dans les moments les plus douloureux de ma vie. C'est à tel point que parfois, je me demande si elle ne les a pas vécus en même temps que moi par procuration tant ils ont été intenses.

Pas de réponse.

– J'ai vu tes valises et tout ça. Tu vas quelque part ?

– Ouais. Je suis Étienne dans le sud de la France. Je vais me faire passer pour sa copine auprès de ses parents, pour ne pas qu'ils s'inquiètent, ou quelque chose dans ce goût-là. Je vais pouvoir agir et frapper un grand coup.

Le projet avance plutôt bien. Dans une poignée de semaines, ce dossier ne sera plus que de l'histoire ancienne. Je pourrai tirer un trait définitif sur Étienne et sur sa maudite positivité.

– Je n'arrive pas à croire qu'il soit aussi récalcitrant, soupire-t-elle. Mais je trouve qu'il n'a pas une bonne influence sur toi, pour être honnête.

Je lève les yeux au plafond, puis me dirige vers ma chambre, sans prendre la peine de lui répondre. Je sais très bien de quoi il s'agit : elle va encore me faire sa crise de jalousie et je n'ai pas du tout envie de l'entendre.

– Clarence, tu m'écoutes ? poursuit-elle en me talonnant.

Je vais pour fermer la porte, mais elle glisse son pied dans l'entrebâillement.

– Ça va, Clara, laisse-moi tranquille, OK ? Je sais ce que je fais.

– Je n'en suis pas si sûre. Tu as toujours été une amie pour moi, alors je suis obligée de te le dire quand quelque chose ne va pas. C'est mon rôle.

– D'être chiante ?

– D'être honnête, conclut-elle en parvenant à ouvrir.

Je déteste l'admettre, mais elle a plus de force que moi.

– J'ai gagné, se félicite Clara.

– Bon, qu'est-ce que tu veux ?

– Qu'on ait une bonne discussion à propos de cet Étienne. J'ai l'impression que tu n'es plus la même. Tu es en train de te relâcher.

Ne peut-elle pas comprendre, au contraire, que c'est tout l'inverse ? Je me donne à mille pour cent pour réussir cette mission. Si j'échoue, je suis fichue. En revanche, un succès me vaudrait d'être portée aux nues par tout le bureau. Je sais très bien comment les choses se passent, dans une société aussi gargantuesque que la nôtre : lorsqu'une situation exceptionnelle est résolue, les promotions pleuvent. Le premier de cordée, c'est-à-dire le manager, en récolte tous les lauriers. Ensuite vient l'employé modèle qui est parvenu à débloquer la situation. Et c'est là que ça devient intéressant : parce que c'est moi qui prendrai la place de Marc une fois qu'il sera passé à un poste de direction. Et ainsi de suite.

– Écoute-moi bien une bonne fois pour toutes, OK ? J'ai besoin de ce job. C'est toute ma vie. Je me suis saignée pour lui !

Clara marque un instant de silence, puis me regarde droit dans les yeux avec un air désolé.

– Tu dis ça parce que tu as même sacrifié ta relation avec Laurent pour lui ?

– Je t'interdis de… rah… À qui est-ce que j'essaye de mentir ? Oui. Tu as raison. J'ai tout sacrifié pour ce travail. Parce que j'avais la rage, Clara. Tu peux comprendre ça ?

Mon amie s'assied à côté de moi, sur le lit, et me passe le bras au-dessus de l'épaule pour me donner l'accolade. Bien sûr que j'avais la haine. J'avais besoin de m'en sortir. L'échec n'a jamais été une option. J'ai toujours eu une vie pourrie. De celles qu'on ne voit que dans les romans les plus dramatiques des auteurs bourrés à l'absinthe du XIXe siècle. Je devais tout donner : briser le cycle. Devenir celle qui allait rompre la chaîne de malheur dans ma famille. Dès que j'ai eu l'âge de prendre mes propres décisions, je me suis promis que je ne deviendrais jamais une perdante comme ma mère ou mon père. L'une n'avait pas d'ambition, l'autre en avait, mais ne possédait pas les moyens de les réaliser. Je n'ai pas eu de modèle, mais uniquement des contre-modèles. Dès mon plus jeune âge, je ne savais pas ce que je voulais devenir, mais je savais à qui je ne souhaitais surtout pas ressembler. C'est tout aussi efficace. La rage de vaincre. De gravir les échelons. De devenir quelqu'un d'important pour ne surtout pas finir comme eux. Voilà ce qui m'a portée. Et pour ça, j'étais prête à tous les sacrifices : même les plus douloureux.

– Bien sûr.

– Ce taf, c'est tout ce qu'il me reste. Je vis pour lui. Alors j'irai jusqu'au bout. Je gagne quasiment 70K par an.

– Et tu pourrais gagner trois fois plus si tu vendais tes pets sur OnlyFans, mais qui suis-je pour juger ?

Au moins, sa remarque a le mérite de m'arracher un rire nerveux. Elle n'a pas tort. Dans quel monde vivons-nous aujourd'hui ? Parfois, je me demande si j'ai envie d'en faire durablement partie. Ce sont des pensées qui me traversent. Elles viennent, puis vont. On valorise plus le fait de montrer son cul sur Internet que de devenir médecin. Comment les jeunes peuvent-ils avoir envie d'étudier quand la première story postée sur Instagram par leur influenceur débile préféré rapporte plus que le salaire mensuel de leurs deux parents réunis ? Bien sûr que tout le monde a envie de se donner corps et âme dans cette culture du vide : elle est rentable et personne ne sait pourquoi.

– Bon… Je vais t'aider à finir tes valises. Tu pars quand ?

– Demain. Je dois être à huit heures à la gare de Lyon.

– Je t'accompagnerai.

– Merci, Clara.

18.

Il y a des lustres que je n'ai pas pris le train.

Ligne 13. Puis 14. Elle sent le cadavre – normal, les catacombes sont en dessous.

Arrivée gare de Lyon.

J'ai hâte de partir avec toi. Encore merci.

Je suis rassurée que Clara soit avec moi et concernant la mission, tout est en place. J'ai envie de gerber rien que d'y penser, mais j'échange des messages avec Berthier pour l'informer de l'avancement de la situation. Il n'attend qu'une chose : que le logiciel espion soit en place sur le téléphone d'Étienne pour commencer à fouiller dedans. Si on veut trouver quelque chose de terriblement personnel et de blessant sur quelqu'un, le mieux à faire, c'est encore de violer son intimité de cette façon.

Nous allons pouvoir consulter absolument tout de la vie privée d'Étienne. Les appels qu'il passe, les applications qu'il a installées sur son téléphone, les messages qu'il envoie, les sites qu'il consulte, bref, tout. Avec ces nouvelles données, je serai en mesure d'établir un plan d'attaque plus que destructeur – en concertation avec Merdier.

Par mesure de sécurité, j'ai quand même pris mon ordinateur, de manière à pouvoir, moi aussi, consulter le téléphone d'Étienne. Berthier triera les informations les plus intéressantes et moi, je les analyserai. Quel job, tout de même !

Je suis impatiente d'y être et en même temps, un peu nerveuse. Je sais que je joue gros sur ce coup-là. J'ignore encore combien de temps Étienne souhaite rester dans le Sud, mais je suis sûre d'une chose : c'est là-bas que tout se jouera.

Je suis Hall 2, devant la ligne 19.

Étienne a l'air stressé ce matin. Doute-t-il de ma présence ?

Clara m'accompagne jusqu'à l'entrée du Hall 2, puis reste plantée, sans bouger.

– Qu'est-ce que tu fiches ?

– Je te laisse ici, non ? Bon, voici mes dernières recommandations de meilleure amie, avant ton départ. Surtout, ne change pas. Ne laisse pas Étienne te mettre des idées dans la tête. Rappelle-toi que c'est ton rôle, ça.

Je me tourne vers la ligne 19. Le train va partir dans moins de cinq minutes. Je n'ai pas le temps d'écouter ses explications.

– Clara, je sais tout ça, mais…

Au moment où je me retourne dans sa direction, elle n'est plus là. Rah, la lâcheuse ! Une fois encore, elle fuit juste quand je m'apprête à la présenter à Étienne.

Bon, on dirait que je n'ai plus le choix…

J'arrive au niveau d'Étienne et les signes physiques qu'il envoie me plaisent beaucoup. Tapotement du pied, regard nerveux et régulier vers son téléphone, impatience… j'ai l'impression qu'il est stressé et c'est une magnifique ouverture pour moi.

Au moment où il m'aperçoit, il range l'appareil dans sa poche, puis me sourit.

– Clarence ! Tu es venue !

– Tu en doutais ?

– Waouh, tu es… vraiment magnifique.

Je ne m'attendais pas du tout à ça. Ce n'est pas comme si j'avais consenti à un effort particulier. Je me suis juste préparée en essayant de ne pas avoir l'air trop morte à l'intérieur.

Pas le temps de discuter davantage. Nous scannons nos billets – direction Agde – puis nous nous installons à notre wagon. Nous avons des places face à face. Par courtoisie, Étienne s'est occupé des billets et il a fait les choses bien. Voyage en première classe !

– Dis donc, c'est le luxe, lâché-je.

Bien sûr que non. C'est purement ironique. J'ai déjà voyagé en business dans l'avion et ça, c'était vraiment la classe. Les wagons de première classe de la SNCF sont presque purement identiques à ceux de la seconde. Tout ce qui change, c'est la « tranquillité » et la proximité avec le wagon-bar. Rien de plus. C'est à croire qu'ils nous prennent pour des pigeons. Pour moi, tous les voyageurs qui voient une différence notable avec la seconde – à part le prix – sont des idiots qui, arrivés sur le quai, s'envolent sûrement en roucoulant et en perdant quelques plumes.

– Je voulais que le voyage soit confortable pour toi. Et puis, tu travailles en banque, tu dois avoir un bon salaire, je me suis dit que tu étais probablement accoutumée à ce genre de standing.

Il marque un point. Au moins, il est attentionné. Maintenant que j'y pense, le souci avec ce positionnement en vis-à-vis, c'est que cela ne me simplifiera pas la tâche pour pirater son téléphone. Je vais devoir trouver une solution pour qu'il ne se rende compte de rien et j'ai déjà une idée. Je ne suis pas une génie du mal pour rien.

Nous sommes sur le départ. Je suis nerveuse à n'en plus pouvoir.

Allez, calme-toi. Tout va bien.

– Je suis tellement content que tu aies accepté. Tu ne peux pas savoir. Bon, j'imagine que tu dois avoir des tas de questions.

– À vrai dire, oui, un peu.

Étienne me sourit avec tendresse. Je le déteste. Pourquoi est-il toujours aussi bienveillant ? Aussi parfait ? On dirait que rien ne l'atteint. Sa gentillesse ne l'honore pas. Elle le rend imbuvable. C'est comme s'il regardait tout le monde de haut et qu'il crachait à la gueule du monde entier en lui faisant bien comprendre que lui était mieux que les autres.

– Je t'écoute.

– Pourquoi cette mascarade ?

Le fleuriste soupire, puis regarde par la fenêtre.

– Je suis désolé de t'embarquer là-dedans. Mais tu me sauves la vie. Quand ma femme est partie, pour être honnête, je... j'ai craqué. Je ne savais pas comment remonter la pente. J'étais vraiment dans une mauvaise passe dont je n'ai pas forcément envie de parler.

– Ce n'est pas toi qui dis tout le temps que le dialogue est essentiel pour se sortir de ces situations ?

Étienne souffle par le nez en riant, puis affiche un sourire espiègle. Il plante son regard clair dans le mien avec une infinie tendresse.

– Tu as raison. Je donne des leçons que je ne suis pas capable d'appliquer. N'est-ce pas un peu le propre de l'être humain ? On passe notre temps à juger sans balayer devant notre propre porte. Mais tu sais quoi ? Je me sens peut-être prêt à en parler, finalement. Lorsqu'elle est partie, je me suis dit que plus rien ne serait jamais pareil. Sais-tu... sais-tu ce que ça fait que d'être amputé de la moitié de soi ?

Mieux que personne.

– Je n'arrêtais pas de me dire que mon bonheur ne devait pas dépendre d'une autre personne et j'ai compris que notre lumière était intérieure. Nous ne sommes pas des vases qu'on remplit, mais des feux qu'on allume, Clarence. Nous ne captons pas les énergies extérieures pour nous renforcer. Au contraire. Nous développons ce brasier à l'intérieur de nous et c'est ensuite, s'il est assez puissant, qu'il illumine les autres. Qu'il leur donne de l'espoir. Mais tout commence ici, poursuit-il en plaçant sa main au niveau de sa poitrine. Notre lumière vient de nous.

Ramassis de conneries.

Mais pas tant que ça.

Et merde.

– Pendant cette période difficile, j'ai sombré à bien des niveaux. Je n'étais plus capable de sortir, de voir des gens, bref, de vivre. C'était devenu insupportable alors j'ai tout largué et je suis parti.

– Et que font tes parents dans le Sud ?

– À la base, je suis de là-bas, moi aussi.

– Et tu as volontairement choisi de venir à Paris pour soigner ta dépression ? C'est un peu comme essayer de guérir une hémorragie avec une bonne saignée, tu ne crois pas ?

Ma punchline lui arrache un grand éclat de rire. Toujours aussi lumineux. Lorsqu'il rit, ses yeux forment des amandes émeraude et ses traits se tirent. Il est de ceux qui, aujourd'hui, sont de bonne humeur en permanence. Cela se remarque à ses fossettes qui se creusent. Étienne est un homme heureux et comblé, et sa lumière intérieure, comme il l'appelle, éclabousse tous les autres autour. C'est un enthousiaste contagieux.

– Honnêtement, rien ne pouvait être pire de toute façon, alors je me suis dit « tant qu'à y être… ». Et puis, si j'arrive à être heureux à Paris, je peux l'être n'importe où, non ?

– Tu marques un point. Donc, tu as tout quitté. Même ta région d'origine. Mais… tes parents sont au courant de tout ça, non ?

– Oui. Ils le sont. Ils savent que je vais bien, mais j'ai été si mal durant une longue période qu'ils ont toujours peur que ça recommence et que je replonge dans mes vieux travers.

Là, ça devient intéressant. Lorsqu'il me parle de démons perchés sur son épaule, j'ai l'oreille qui frétille et je me sens prête à les nourrir, ces affreuses gargouilles.

– Tu as envie d'en parler ?

Pitié, dis-moi que oui.

– Pas vraiment. Par contre, puisqu'il est encore tôt, je te propose de prendre un petit-déjeuner. Ne bouge pas, je vais aller au wagon-bar nous chercher de quoi manger, OK ?

C'est encore mieux que tout. Alors que j'avais pour projet de lui demander un café, il se dévoue de lui-même. Je n'aime pas revenir sur des images déjà utilisées, mais dans le genre agneau contremaître de l'abattoir, franchement, Étienne se pose. Il m'accorde une confiance sans bornes – et c'est ce qui le perdra.

Bien sûr, en quittant sa place, il laisse son téléphone devant moi, ce qui me permet de lancer l'application du logiciel espion et de la glisser sur son appareil. Tout est en place et dans moins de deux heures, Berthier aura déjà commencé à faire le tri et nous serons beaucoup mieux renseignés sur ses agissements et sur ce qui le touche au plus profond de lui.

C'est en place.

Je m'y colle. Beau travail !

Ne me dis pas « beau travail ». Venant de toi, c'est horrible.

Pas de réponse. Tant mieux.

Quelques minutes plus tard, Étienne revient avec des brioches, des yaourts, des jus de fruits et un café chacun. Ça a probablement dû lui coûter une fortune, mais il faut croire que rien n'est trop bien pour moi !

– Bon, je ne t'ai pas du tout parlé de mes parents ni de la façon dont nous allions devoir nous comporter face à eux, mais je pense que tu as une petite idée, non ?

– En effet. On doit jouer la comédie et faire semblant d'être en couple, c'est ça ?

Étienne hausse les épaules avec un air gêné.

– Je comprendrais que ça ne te plaise pas du tout. Ce n'est pas non plus ce que je recherche, qu'on soit bien clairs. Ce n'est pas un piège ou quoi que ce soit. C'est juste que… enfin bref, tu as compris. Je crois que ça les rassurerait de savoir que je suis bien entouré. Et, honnêtement, je crois que ça te ferait du bien aussi, non ?

Je hoche la tête en souriant. Pour le moment, je vais dévorer ce petit-déjeuner qui tombe à point nommé, puis m'assoupir durant les trois heures trente de trajet que nous avons devant nous. J'ai un peu de sommeil en retard, ça tombe bien. Et puis, si je peux me laisser bercer par la voix d'Étienne qui me raconte comment sont ses parents, c'est encore mieux. Il les décrit lui-même comme de bons vivants méditerranéens qui n'hésitent pas à taquiner et qui sont un peu vieux jeu. Je sens que ça va me plaire, cette histoire…

Le Sud. Je m'y suis déjà rendue. À peine ai-je le temps d'y songer que je sombre dans le sommeil.

19.

C'est remarquable, l'esprit humain. Les moments les plus joyeux peuvent, en une fraction de seconde, se transformer en véritables cauchemars.

Je suis dans la voiture, à l'arrière. Quand mes parents ont annoncé que nous quittions Paris pour deux semaines de vacances, je ne me suis plus sentie de joie. Clara m'accompagne. Elle aussi est là. Le sud de la France ! J'en avais toujours rêvé. J'entendais mes parents en parler de temps à autre. Mais cet endroit, si mystérieux, si inaccessible, au fil du temps, est devenu comme un rêve lointain. Maintenant, j'y suis. Nous avons loué un appartement en plein cœur de la ville et nous sommes sur la route pour la plage. Je suis déjà en maillot de bain, prête à prendre le soleil comme jamais !

Pour une fois, ils semblent apaisés. En tout cas, ils ne se disputent pas comme d'habitude. L'an prochain, ce sera l'année 2000 et pour le moment, David Hallyday crache à la radio que quelqu'un ne lui a pas laissé le temps de lui dire tout ce qu'il l'aime et tout ce qu'il lui manque. Je ne sais pas de qui il parle, mais ça a l'air sérieux.

Le soleil brille, nous allons à la plage, Clara est à côté de moi – prête en maillot également –, la musique est douteuse, mais acceptable, et mon anniversaire est pour bientôt. Bref, je nage dans le bonheur. C'est comme si, après toutes les épreuves que j'avais subies, je goûtais enfin à la plénitude. Je profite de ces moments de calme, car ils ne durent jamais bien longtemps. Mais Clara m'a dit que les adultes étaient comme ça : ils se disputent et c'est partout pareil, finalement. Je ne suis pas à plaindre. Il paraît qu'il y a des endroits bien pires pour les enfants.

– Tu as bien pensé à prendre la crème solaire ? demande ma mère.

Une angoisse monte lentement dans mon ventre. J'ai des frissons, comme si je savais déjà ce qui allait se passer. Je ne suis plus seulement nerveuse à l'idée qu'ils se disputent, tous les deux. Le simple fait qu'ils échangent des mots suffit à m'étouffer d'anxiété. Parce qu'ils ne savent pas parler normalement. Vient un moment où le ton monte, alors, ce que je préfère dans ma famille, c'est le silence : que tout le monde se taise. Au moins, personne ne prononce un mot plus haut que l'autre. Leurs échanges étant la source du problème, s'ils n'échangent plus, le problème disparaît. Il meurt avant même d'être né.

Comment ont-ils pu s'aimer un jour ? Est-ce que c'est ça, un couple ? L'amour ? Le vrai ?

– Merde, non, j'ai zappé.

– Et Clarence, alors ? Elle va brûler, tu sais très bien qu'elle a une peau sensible !

– Ne commence pas à me faire des reproches, on va en acheter et puis c'est tout.

Et voilà. C'est parti. À l'arrière, je me fais la plus discrète possible et enjoins à Clara de m'imiter. Instinctivement, j'attrape la main de mon amie qui me regarde avec un drôle d'air.

Je ne voulais surtout pas qu'ils se parlent et qu'ils s'engueulent comme ils ont l'habitude de le faire. Pas devant Clara. J'ai déjà du mal à avoir des amis…

Je ne veux pas qu'ils gâchent tout.

– Où ? Tu connais un endroit, peut-être ? Monsieur est spécialiste de la région ? Tu n'avais qu'un truc à penser. Un seul.

– Un seul ?! Putain, je dois penser toute la journée pour ne pas me taper la tête dans les murs, avec toi et ta fille ! T'es toujours sur mon dos à me dire ce que je dois faire, ou ce à quoi je dois penser. Tu ne crois pas que tu pourrais prendre un peu sur toi ? Parce que je te signale que si mon roman n'avance pas, c'est aussi parce que je suis ici, avec vous, à essayer de prendre du bon temps que tu fous en l'air avec tes conneries !

– Ah, ton roman, oui… pardon ! J'oubliais ! Le futur grand roman français, mesdames et messieurs. Du célèbre et talentueux écrivain complètement inconnu que tu es. Tout le monde s'en tape, de ton livre, tu comprends ?! Personne ne l'attend, tout le monde s'en fout et plus tu en parles, moins tu l'écris. Au rythme où ça va, tu l'auras fini dans vingt ans !

– Peut-être bien que c'est le temps nécessaire pour écrire un chef-d'œuvre !

Et ils en rajoutent encore une couche. Tout ce que je vois, moi, ce sont des animaux sauvages qui s'entre-déchirent et n'essayent pas un seul instant de se comprendre. Ils n'ont jamais su se parler correctement, alors qu'est-ce que j'espère ? Ce n'est pas aujourd'hui que ça va commencer.

Je tourne la tête vers Clara, qui me regarde avec un air apeuré et déconfit.

Au moment où je sens que son attention m'est toute dirigée, j'articule « désolée ». Pour seule réponse, ma nouvelle amie me prend la main et la serre fort, sans détourner ses yeux des miens. J'ai le sentiment qu'elle me comprend et qu'elle essaye de me rassurer.

– Bien, tu sais quoi ? conclut ma mère. Je me casse ! Arrête-toi !

Nous sommes en plein milieu de la route pour nous rendre à la plage et mon père écrase le frein, pour répondre à la provocation de ma génitrice.

– Tu veux te barrer ? Bah vas-y, regarde, tu n'as qu'un pas à faire !

– Tu t'occuperas un peu plus de ta fille, comme ça, crache-t-elle en claquant la portière.

Et la voilà dehors, sur le bord de la route, nous laissant Clara et moi en seule compagnie de mon père. Mon bourreau. Cet écrivain sans talent qui, tout le reste du trajet, décide de m'accabler pour mon existence. Comme si me supporter était un véritable supplice.

Mais au moins, parmi ce torrent d'insultes et de reproches, il y a Clara qui me tient la main. Je ne pouvais rien espérer de mieux. Dans l'obscurité, reste toujours une lumière et aujourd'hui, je la trouve en la présence de mon amie.

* * *

Réveil en sursaut. Étienne écarquille les yeux en grand lorsqu'il m'aperçoit en train de suffoquer.

– Tout va bien ?! Tu veux de l'eau ?

– Hein ? Non. Ça… ça va. Ce n'était qu'un cauchemar.

– À quel propos ?

D'habitude, les gens ne demandent jamais ça. Ou alors, ils ne sont pas réellement intéressés par la réponse. Ça n'a pas l'air d'être le cas d'Étienne. Lui, il s'en soucie, je le vois.

– C'était… c'était mon père. Il m'engueulait. Comme d'habitude, il n'y avait pas vraiment de raison, c'est juste que… ma simple présence sur Terre suffisait pour le mettre hors de lui.

– C'est horrible.

Je hausse les épaules avec un air détaché. L'horreur, j'y suis accoutumée. Je ne suis sûrement pas la plus à plaindre du monde.

– Tu as parlé de sa mort, continue Étienne, mais tu n'as jamais dit l'homme qu'il était, de son vivant.

– Un homme affreux qui, je crois, ne m'a jamais aimée.

Le fleuriste semble pris de gêne. Il se penche un peu plus vers moi, puis a l'air de chercher ses mots.

– Tu n'es pas obligé, tranché-je. Je n'ai pas besoin d'entendre des mots réconfortants à propos de tout ça. Je sais très bien ce que j'ai vécu. Avec le temps, j'ai réussi à mettre un nom sur cette situation. Il faut appeler un chat un chat. Mon père ne m'aimait pas. Mes deux parents étaient nuls et… c'est comme ça.

Mais mon compagnon de route ne se résigne pas pour autant.

– Ce n'est pas ce que j'allais dire. Je voulais juste que tu saches que, malgré les épreuves, malgré ce que tu traverses, moi, je suis là si tu en as besoin. Parce que même si tu prétends l'inverse, je suis certain que tout ça t'a touchée, au fond.

J'apprécie sa remarque. Je sais faire la différence entre tout ce qui concerne ma mission et ma vie personnelle. Si je m'apprête à détruire Étienne sur le plan du privé, il n'en demeure pas moins qu'il est utile, parfois. Il a des paroles qui pansent les plaies les plus profondes, même si ce n'est pas grand-chose. Comme on dit : c'est l'intention qui compte. Et lui, souhaite vraiment me venir en aide.

Cruelle ironie.

20.

« Agde. Ici, Agde. Assurez-vous de n'avoir rien oublié dans le train. »

Ça y est, nous sommes arrivés. Passer de Paris à cette petite ville du sud de la France, déjà c'est me rendre compte que je n'ai plus la gorge qui gratte. Dingue, non ? Il faut croire que la pollution de la capitale ne m'atteint plus, ici. Je me sens respirer de nouveau. Comme si l'air pur m'avait toujours manqué sans que je le sache. Mes premières impressions sont plus que positives. J'inspire longuement et apprécie la sensation de cet air marin qui traverse mes poumons.

Étienne en fait de même.

– Tu ne peux pas savoir le nombre de souvenirs que j'ai ici… J'ai l'impression de retrouver ma vie.

Nous quittons la gare. *A priori*, nous devons être récupérés par les parents d'Étienne, qui sont prévenus de ma présence. Si je peux leur soutirer des informations à propos de leur fils, je ne suis pas contre non plus.

Merdier, du nouveau ?

Entre deux explications de mon compagnon de voyage à propos de sa ville natale, je pianote sur mon téléphone pour échanger avec Berthier. J'espère que cet imbécile a commencé à fouiller le téléphone d'Étienne. Ce ne serait pas trop tôt !

Celui-ci, d'ailleurs, se perd en histoire d'Agde, culture, tourisme. Il me raconte la ville telle qu'il la voit – ou plutôt, veut la voir. Elle n'est pas aussi belle qu'il me la raconte – même depuis la gare – et n'est certainement pas si ensoleillée que ça. J'ai l'impression de me retrouver dans une commune minable où je vais probablement m'ennuyer fermement. Et, en bonne Parisienne que je suis, ma première pensée va à la fibre optique – RIP, petit ange parti trop tôt ! Je suis certaine que je suis bonne pour ce vieil ADSL, ici. 3615 Clarence en détresse.

– ... à la base, c'est une cité phocéenne, mais Agde a...

Le voilà qui poursuit ses explications, pendant que je m'échine à découvrir l'environnement probablement hostile dans lequel je viens de plonger.

Finalement, Étienne lève la main en souriant, en direction d'une voiture rouge. Enfin, si on peut appeler ça une voiture. Il s'agit plutôt d'un pot de yaourt à la fraise. Est-ce qu'on va vraiment rentrer à plusieurs, là-dedans ? Si j'y pose ma valise, j'ai le sentiment que je vais faire craquer le coffre.

Les parents d'Étienne s'arrêtent à notre niveau. C'est son père qui conduit. Un vieil homme bedonnant au sourire carnassier et sincère. Sa mère, elle, plus mince, aux cheveux courts, quitte immédiatement le véhicule pour nous aider à transporter nos bagages dans le coffre. J'apprécie le coup de main.

Salutations sans intérêt.

Bavardages.

Personne ne pose de question sur moi pour le moment.

– Bon, papa, maman, je vous ai parlé de Clarence. Eh bien, la voici !

– Ah, nous sommes tellement contents de te rencontrer, sourit la mère d'Étienne. Moi, c'est Anne-Marie. Et c'est Jean, mon mari, qui est au volant. Vous avez fait bonne route ?

Encore une fois, il s'agit d'une conversation sans intérêt. J'ai l'impression que c'est monnaie courante, par ici. Toujours est-il que ces gens ont l'air vraiment heureux de se retrouver. C'est presque suffisant, tant l'honnêteté dans leurs échanges est présente, pour faire fondre la carapace de gel autour de mon cœur.

Quelques minutes de présentations plus tard, Jean se gare en face d'une maison simple et typique du sud de la France. Il y a un grand arbre dans la cour ensoleillée : un clémentinier. Après un rapide passage sur une allée de cailloux blancs, nous entrons dans la maison. Étienne a le sourire.

Une fois installés à l'étage, nous avons la vue sur toute l'impasse. Anne-Marie, un rictus amusé sur les lèvres, se plaît à nous raconter qu'avant, tout n'était que vignes, par ici. Mais qu'avec le temps, bien sûr, l'endroit s'est urbanisé pour devenir ce qu'il est aujourd'hui.

Il est un peu plus de midi et pour accueillir notre venue de la meilleure façon, Anne-Marie s'est mise aux fourneaux.

– Je vous ai préparé des encornets farcis. Ton plat préféré, fils !

Une fois que nous sommes installés, les choses sérieuses commencent enfin. En fond, la télé braille dans le salon. C'est Jean-Luc Reichmann qui anime *Les 12 Coups de midi* que Jean regarde avec attention, tandis que sa femme se penche dans notre direction.

– Alors, tous les deux ?

Elle a un grand sourire aux lèvres. Elle attend la confirmation de ce qu'elle croit déjà savoir.

Étienne, dans un geste d'une grande tendresse, attrape ma main et élargit le sourire déjà bien présent sur son visage – surtout depuis qu'il est arrivé ici.

– Oui, je voulais absolument vous présenter Clarence. C'est ma petite amie. Mais aussi, je crois, la femme de ma vie.

C'est pour de faux, mais de l'entendre… c'est quand même quelque chose. J'ai l'impression qu'on me plante un poignard dans le cœur. Rapidement, je désolidarise ma main de celle de mon compagnon de voyage. Les images de Laurent me traversent l'esprit et me bouleversent.

– Tu n'as que très peu parlé d'elle.

– Je suis désolée, c'est de ma faute. J'ai préféré rester discrète.

– On ne savait pas trop où notre relation nous emmenait, précise Étienne. Donc, nous avons choisi d'attendre avant de l'annoncer officiellement.

Voilà qui est redoutablement bien rattrapé. À nous deux, nous parvenons à rouler sa mère de la meilleure des façons. La vieille n'y voit que du feu.

Subterfuge, ruse, intelligence. Que des mots qui me sont familiers lorsqu'il s'agit de mener ma mission à bien. Pour le moment, il s'agit surtout de conforter la famille d'Étienne dans l'idée que nous sommes en couple. Pour moi, c'est une double opportunité : dans un premier temps, cela me permettra de nouer des liens avec ses parents et d'en apprendre plus sur Étienne et ce qui lui est arrivé. Si je connais ses travers, je suis plus à même de le pousser à replonger dedans. Dans un second temps, cela renforcera davantage la confiance qu'Étienne me porte et me permettra de lui planter un coup de poignard plus douloureux encore à l'arrivée. J'espère de tout cœur que cela sera suffisant pour lui briser le moral et qu'il sera au fond du trou. Je n'ai pas beaucoup de temps devant moi.

Nous sommes à table et les encornets farcis sont servis. Je n'imaginais pas que ce serait si bon. Étrangement, je ne me sens pas si mal, dans cette maison. Elle ressemble à une vieille bâtisse familiale qui se transmet de génération en génération et l'ambiance y est bonne. Tout est d'une simplicité remarquable : depuis les photos, à l'intérieur des cadres suspendus, jusqu'aux rideaux bon marché flanqués de motifs floraux. La vie tranquille. Telle qu'aurait pu être celle de mes parents, je suppose, s'ils avaient été un peu plus normaux.

Je prends le temps de faire connaissance avec les parents d'Étienne en enfilant mon masque d'hypocrite le plus terrible. Je ne m'intéresse absolument pas à leur vie de merde que je déteste en tous points. L'apaisement que je ressens à l'intérieur de leur maison est probablement dû à un certain désintérêt que j'ai pour ces gens. Je n'aime pas ce qu'ils représentent : rien. Ils sont insignifiants, comme ceux que la détermination et l'ambition ont quittés depuis longtemps. Pour ainsi dire, ils me donnent envie de me taper la tête dans les murs tant ils sont simples et désespérants.

Résumé rapide : Anne-Marie et Jean sont de la vieille école, de la vieille France, celle qui est née dans les années 1940, dont les parents ont connu la guerre, les nazis et la famine. Celle également qui a connu les Trente Glorieuses, qui a consommé tout ce qu'elle pouvait sur Terre tandis que l'emploi battait son plein et qui, maintenant, demande aux jeunes de se bouger. Drôle d'ironie. C'est aussi débile que si toute une génération avait mangé un gâteau gigantesque et se plaignait ensuite que la jeunesse affamée ne veuille pas lécher ses miettes. Parce que dans le fond, c'est ça : tout était à disposition. Les achats n'avaient jamais été aussi nombreux, les biens immobiliers étaient abordables – même à Paris – et la vie était beaucoup plus douce – sida mis à part. Maintenant, je repense un peu à la culture du vide et à ces gens qui préfèrent montrer leur cul sur Internet plutôt que de bosser et finalement, je comprends. Je vais peut-être m'y mettre, moi aussi. Il paraît qu'on peut se faire plus de cent mille euros par mois sur OnlyFans si on s'y prend bien. Qu'à cela ne tienne.

Des sujets plus sérieux me tirent de mes songes et nous quittons la table, tandis que tout le monde a le sourire. Cette première approche s'est vraiment bien déroulée.

Anne-Marie décide de nous montrer notre chambre. Leur maison est divisée en deux étages. Le premier est le lieu de vie des parents d'Étienne, tandis que le rez-de-chaussée, qui est également un appartement fonctionnel en tous points, est celui des invités lorsqu'ils en ont.

Lorsque nous déposons nos valises en bas, Étienne se veut rassurant.

– Ne t'inquiète pas. Il y a deux lits différents. Il y a une chambre pour adultes et une chambre pour enfants. Ils ne s'en apercevront pas, si nous ne sommes pas dans le même lit.

– Je n'y comptais pas, de toute façon.

Mince, ce que je peux être bête ! Ces mots sont sortis d'eux-mêmes, je n'ai pas fait attention. C'est comme s'ils m'avaient échappé. L'espace d'un instant, je me suis vue dormir avec Étienne et c'était insupportable. Cela m'a immédiatement fait penser à Laurent.

– Tu peux t'installer dans la chambre, si tu veux finir ta nuit. Moi, je vais aller discuter un peu avec mes parents.

– D'accord. Je vais rester ici et me reposer un peu.

Étienne hoche la tête en souriant, puis plonge son regard dans le mien.

– Tu es sûre que tout va bien ?

Mon cœur bat un peu plus vite. Non, bien sûr que non. Rien ne va ! Je suis dans une vraie maison de fous, ici. Où sont les cris ? Où sont les parents qui se détestent et qui s'envoient de la vaisselle à la figure ? Où sont les émotions, si fortes qu'on peut les ressentir à travers les murs ? Qu'on peut encore percevoir leur présence des mois après ? Ici, tout semble n'être que sérénité et cela me perturbe.

– Oui. Ça va.

Berthier, au secours ! J'espère qu'il a de bonnes nouvelles pour moi.

Étienne m'abandonne pour l'étage et je me rends dans la chambre pour enfants. Trois lits sont à ma disposition. J'imagine que j'ai le choix pour m'installer. Je prends le premier qui me tombe sous la main, déplie mon ordinateur, puis le connecte à Internet par le biais d'un partage de 4G sur mon téléphone. Je n'ai pas envie de monter pour demander le wifi et puis, je suis certaine qu'il est pourri, de toute manière. Déjà que ma 4G bat de l'aile…

J'enfile mes écouteurs, puis appelle mon collègue.

– Berthier ? Allô ?

– Comment ça va ?

– Épargne-moi les politesses et dis-moi plutôt ce que je veux savoir, OK ? J'ai besoin de me débarrasser de ce type au plus vite. Il est en train de reprendre du poil de la bête, je dois absolument inverser la vapeur.

Tout de suite, j'entends que Berthier pianote sur le clavier de son ordinateur. Oh, putain, je me shooterais volontiers à toutes ces sonorités que j'entends par le biais de cet appel : la photocopieuse du bureau, les cris sourds de Marc à travers les murs, les stylos qui claquent… j'aimerais qu'il se rende dans l'open space pour m'en donner un peu plus, mais nous avons du boulot. Je suis accro !

Mon collègue n'a pas l'air à l'aise, mais il tente de me donner quelques éléments de réponse. Il n'y a rien de bizarre. Bordel, j'aurais dû m'en douter… Cet Étienne a une vie plus triste qu'une chanson de Stromae. Rien qui dépasse. Rien qui bouge. Il est… lisse. Comme tous les gens « normaux ». Et moi, ça me dégoûte.

– Il y a juste quelque chose d'un peu étrange, ajoute Berthier.

J'ai l'oreille qui frétille, prête à accueillir une nouvelle information qui pourrait me sauver la mise.

– Il appelle tous les jours le même numéro, mais il ne répond jamais.

– Donne-le-moi. Ça peut toujours être utile.

Rentrer dans la tête de l'ennemi.

Voilà une donnée que je ne connaissais pas et qui me paraît plus qu'intéressante. S'il l'appelle tous les jours sans exception, ce numéro doit avoir une saveur particulière pour lui.

Je raccroche avec Berthier. Il ne m'a pas beaucoup aidée, mais je n'en attendais pas moins d'un incapable dans son genre. Ce n'est pas comme si je pouvais réellement compter sur lui. Il est un peu comme un topping inutile au restaurant : « Et votre cheese-cake à la merde, vous le voulez avec ou sans coulis de caramel ? » Ce n'est pas parce qu'il fait du bon travail de temps en temps qu'on doit le féliciter. Après, il commencerait à prendre la grosse tête.

Je compose le numéro que vient de me transmettre mon collègue de travail. Je dois savoir à qui il s'adresse régulièrement. Un psy ? Un téléphone rose ? Les deux à la fois ?

Va savoir. Tout existe, de nos jours.

– Allô ?

– Ah, bonjour, euh… Je vous contacte au sujet d'Étienne.

– Allô ? Je ne vous entends pas très bien…

Et pourtant, de mon côté, c'est très net. Donc, s'il y a de la merde dans le tuyau, c'est du sien. Je roule des yeux, puis rétorque aussi sec :

– Je vais essayer de bouger, attendez, je…

– … parce que je ne suis pas là ! Je vous ai eu ! C'est un répondeur. Vous êtes bien sur le téléphone de Valentine. Laissez un message et… souriez !

J'entends qu'elle sourit, lorsqu'elle a enregistré ça. Elle devait être heureuse. Mais une autre voix fait irruption dans le combiné.

– Qu'est-ce que tu fais, ma puce ?

Putain, c'est celle d'Étienne !

– Oh, rien, j'enregistre un répondeur sur lequel tu tomberas tout le temps, gros bêta.

Ça coupe. Bien sûr que ça coupe. La femme d'Étienne. C'était elle. Et il l'appelle tous les jours.

Juste pour entendre sa voix.

21.

Maintenant que j'ai des munitions, je vais pouvoir m'en servir et ouvrir le feu comme jamais ! Je me lève du lit comme un grand méchant.

– Kawabunga, connard !

Ça ne rend pas aussi bien que quand je l'imaginais, l'autre fois…

S'il se permet de l'appeler tous les jours et qu'aucune tonalité ne se déclenche, c'est que le téléphone n'est pas chargé et s'il n'est pas chargé depuis aussi longtemps, c'est qu'elle a abandonné toute idée d'avoir un appareil pour être contactée. Deux possibilités à cela uniquement : soit elle est partie s'exiler dans une contrée sauvage pour vivre en slip avec une plume dans le cul, soit elle est morte. Et c'est davantage vers cette hypothèse que je penche. C'est bien. Très bien, même.

C'est donc ça, son petit secret.

Je sais maintenant exactement où appuyer pour que revienne cette douleur terrible et je ne vais pas me gêner. Si ça avait été moi, autant le dire tout de suite : ça n'aurait pas fonctionné. Vraiment, quelle fragilité inacceptable ! De nos jours, les gens sont beaucoup trop sensibles. Ils pleurent pour un rien. Tout ce qu'ils veulent, c'est qu'on les plaigne. Je voudrais bien le voir venir, moi, le type qui essayera de me plonger en dépression en appuyant sur un deuil. Quelle chance, non ? Ma vie n'a été qu'une succession d'embûches et de galères alors, forcément, je connais plus de morts que de vivants. J'étais à deux doigts de demander une carte de fidélité au crématorium. Deux d'un coup, une urne offerte.

Alors, je préfère encore qu'ils fuient. Voyez ce que je suis et prenez vos jambes à votre cou !

– Tout va bien ? demande Étienne en descendant.

À merveille !

– Super.

Je vais bientôt pouvoir effacer ce sourire stupide de son visage d'illuminé et reprendre ma vie en main. Enfin ! Dans mon domaine, je suis la meilleure. Nicole va pouvoir aller se rhabiller. Si j'emboîte tous les éléments dans ma tête – parce que je suis fan de puzzles –, Étienne a été tellement brisé par la mort de sa femme qu'il ne supportait même plus le sud de la France. Ses parents étaient inquiets parce qu'il a eu des comportements dangereux lorsqu'il était en dépression et ils ne voudraient pas que cela se reproduise. À tel point qu'ils acceptent sa nouvelle petite amie avec une grande facilité. Comme si j'étais déjà sa femme. Ça a dû être vraiment *hardcore* pour qu'ils en arrivent là et pour qu'Étienne ait besoin de leur mentir à ce point. Donc, je n'ai qu'à appuyer de nouveau sur la corde sensible – dont il refuse de me parler – pour que tout ce processus pervers se remette en place de lui-même.

– Je me disais… peut-être que tu voudrais faire un tour à la plage ?

Je hausse un sourcil avec un air suspicieux.

– Avoir du sable partout, jusque dans les trous de nez, et devoir prendre trois douches pour ne pas en foutre plein les draps et me sentir comme une escalope dans de la panure ? Mais oui, avec plaisir.

Étienne se fend d'un rire adorable.

Efface ça de ton visage, imbécile ! Je vais te détruire à un point... tu n'as même pas idée.

Il emprunte la voiture de ses parents et nous voilà en route, en toute simplicité.

– Tu as remarqué que tu réfléchissais mieux ? m'interroge-t-il.

Est-ce qu'il veut bien arrêter de parler en énigmes comme le père Fouras ? Comme je ne réponds pas, il se décide à m'expliquer le fond de sa pensée.

– À Paris, on ne voit jamais le ciel, sauf si on décide de le regarder. Parce que les bâtiments sont très hauts. Ça pollue le champ de vision. Ici, tu peux voir l'horizon presque tout le temps. Moi, ça m'aide à réfléchir. Je trouve qu'on a l'esprit beaucoup plus libre.

– Mmh mmh.

Sa remarque n'est pas si idiote, mais je n'avais jamais fait attention à ce genre de détails. Je me fiche pas mal de voir des buildings m'étouffer de tout leur béton grisâtre. Ce monde n'est pas mieux de toute façon. Où que j'aille, je suffoque. Comme si je manquais d'air en permanence et que ma vie était vouée à une seule quête : garder la tête hors de l'eau parce que je le mérite. Parce que je ne veux pas finir comme mes deux losers de parents qui n'ont pas été foutus de rester en vie. Je veux dire : merde, c'est quand même la base. Vivre. Ce n'est pas si compliqué, tout ce que ça demande, c'est un combat quotidien face auquel on finit inexorablement par s'épuiser. Mais j'ai plus d'énergie à revendre que Mohamed Ali avant le premier round. Je continuerai de distribuer des patates à l'existence et elle devra redoubler d'efforts si elle veut me mettre KO un jour.

Je ne parle presque jamais de mon vécu. À part à Clara. Parce qu'elle, elle sait tout de moi. Les autres peuvent aller se faire amputer des deux jambes et je leur dirai ensuite qu'ils peuvent toujours courir pour que je leur dise quoi que ce soit.

C'est vrai. Je suis un monstre. Je m'en rends compte lorsque je vois le regard niais d'Étienne, fixé sur la route. De temps à autre, il tourne la tête vers moi pour planter ses deux grands yeux dans les miens, comme s'il trouvait du réconfort dans ma présence et dans ce chemin campagnard qui défile jusqu'à la plage. Quand on a une vie comme la mienne, on n'a pas d'autre choix que de devenir un monstre, si on veut survivre. Si j'avais décidé de suivre la vie de mes parents, je serais probablement déjà morte. Mais non ! J'ai choisi d'être la meilleure. De tout déchirer. D'être une véritable *rock star* au boulot et d'empiler les cadavres pour atteindre le sommet. Parce que l'existence est une impitoyable lutte dans laquelle la douceur n'a pas sa place.

– La ville de mon enfance, soupire-t-il.

– Elle a dû être heureuse.

Étienne étire un sourire discret sur son visage. Pour l'occasion et pour éviter les rayons, il a décidé de prendre ses lunettes de soleil. Cela lui donne un certain style, au volant de la voiture de vieux de ses parents. Un type se prenant pour un aviateur qui conduit un pot de yaourt. Le pire ? C'est que je suis dedans.

Heureusement que le ridicule ne tue pas.

Mais il s'en fiche. Fenêtre ouverte, coude qui dépasse, Étienne a simplement l'air joyeux. Comme si rien d'autre que ce moment n'avait d'importance. Il m'énumère les différents endroits où il a vécu, n'hésitant pas à incorporer deux ou trois souvenirs bien personnels, à chaque fois. Une histoire bien rodée, en somme. Je m'en fiche comme d'une guigne, qu'il ait été heureux à tous les instants de sa vie, que sa mère ait été assistante sociale et son père éducateur spécialisé. Qu'ils se soient rencontrés dans une colonie de vacances. Un gamin simple. Voilà ce qu'il était. Il ne demandait rien à personne et personne ne lui demandait rien. C'était aussi naturel que d'exister.

Nous voilà à la plage. Celle qu'on appelle le Grau d'Agde. Une fois de plus, Étienne se met à m'expliquer qu'avant, le sable s'étendait davantage et qu'il venait ici presque tous les jours, avec son grand-père. Il y ramassait de petits cailloux blancs – ceux qui bordent l'allée qui mène jusqu'à la maison de ses parents. Il les a tous récoltés un à un.

Dis donc… il devait sacrément s'emmerder !

Une fois que nous avons les pieds dans le sable, Étienne commence :

– Alors ? Tu as envie de parler de quelque chose ? Je sens que ça te tiraille.

Tout ce que je veux, c'est qu'il me donne des informations à propos de sa vie. Je ne peux pas prétendre savoir pour sa femme, Valentine, s'il ne me l'a pas dit au préalable. Il comprendrait tout de suite que quelque chose ne tourne pas rond. Et ce n'est pas le but. J'ai réussi à gagner sa confiance plus que de raison. Si je veux que les effets de la destruction soient complets, je dois la conserver.

– Pas vraiment.

– Il y a des sujets que j'aimerais aborder avec toi, de mon côté. Je crois qu'on peut se faire confiance, maintenant.

J'en parlais justement dans ma tête ! Eh bien voilà. Je vais enfin avoir les révélations que j'attendais. Étienne est plus mystérieux qu'un épisode stupide de télénovela. Comment un type comme lui peut-il avoir autant de secrets ?

– Tu as raison, poursuit-il. Tu m'as dit que j'étais du genre à donner des leçons aux autres sans jamais suivre les miennes.

Mais j'ai besoin de parler et je ne peux pas aborder tout ça… au club. Ils ne comprendraient pas. Ils ne sauraient pas m'écouter de la bonne façon. Ils ont besoin de moi, mais je ne sais pas s'ils pourraient m'apporter l'aide dont j'ai besoin.

Tout en parlant, il garde le regard fixé sur l'horizon et l'immensité de la mer. Nos pieds sont solidement plantés dans le sable mouillé. Si j'étais un peu plus sensible, je pourrais sentir le ressac de la mer. Mais pour le moment, seul le vent caressant mon visage me donne des airs joyeux en tête. J'en oublie presque pourquoi je suis ici, parfois. Cet endroit a un charme attendrissant.

– Je t'ai dit que ma femme était partie.

– Ce n'est pas le cas ?

– Si. Si, dans un sens. En tout cas… elle n'est plus là.

J'ose une question qui me taraude depuis le train :

– Ça fait combien de temps ?

– Cinq ans. C'est le temps qu'il m'a fallu pour me reconstruire, mais je sens toujours cette fragilité, au fond de moi.

Je vais jouer à celle qui ne connaît rien à son histoire.

– Et… où est-elle, maintenant ?

Étienne baisse la tête et son expression change. Tout à coup, l'éternel sourire du fleuriste se change en une moue plus grave, plus solennelle. Je crois que je touche au but.

– Elle est morte.

Bingo ! J'ai l'impression d'avoir gagné au loto, tellement je suis satisfaite et heureuse de sa réponse. Alors, ça y est, il me l'avoue enfin et je vais pouvoir sortir cette information de mon chapeau et le détruire comme si de rien n'était. Ça m'aura pris quelques semaines, mais j'y suis. Le but tant recherché est à portée de main.

– Je l'ai tuée.

22.

« HARVARD ». C'est ce qu'il y a d'écrit en gros sur le sweat de Laurent. Quelle connerie ! Il n'a jamais mis un pied aux États-Unis, mais le vêtement lui va vraiment comme un gant et de toute façon, je suis bien trop amoureuse pour voir quoi que ce soit d'autre que ses yeux. C'est comme se perdre dans un univers dans lequel j'aimerais vivre toute ma vie.

Jeunes adultes, c'est ce qu'on dit de nous. La vérité, c'est que nous sommes des gamins avec un salaire et Paris est une ville qui n'a pas de limites. Qui ne dort jamais. Enchaîner les sorties, c'est ça, notre vie. Les musées, les restaurants, les cinémas. Nous écumons tout. Main dans la main. Laurent est le seul, à mes yeux. Je crois que je dois être anormale. Je ne ressens pas la moindre attirance pour les autres. Je dirais même qu'ils me répugnent. Rien que d'imaginer un autre homme que lui avec moi et je me fige comme une statue de marbre. C'est viscéral.

Mais ce soir, tout est différent. Il y a un air d'inhabituel dans l'oxygène que je respire. Laurent n'est pas aussi détendu que d'ordinaire et nous grimpons sur une péniche pour un restaurant atypique.

Il ne parle pas beaucoup. Il est même plutôt silencieux.

– Tout va bien ?

– Écoute, Clarence, je… Ça ne fait pas très longtemps qu'on est ensemble. Deux ans, c'est rien. Et… j'ai bien réfléchi.

Ça y est. Tout mon univers s'écroule. Les enfers s'ouvrent sous mes pieds, jusqu'à ce que Laurent dégaine un écrin avec, à l'intérieur, une superbe bague.

– Je… je sais que c'est précipité, mais je voudrais t'épouser. Je veux que tu deviennes ma femme, parce que je ne me vois pas me réveiller à côté de qui que ce soit d'autre sur Terre. Parce que, si je suis né, c'est uniquement pour te rencontrer. Si j'avais une seule mission, dans ce bas monde, une seule, c'était de t'aimer pour toujours. C'est très rapide pour en parler, mais je suis sûr de moi. Je ne me sentirais riche qu'à une seule condition : ta main et la mienne dans celles de notre enfant. C'est ce que je veux. Au plus profond de moi.

***

Coup de poing dans le miroir. Ensanglantée. Je l'ai perdu. Je l'ai perdu pour de vrai. Il n'arrivera jamais. Il ne m'aimera plus. C'est certain. Comment je vais lui annoncer, hein ? Comment je vais faire pour le regarder dans les yeux et lui dire : « Laurent, même porter un enfant, je n'en ai pas été capable » ?

Même ma mère a su. Et pas moi ?! C'est impossible. Impossible !

Je vais crever. Je veux crever.

J'ai la rage au ventre. Heureusement que Clara est là, elle.

– Mais il va bientôt rentrer, sangloté-je. Clara, je lui avais promis. J'avais… À l'époque, quand il m'a demandée en mariage, j'avais dit oui.

Je l'ai tué. Il n'était pas encore là et je l'ai tué.

– Mais tu n'en voulais pas vraiment. Tu te souviens ?

Je secoue la tête. Non, je ne me rappelle pas avoir dit ça un jour. Peut-être que ça a pu passer, comme une pensée fugace, mais jamais je ne l'ai implémenté sérieusement dans mon esprit.

– Tu penses qu'il m'en voudra ?

Clara hésite quelques instants. Pourquoi ? Chaque seconde supplémentaire qu'elle marque est une véritable torture parce que je sais ce qu'elle pense. Bien sûr : c'est exactement ce que je pensais. Il sera tellement déçu qu'il en mourra.

– Ça ira, rétorque-t-elle.

***

La pièce est glaciale et pourtant, nous sommes en plein été. Chacun d'un côté du lit, nos corps ne se touchent pas. Plusieurs mois, depuis la disparition de ce que j'avais de plus cher au monde. Et j'ai l'impression que ce n'est pas seulement le bébé que j'ai perdu, mais Laurent avec. Comme s'il s'était éloigné de moi en même temps. J'ai… j'ai l'impression qu'il ne va pas très bien, mais il refuse de m'en parler. Il s'est fermé à moi comme une huître. Ce n'était jamais arrivé et moi, la handicapée sociale, celle qui a appris à haïr avant d'aimer, comment suis-je censée retrouver le dialogue avec mon homme ?

– Tu penses qu'il faut combien de temps pour disparaître complètement ? demande-t-il.

La question m'arrache un frisson glacial.

– D-disparaître ?

Est-ce qu'il pense à partir ? Est-ce que je… vivrai sans lui ? Je ne peux pas. Je ne crois pas en être capable. Je suis allongée et pourtant, je sens que je m'effondre. Comme si le matelas m'emportait et m'étouffait. Ma respiration se saccade.

– Oui. Complètement. Aux yeux de la société. Fuir toutes les caméras, tous les radars. Disparaître à tout jamais. Combien de temps ? Tu bosses un peu là-dedans, non ? Tu dois avoir des informations à ce sujet.

Il va partir. Tout ce que j'ai de plus cher me file entre les doigts. Le bonheur est plus éphémère qu'une chanson d'amour et file entre les doigts comme le sable. Il s'écoule et à la fin, il ne reste plus rien d'autre que des souvenirs jaunis et douloureux.

Il va partir. J'en suis sûre.

23.

C'est fou, cette facilité qu'ont ceux qui m'entourent à fuir. Au début, je ne comprenais pas pourquoi et puis, je me suis mise à rechercher cette solitude. De toute façon, elle est toujours interrompue par Clara qui, elle, ne me quitte jamais vraiment. Elle est ma seule... vraie amie, ici. En dehors de mon travail, elle est tout ce qui me reste.

– On roulait vite. Trop vite.

Étienne ne verse pas une larme en prononçant ces mots, mais je sens qu'il est à deux doigts. Je ne m'attendais pas à ce retournement de situation qui, à n'en pas douter, facilitera grandement ma mission. Alors, que fait ma main sur son épaule ? Je ne devrais pas lui apporter de réconfort. Je ne devrais pas l'écouter parler. Je devrais l'enfoncer pour de bon. Planter le dernier clou de son cercueil et le regarder s'enfoncer dans la terre à tout jamais.

– J'étais au volant. Ivre de bonheur. Un miracle était arrivé, tu vois ? Du genre de ceux qui... qui n'arrivent pas, d'habitude. Toutes les étoiles étaient alignées. Elle portait la vie, dans son ventre.

Arrête de parler, crétin.

Je déglutis difficilement et les larmes me montent aux yeux. Je les réfrène aussitôt.

– C'était sur le chemin de l'hôpital. Elle m'a demandé de pousser sur l'accélérateur. Je me revois encore appuyer sur la pédale comme un… comme un malade. Tu sais, dans une petite ville comme celle-ci, il n'y a pas toujours les services nécessaires pour venir chercher une femme enceinte sur le point d'accoucher et l'hôpital n'est pas à côté, alors…

Il secoue la tête.

– À qui est-ce que j'essaye de mentir ? Je tente de me déculpabiliser tous les jours un peu plus en me répétant que c'était un accident. Que je ne pouvais pas savoir que cette voiture pilerait. J'ai eu… j'ai eu de la chance de m'en sortir, Clarence.

Je reste silencieuse. Mon souffle est suspendu à ses lèvres.

– Tu sais ce que ça fait, de tout perdre ? Absolument tout. Le même jour. J'aurais préféré ne jamais me réveiller. Jamais.

Je n'ai pas la force de dire quoi que ce soit à Étienne. Ses mots, ses gestes, tout indique une profonde souffrance et c'est tout ce dont j'ai besoin. Je préfère le laisser continuer de parler. Chaque centimètre de mal-être qu'il déverse ici est une munition supplémentaire pour moi – et je ne suis pas du genre à manquer mes tirs.

– Ce qu'il y a, c'est que… c'est l'absence.

– L'absence ?

Il hoche la tête, laconique.

– Quand on pense sans cesse à nos pires craintes, je crois que c'est là qu'elles finissent par se réaliser. C'est comme regarder dans le vide quand on a le vertige. C'est dans ces moments-là qu'on risque le plus de tomber. Mon bonheur était tellement parfait que j'avais une peur panique de le perdre. Et je l'ai perdu. Mais l'absence, Clarence. Elle ronge. Elle détruit, grignote comme un cancer. Je me demande tous les jours : où est-elle ? Est-ce que je peux la rejoindre ? Elle était toute ma vie et elle a disparu du jour au lendemain.

Chacun de ses mots siffle dans l'air comme un coup de poignard envoyé à l'univers. Sous ses airs de fleuriste tranquille, bien dans ses bottes et heureux, Étienne transpire la rancœur. Pas seulement à son égard, mais à l'égard de tout le monde. Il en veut à la Terre entière pour ce qui est arrivé à sa femme et cette fois, je ne peux que le comprendre.

Chasse cette empathie, idiote !

Mais j'ai une mission à remplir et avoir le cœur mou, c'est pour les faibles. Je n'en suis pas une. Mon cœur est de pierre.

Pourtant, il tremble.

Je chasse ces pensées de mon esprit. Non. Mon cœur ne tremble pas. Étienne n'est pas en mesure de percer la carapace que j'ai construite autour de moi. Je suis protégée de toutes les intempéries émotionnelles. Désormais, plus personne ne peut m'atteindre et c'est bien ainsi. S'il avait procédé de la même façon au lieu de se morfondre, il serait peut-être plus résistant, aujourd'hui. Aider les autres, ça va un moment, mais si on ne s'aide pas soi-même, on finit par crever.

– Elle me manque tout le temps. Quand je me lève. Quand je me couche. Chaque bouffée d'air que je respire me rappelle qu'elle, elle ne respire plus. Que nous ne partageons même plus cet oxygène. Plus rien. Et j'ai beau me dire qu'un jour nous pourrons peut-être nous revoir, au fond, qu'est-ce que j'en sais ? La spiritualité, l'âme, la mort… nous ne sommes sûrs de rien. Alors, tout ce qui me reste, c'est l'espoir. Mais l'espoir, tu sais, il finit par s'éroder. Et je revois son visage, encore et encore. Mais il s'efface petit à petit.

Forcément. En cinq ans, on change. On oublie. On passe à autre chose. C'est comme ça.

Ne souris pas. Tu vas avoir l'air d'une dégénérée !

– Tu vois… c'est pour ça que mes parents s'inquiétaient pour moi. J'étais vraiment en dépression. Je me sentais seul.

Je souffle par le nez en étirant la moitié d'un sourire, puis retire ma main de l'épaule d'Étienne. Je ne dois pas lui apporter la moindre consolation. Ce qu'il ne sait pas, c'est que les dépressifs sont une armée de soldats isolés. Ils sont nombreux, mais ils se sentent si seuls qu'ils ont le sentiment qu'il n'y a qu'eux qui subissent l'horreur de la vie quotidienne. Et tous les jours, ils mènent indépendamment bataille contre un ennemi commun.

Voici le plan d'action, désormais : je n'ai plus qu'à lui rappeler tous les mauvais souvenirs inhérents à la mort de sa femme, à le faire se sentir seul et malheureux. En bref, je n'ai qu'à utiliser la confiance qu'il vient de m'offrir pour qu'il se mette la corde au cou. Et ce ne sera pas long. Je suis tellement excitée à cette idée que j'ai presque envie d'appeler Marc pour lui dire de préparer le champagne, parce que j'ai réussi ! Après tout ce temps, j'ai finalement percé le secret d'Étienne et il n'est pas joli du tout. J'étais certaine, depuis le départ, qu'il avait quelque chose à cacher. Les gens trop lisses sont toujours les plus cabossés, au fond. Quand on bosse dans mon domaine, on les remarque gros comme le nez au milieu de la figure.

Il y a deux types de personnes. Il y a les gens qui disent qu'ils sont « trop fous », alors qu'ils ne sont pas fous du tout. Ils sont terriblement communs et n'acceptent pas cette normalité chez eux. Et ensuite, il y a ceux qui essayent d'agir normalement. Ce sont eux qui sont intéressants.

Je pourrais jouer avec lui plus longtemps, mais il est temps de terminer cette partie. Dans quelques jours, ce sera plié. Je ne suis pas une grande joueuse. On a toujours manqué d'humour dans la famille.

Faut-il être fleur bleue pour voir la vie en rose ?

– Tu n'es plus seul, désormais, lancé-je en lui donnant l'accolade.

Mais tu aurais dû le rester. Mieux vaut être seul que mal accompagné. Ce n'est pas qu'un dicton.

24.

– Fous-moi la paix, j'écris !

Je suis habituée à entendre ces mots. À chaque fois que je réclame l'attention de mon père, il a toujours mieux à faire. Le rejet : je ne connais que ça. Mes parents ne m'aiment pas. Cette idée a traversé mon esprit depuis longtemps et puis, comme toutes les idées – même les plus farfelues –, elle a commencé à se nicher de plus en plus profondément en moi. Elle s'est installée comme une taupe dans un jardin. Elle a creusé des galeries.

Ma mère prétend m'aimer plus que tout, mais tous ses mots sonnent faux. C'est creux comme une coquille vide. Elle se donne seulement bonne conscience. Elle se rassure. Elle se raconte des histoires pour que tout ça n'ait pas servi à rien. Pour que tous les sacrifices auxquels elle a dû consentir n'aient pas été vains. Alors, elle répète parfois que je suis l'amour de sa vie. Que rien n'est plus précieux que moi, à ses yeux ! Le tout avec… un désintérêt profond dans la voix. Comme si elle essayait de s'en convaincre elle-même. Mais ça ne prend pas. Je ne suis pas dupe. Je sais qu'ils auraient préféré que je ne vienne jamais au monde. L'un comme l'autre. Souvent, mon père râle à propos de ça. Il dit qu'un enfant, ce sont des responsabilités, des charges, des emmerdes. Jamais il ne parle de joie. Alors, c'est ça, la vie ?

Ensuite, il attrape une clope et pense à celle d'après en la fumant. Elles s'entassent dans le cendrier, mais les mots, eux, ne jaillissent pas sur le clavier de son ordinateur. Ce qu'il aime vraiment, mon père, c'est son livre. Celui qu'il est en train d'écrire. C'est ce qu'il dit tout le temps.

Mais aujourd'hui, c'est différent. J'ai envie de passer un peu de temps avec lui. J'ai douze ans et je me sens seule. Ma seule amie, c'est Clara, mais elle n'est pas toujours là. Elle aussi a une vie, je suppose. Elle doit être autrement plus palpitante que la mienne.

Alors, j'insiste.

– Mais je veux vraiment te montrer. J'ai fini mon devoir de français, tu peux m'aider à le corriger. Je dois le rendre demain.

Mon père se redresse doucement, puis prend un air tendre, avant d'attraper ma main. Mon cœur bat un peu plus vite. Je crois que c'est le premier geste de tendresse qu'il me donne depuis que je suis née. J'en ai les larmes aux yeux, mais j'essaye de ne pas le montrer. Mon palpitant danse les claquettes dans ma poitrine. Je ne sais pas exactement ce qu'est le bonheur, mais je suis certaine qu'il ressemble à ça ! Tant pis s'il est imparfait. Tant pis si c'est une fausse note. Au moins, il est là.

Mais il ne dure que trois secondes. Et une ombre passe sur son visage et le regard de mon père change du tout au tout.

Avec brutalité, il écrase sa cigarette sur ma main. Dans un état de sidération totale, je ne hurle pas la première seconde, puis la douleur devient insupportable. Je vocifère et pleure comme un chiot qu'on torture. J'essaye de retirer ma main, mais il la garde fermement serrée dans la sienne.

– Arrête ! Arrête, j'ai mal ! S'il te plaît !

– Tu vois, Clarence ? lance-t-il avec un air mauvais. Ça, c'est ce que tu me fais tous les jours. Tu viens sans cesse, tu me déranges pendant que je travaille et moi, je te demande d'arrêter. Est-ce que tu arrêtes pour autant ? Non. C'est douloureux, n'est-ce pas ?

– Je t'en supplie !

Quelques secondes de pleurs plus tard, il consent à me libérer et, devant mes larmes chaudes, ne trouve qu'à dire :

– Ne me dérange plus jamais pendant que j'écris.

⋆⋆⋆

Je m'éveille en sursaut. Après tout, ce n'est que le sixième cauchemar de la semaine.

On est samedi.

Je jette un œil à l'heure sur mon téléphone. Quatre heures du matin. On dirait qu'une fois de plus, mon père et ses leçons d'enfance ont eu raison de mon sommeil. Elles sont gravées sur ma peau.

Mais elles commencent à partir.

Tu dors ?

Clara me répond presque aussitôt.

Chips devant la télé. Et toi ?

Cauchemar.

Rendors-toi.

J'ai envie de pisser. Et d'un verre d'eau.

Vis tes rêves.

Elle a raison, mais je ne suis pas chez moi et j'ai cette sensation horrible de ne pas être à ma place et de ne pas être autorisée à simplement utiliser les toilettes.

J'emprunte l'escalier qui mène jusqu'à l'appartement du haut pour prendre un verre d'eau dans la cuisine – celle du bas n'est pas fonctionnelle. *A priori*, Jean doit la réparer depuis quelques années maintenant. Mais je crois qu'elle restera ainsi jusqu'à la fin des temps.

J'attrape un verre dans le placard, puis me sers. Oh, bon sang, ce que ça fait du bien ! Après m'être réveillée en sueur au beau milieu de la nuit, j'avoue qu'un petit remontant de ce genre n'est pas de trop.

Instinctivement, j'inspecte ma main. Bien sûr que la marque a disparu depuis. Mais j'ai pourtant l'impression qu'elle est toujours là. Comme ces gens amputés qui ont le sentiment d'avoir mal au membre qu'ils ont perdu. La douleur reste vive et pourtant, la blessure est invisible. Douce allégorie de ce qui nous réunit tous en tant qu'humains : les blessures invisibles dont nous ne parvenons pas à guérir.

– Déjà debout ?

Je me tourne précipitamment. Je ne m'attendais pas à voir quelqu'un d'autre dans la cuisine à cette heure-ci, mais c'était sans compter sur la vieille mère d'Étienne, beaucoup plus matinale que ce que j'imaginais.

– J'avais besoin d'un peu d'eau.

– Allons sur la terrasse. L'air est frais, à cette heure-ci.

Qu'est-ce qu'elle me veut, la momie ? Bon, de toute façon, je n'ai pas vraiment le choix. Je ne vais pas lui refuser de l'accompagner alors qu'elle a le sourire et qu'elle m'invite gentiment chez elle.

Je talonne Anne-Marie jusqu'au lieu-dit, puis nous nous asseyons autour de la table en plastique qui sert – j'imagine – aux repas en extérieur et de préférence avec toute la famille, vu la gueule du meuble. Taché de part en part.

– Vous n'êtes pas vraiment ensemble, n'est-ce pas ?

Pause ! Je ne m'attendais pas à ce que cela se remarque à ce point. Elle a un œil de chouette, la mamie. Comment peut-elle savoir une chose pareille ? Bon sang, plus je tarde à répondre et plus elle se persuade d'avoir raison.

– Si. C'est récent, mais nous sommes ensemble. Pourquoi allez-vous penser une chose pareille ?

– Intuition de mère. Vous savez, Étienne est fragile…

Je hoche la tête en ayant l'air la plus compatissante possible. Je pense que si je n'avais pas été chez D & C, j'aurais facilement pu devenir actrice.

– Il m'a dit ce qui était arrivé, oui…

– Je ne veux pas le voir retomber dans cette sombre période. Quand il m'a dit qu'il avait quelqu'un, j'ai trouvé ça tellement impossible, après le drame, que je me suis dit qu'il s'agissait forcément d'une ruse de sa part pour ne pas qu'on s'inquiète.

Wow. À ce niveau-là, ce n'est plus de l'intuition. La mère d'Étienne est une vraie Mme Irma. Elle a tout juste, mais je n'ai pas l'intention de lui donner raison parce que je sens qu'elle est sur le point de me révéler des éléments croustillants sur la dépression d'Étienne. Moi aussi, je suis voyante !

– C'est à ce point ?

– S'il tient à vous, c'est que vous êtes forcément exceptionnelle. Je ne vois pas comment il aurait pu l'oublier. Je suis contente pour lui.

Anne-Marie se relève, mais je l'intercepte. Cette conversation n'est pas terminée si je peux encore grappiller quelques informations à propos de mon fleuriste.

– Vous avez des conseils ? Étienne est-il sensible à quelque chose en particulier auquel il ne devrait pas être exposé ?

Le regard de la vieille en dit long sur les épreuves qu'a traversées son fils. Elle acquiesce d'un hochement de tête.

– L'alcool. Surtout pas d'alcool. Il retrouverait tout de suite ses vieux travers. Il n'a plus touché à une goutte depuis longtemps.

Alors ça, c'est vraiment, vraiment intéressant ! Comme quoi, toutes les étoiles s'alignent petit à petit pour qu'Étienne soit détruit. J'en suis presque à me dire que ce n'est pas de ma faute, mais carrément de celle de l'univers.

– Il a eu de la chance de s'en sortir. Étienne était vraiment dans un sale état, mais… je ne devrais pas vous dire ça.

– Si, si, au contraire. C'est bon à savoir. Si je l'aime, j'aime aussi ses mauvais côtés. Ce n'est pas à sens unique, vous comprenez ?

Anne-Marie me regarde avec tendresse.

– Vous êtes vraiment une bonne personne, Clarence. Je sens une bonne âme, chez vous.

Finalement, elle n'est peut-être pas si voyante que ça.

Ce qu'elle m'apprend, c'est qu'Étienne s'est repris en main avec l'aide de sa famille et la découverte de cette passion dévorante pour les fleurs. Les éléments s'emboîtent. Ce qui le maintient, ce sont donc : son club de parole, sa passion pour les fleurs – beurk – et une bonne discipline. En somme, ce n'est qu'un château de cartes et la tempête approche.

La tempête, c'est moi.

25.

Un barbecue en famille ? Sérieusement ? Si je m'attendais à ça. Après m'être recouchée, j'ai été réveillée par les préparatifs. Anne-Marie ne dort jamais, ce n'est pas possible autrement. En chantant avec son accent du Sud, elle met les petits plats dans les grands et moi j'ai envie de me crever les tympans avec des clous rouillés. Il n'y a pas un moment où elle la ferme, celle-là ? C'est insupportable. J'entends ses talons claquer sur le sol, en haut. C'est comme mon voisin trop bruyant, à Paris, qui se prend pour un petit chef parce qu'il dirige le syndic. J'ai l'impression qu'il joue au bowling dans son appartement. À tel point que parfois, je me réveille en sursaut avec le sentiment que nous sommes bombardés par la Wehrmacht. C'est insupportable !

Étienne arrive dans ma chambre avec un air timide. Il frappe à la porte déjà ouverte, puis entre.

– Désolé, je ne savais pas si je devais te réveiller ou non, mais… tu as bien dormi ? Il est presque onze heures et tout le monde va arriver.

Tout le monde ?… Là encore, j'ai l'impression d'émerger d'un mauvais rêve. En même temps, c'est le cas. Mais je suis tellement habituée aux cauchemars que j'ai arrêté de courir pour fuir les monstres qui s'y trouvent. Je les laisse m'attraper et m'emmener. Comme ça, c'est terminé plus rapidement.

Malin.

Je hoche la tête pour faire comprendre à Étienne que j'arrive. Mon faux mec me regarde avec une certaine tendresse. Ah, non, je refuse qu'il me sorte la carte du « tu es vraiment belle, au réveil ». Parce que c'est faux et personne ne peut dire le contraire. Au réveil, on a les cheveux en bataille, de la crotte au bord des yeux, on pue tellement de la gueule qu'on peut défier un putois en duel, non, décidément, rien ne va.

– C'est bon, tu veux bien arrêter de me regarder, maintenant ? Je vais me lever.

La soirée d'hier a été particulièrement instructive et je n'ai pas l'intention de me priver de tout ce que j'ai appris. Ce sera plus facile que ce que j'espérais à l'origine. Mais bon sang, en y repensant, Étienne m'aura donné beaucoup de fil à retordre. Ça aura davantage été un travail d'enquête qu'une mission habituelle. Bordel, dès que je rentre, je pose une semaine de congé.

Clarence, j'ai du croustillant !

Il faut que tu me répondes dès que tu vois ces messages.

Étienne va être facile à briser : on est sauvés !

Berthier est déjà bien agité dès le matin. Je lui répondrai plus tard. Je suppose qu'il a des informations complémentaires à me fournir. Au début, c'était vache maigre avec Étienne. Et puis, plus nous avons creusé, plus nous nous sommes rendu compte qu'il s'agissait plutôt d'un buffet à volonté : il y en a tellement qu'on ne sait même plus par où commencer.

Je me prépare en vitesse, avec une réticence croissante à l'intérieur de moi : celle de rencontrer la famille d'Étienne qui est supposée venir pour ce barbecue.

Alors que je suis dans la chambre, en train de consulter mes derniers mails, le fleuriste vient me retrouver.

– Ça va ? Tu n'es pas trop stressée ? Encore une fois, je suis désolé de t'entraîner là-dedans, je sais que tu ne vas pas jouer un rôle agréable.

– Celui de ta fausse petite amie ?

Il hoche la tête en souriant d'un air malicieux. Le début de rire qui passe sur son visage creuse de douces fossettes. On dirait qu'il se retient.

– Qu'est-ce que tu as ? demandé-je.

– Je me rends compte que cette situation est complètement dingue. Je suis vraiment cinglé, mais je suis content que tu le sois au moins autant que moi pour accepter ma proposition.

Il n'a pas idée d'à quel point je suis bien plus cinglée que lui. Sur tous les points.

Ça y est, la famille arrive ! Une tripotée de gamins tellement bruyants qu'on a envie de les claquer les uns contre les autres jusqu'à produire de la marmelade d'enfants, des adultes plus ou moins moches – mais plutôt plus que moins –, des mamans aux cheveux décolorés, des papas avec des chapeaux de paille ridicules et de la barbe. Bref, c'est toute une sociologie à part entière qui défile dans le jardin d'Anne-Marie – et que l'intéressée semble ravie d'accueillir chez elle. Elle embrasse tout le monde sur la joue, comme le font les mamies. C'est-à-dire qu'elle ne fait pas la bise, non, elle lâche un gros baiser bien baveux sur la tronche de tout le monde. J'imagine que c'est le genre de privilège qu'on obtient quand on vieillit. Plus personne ne nous tient rigueur de ce genre de dégueulasseries.

Et tout à coup, la Parisienne prétentieuse et mal intégrée que je suis se pose un milliard de questions à propos de ces gens : quels sont leurs métiers ? Leurs petits secrets ? Je veux dire…

quand on ne côtoie que des cadres supérieurs, on se demande : qu'est-ce qu'ils font, les autres ?

Je m'installe à côté d'Étienne après avoir subi un demi-milliard de bises de la part de la famille. D'après ce que je comprends, il y a sa sœur, son beau-frère, leurs enfants, ses cousins, sa grand-tante, son mari, bref, c'est un bordel sans nom et je n'arrive même plus à savoir qui est qui. Et tout le monde semble se retrouver à merveille dans ce joyeux brouhaha entrecoupé de cris d'enfants dont personne ne s'occupe, les responsables légaux étant beaucoup trop occupés à s'entamer la poire à la vinasse du coin.

Stupéfiant. Vraiment… stupéfiant !

– Et toi, Étienne ? Alors, comment ça va ? demande le type au chapeau de paille.

Je ne sais même plus comment il s'appelle. Ça va me revenir. C'était un nom à la con. Ah, oui, José !

Tout à coup, mon faux petit ami m'attrape la main et sourit. J'écarquille les yeux en grand. Alerte rouge : contact physique détecté et tous mes sens sont en alerte. Personne, normalement, n'est censé me tenir la main à part Laurent. Personne. C'est comme une intrusion de la pire espèce et mon cœur bat à tout rompre. J'ai l'impression de trahir l'homme qui m'a quittée – certainement pour une autre. Et j'étouffe. Je me rappelle quand il me prenait la main de la même façon, quand nous étions dans sa famille. J'avais l'impression que ses doigts ne lâcheraient plus jamais les miens et que je ne connaîtrais plus jamais la solitude qu'on ressent quand on s'endort sans rien, le soir. Qu'on laisse simplement venir le vide à nous et que l'océan nous engloutit dans ses ténèbres les plus profondes.

En un instant, je me sens reconnectée à un être différent de Laurent. Depuis qu'il est parti, je ne me sens plus que la moitié de moi-même. Comme si une partie de mon être avait décidé de plier bagage et de me laisser sur le bord de la route, sur le chemin des vacances. Et là, en une fraction de seconde, une autre personne est arrivée et m'a invitée à grimper dans sa voiture. Étienne. Il sourit, me présente comme la femme qu'il aime aujourd'hui et même si toutes ces paroles sonnent plus faux qu'un morceau de rap sans autotune, elles me réchauffent le cœur et le malmènent en même temps.

Ressaisis-toi, ce n'est qu'une main...

Mais une main, c'est tout et rien à la fois. C'est un engagement. Quand on choisit quelqu'un ou qu'on l'épouse, on prend sa main. Alors, pour moi, ça a de l'importance parce que le dernier qui avait décidé de me la prendre était celui que je croyais être l'homme de ma vie – pardon du peu. Je crois que j'ai légitimement le droit d'être sous le choc.

Je déglutis pour tenter de chasser la sidération qui s'empare de moi et en une fraction de seconde, je reviens à la réalité.

– Tu es sûre que ça va ? demande Étienne.

Autour, tout le monde me regarde avec étonnement. Je n'ai pas dit un mot et je comprends que j'ai créé un blanc.

– Je... je travaille en banque.

Et comme si cela suffisait, ces quelques mots, sortis de nulle part, tirés de rien, qui ne rentrent certainement pas dans le cadre d'une réponse appropriée à la question posée, semblent faire mouche et détendent l'atmosphère.

– Ah, mais c'est pour ça, elle est stressée !

Et le barbecue commence sans qu'on s'intéresse davantage à moi – ce qui me va très bien. Je suis spectatrice. Je n'ai pas l'impression de vivre cet instant comme je le devrais. C'est comme si j'avais quitté mon corps et que tout se déroulait autour de moi sans que je puisse intervenir, et une question me reste en tête : est-ce que c'est ça, le bonheur ? Une famille, des moments simples, des gens qui discutent autour d'un verre de vin sans négocier un contrat, sans la moindre animosité ?

Tout le monde semble passer un bon moment et moi, j'hésite encore. Étienne a l'air proche de sa famille. Ou, en tout cas, de les aimer plus que tout au monde. Et maintenant, je comprends : c'est pour eux qu'il n'est pas passé à l'acte. C'est pour eux qu'il a voulu s'en sortir avec autant de vitalité. Il ne voulait pas sombrer parce qu'ils étaient là. Ils faisaient également office de filet de sécurité. Je peux le voir dans les yeux de tous ceux qui le regardent et qui s'inquiètent pour lui. C'est évident, maintenant. Ils ont eu tellement peur pour lui qu'ils sont disponibles en toutes circonstances. Il n'y a qu'à voir avec quelle rapidité ils ont rappliqué pour le voir durant ce barbecue complètement improvisé. Anne-Marie n'a eu qu'à décrocher son téléphone pour prévenir les autres de la présence d'Étienne et ils sont tous venus. Comme une armée loyale.

Pourquoi n'ai-je jamais eu ça, moi ?

Je ne l'ai peut-être pas mérité. Je n'ai pas de chance, voilà tout.

Et même si c'est étrange, ce type, là, José… il est terriblement amical avec moi. Il ne me connaît pas plus que ça et pourtant, je suis déjà acceptée au sein de la famille. Comme si j'étais devenue membre de leur clan en une matinée. Pourquoi ? Parce que je partage quelques côtes d'agneau et une poignée de merguez avec eux ? Ce monde a un fonctionnement vraiment bizarre que je ne saurais expliquer, même avec les mots les plus savants de mon vocabulaire. Et en fait, je crois que de manière générale, c'est bizarre, une famille.

Je n'ai jamais eu l'occasion d'apprendre quoi que ce soit de la mienne, sinon un furieux goût de réussir pour ne pas finir comme eux. Pour le reste, nous étions seuls au monde. Comment ont terminé les autres ? Comme dans un épisode de *Game of Thrones* : tout le monde est mort. Je dois être la dernière de mon espèce. Ce n'était qu'une bande de ratés. Soit ils se sont foutus en l'air, soit la vie s'en est chargée : sélection naturelle. Mais moi, elle ne m'aura pas. Je n'ai rien à voir avec eux.

Comme si j'avais quelque chose à perdre, du coup.

26.

L'après-midi avance tranquillement et les assiettes se débarrassent en même temps que les sièges se vident. Petit à petit. Ce qu'il y a de merveilleux, c'est que je reste en place et que tout se fait sous mes yeux. Comme si on m'épargnait la peine immense de lever mes fesses pour porter assistance. Ça me convient. J'imagine qu'avec une famille pareille, Étienne doit avoir une vie heureuse et son enfance a dû l'être tout autant.

Moi, tout ce que j'ai eu, ce sont de grandes tables vides pour mes anniversaires, quel que soit l'âge. Quand on a des parents comme les miens, forcément, les rumeurs circulent et les autres parents refusent d'envoyer leurs enfants chez les timbrés qui ont l'air d'être maltraitants. Ils se protègent, eux, mais personne ne m'a protégée, moi. Pas un seul, autour, n'a eu le courage de signaler ma situation à qui que ce soit. Et puis, même s'ils l'avaient fait ? Qu'est-ce qu'il se serait passé, en fin de compte ? J'aurais été pointée du doigt avec encore plus de virulence. On m'aurait montrée comme celle dont les parents sont des monstres, comme celle qu'il ne faut surtout pas fréquenter et pas comme une victime. Parce que les gens ont toujours peur de mettre leur nez dans ce genre d'affaires. C'est comme ça.

On ne peut pas leur demander d'avoir du courage pour les autres : ils en ont à peine assez pour eux.

Alors, j'ai subi. La seule qui venait et dont les parents s'en fichaient complètement, c'était Clara. Quel que soit l'âge que je fêtais, à partir de notre première rencontre, elle était présente et partageait un bout de gâteau avec moi. C'est suite à cela que j'ai compris que notre amitié durerait toute la vie. Que rien ni personne ne pourrait nous séparer, puisque mes parents n'y arrivaient déjà pas. Et, clairement, il n'y avait pas pire qu'eux.

La table est débarrassée lentement et les discussions se poursuivent. José parle de son fils aîné qui n'a pas pu être présent parce que, maintenant, il est à Paris. Étienne a l'air surpris.

– Samuel, à Paris ? Mais qu'est-ce qu'il fiche là-bas ?

– Il a intégré une école de commerce ! rétorque-t-il avec un grand sourire.

Ah, tu parles, s'il sourit, c'est jaune et sa seule fierté, c'est de pouvoir dire que l'un de ses rejetons a été accepté dans l'une des universités les plus prestigieuses et les plus chères. Je me demande comment il peut lui payer ça ! Après tout, il n'est qu'employé de supermarché, ce n'est pas non plus comme si ça gagnait des millions.

– Une école de commerce, tu entends ça, Clarence ? me lance Étienne avec un visage jovial.

Je dois me retenir. Me retenir…

– Ils ont un super bon profil. Je les adore, ceux-là, rétorqué-je à mon tour. Dans ma boîte, qu'est-ce qu'on les aime… Les écoles de commerce sont des fabriques géantes à petits connards décérébrés qui regardent les rouages sanglants du capitalisme dans les yeux et n'hésitent pas à leur dire : « Allez-y, baisez-moi plus fort ! » Ils sont vraiment parfaits.

Je jette un blanc autour de la table. Ah, j'ai peut-être été un peu trop honnête. Mais chacune de mes paroles était d'une sincérité inégalable. J'adore vraiment ces petits cadres ambitieux qui sortent des écoles de commerce. Ce sont de vraies petites pestes. Tout ce dont nous avons besoin.

– Ils ne sont pas tous comme ça, répond José en fronçant les sourcils.

– Ah, si. Absolument tous. Ce sont des plaies béantes. Ils sont le mal qui ronge notre société parce qu'ils la représentent parfaitement. Si je devais donner un seul conseil aux écolos qui veulent régler tous les problèmes, ce serait : cramez les écoles de commerce en pleins partiels après avoir barricadé les portes de l'extérieur et regardez brûler tous les maux de notre époque dans la même pièce. Mais bon, ça, ce n'est que mon avis, hein…

– Je vais y aller.

Forcément, José ne le prend pas bien. Mais il doit être prêt à entendre la vérité. J'en ai marre de tous ces clowns d'écoles de commerce, moralisateurs, entrepreneurs, qui finissent par raconter des mythos sur Instagram pour vendre des formations parce qu'ils se rendent compte après de longues études que tout ce qu'ils ont appris n'est que du vent.

Mais tout n'est pas terminé. La femme de José, Marianne, nous propose quand même de venir, ce soir, pour une exposition d'art contemporain. Un vernissage. Oh, non, il vaut mieux ne pas me lancer non plus sur l'art contemporain. Pour moi, chier sur une toile, ce n'est pas de l'art. Ces gens-là considèrent comme « art » tout ce qui est unique. Si je pète dans un bocal et que je le referme, mon pet sera unique et le bocal aussi. À partir de là, j'enterre toute discussion avec eux parce que ça n'a aucun sens d'aller plus loin. Et puis, de toute façon, je n'aime pas cette forme d'expression artistique. L'art contemporain, c'est pour les idiots sans talent et les profs de fac qui aiment se branler sur le sens caché des œuvres.

Tandis que José est en train de se diriger vers la voiture, Marianne prend quand même la peine de nous montrer les toiles qui seront exposées ce soir.

Oh, bordel, c'est n'importe quoi… qui pourrait acheter ça ?

– Si je voulais voir des croûtes, j'irais à l'hôpital rendre visite aux grands brûlés, ricané-je.

La mère de famille me lance un regard assassin. *Quoi ? Qu'est-ce que j'ai dit, encore ?* Décidément, plus le temps passe, plus j'ai le sentiment de ne pas être adaptée, socialement parlant.

– Ce sont mes œuvres, rétorque-t-elle, vexée, avant de ranger son téléphone.

Allez, deux pour le prix d'un. Je crois que José et Marianne ne sont pas près de réinviter Étienne quelque part si je suis dans les parages. C'est ce que j'appelle un *strike*. Le pire, c'est que je ne l'ai même pas fait exprès. D'habitude, je sais adapter mon langage, mais j'ai eu le sentiment, cet après-midi, que tout le monde pouvait se taquiner sans problème et qu'on en riait tous collectivement. J'ai trouvé ça excellent, moi, quand ils m'ont demandé si je gardais le coffre de l'Oncle Picsou. Eux, visiblement, ne prennent pas mes calembours avec autant de classe que moi.

Quand tout est terminé, Anne-Marie et Jean se préparent pour une sieste bien méritée devant la télé, dans le salon, et Étienne et moi retrouvons nos appartements, en dessous du leur.

Je sens bien qu'il est un peu tendu.

– On doit parler, lâche-t-il.

Ça y est : je vais en prendre pour mon grade et pour la première fois peut-être, je vais voir Étienne dans un état second. Je m'en suis prise involontairement à sa famille et j'ai certainement commis un crime de lèse-majesté.

– OK, je suis désolée pour la fin, je ne voulais pas les vexer, j'ai…

À ma grande surprise, Étienne éclate littéralement de rire comme s'il se retenait depuis une heure.

– Tu es vraiment une grande malade, je ne sais même pas quoi dire ! J'adore ! Tu es dingue, Clarence ! Je n'imaginais pas que tu étais d'une telle sincérité. Oh, punaise, tu aurais vu la tête de José quand tu as parlé des écoles de commerce. Et celle de Marianne, quand tu as dit que tu irais voir les grands brûlés si tu voulais voir des croûtes. J'étais à deux doigts de me faire pipi dessus !

Je fronce les sourcils.

– Attends, tu… tu as apprécié ça ?

– Mais carrément ! Ils passent leur temps à se la péter avec leurs enfants et Marianne à la ramener parce que soi-disant elle est artiste. Tu les as tous les deux remballés d'une force… C'était impressionnant et à mourir de rire.

Je ne sais pas pourquoi, mais le sourire d'Étienne me réchauffe le cœur et en étire un également sur mon visage. Est-ce parce que c'est moi qui l'ai déclenché ? Peut-être.

– Je savais que tu étais une personne franche, mais pas à ce point. C'était vraiment un coup de maître. Je te tire mon chapeau, Clarence. OK, tu sais quoi ? Ce soir, je t'invite à manger. J'ai une idée. On pourrait s'isoler un peu de mes parents et aller au restaurant, qu'est-ce que tu en penses ? Je n'ai pas envie que tu étouffes, ici, dans ton rôle de fausse petite amie.

Excellente idée.

De quoi mettre mon plan à exécution. Étienne est adorable, surtout quand il sourit. Mais je suis une professionnelle et je n'ai pas oublié ma mission.

27.

Est-ce que j'ai confiance en l'espèce humaine ? Bien sûr. Mais au cas où, je regarde quand même à droite et à gauche avant de traverser une voie à sens unique. Je sais ce que nous sommes ; les meilleurs, mais surtout les pires, et c'est souvent dans le pire qu'on est les meilleurs.

J'ai absolument tout ce dont j'avais besoin, ce soir : la confiance d'Étienne et un petit ingrédient mystère qui, assurément, me permettra de remplir ma mission. Je sais déjà comment le faire craquer.

Je vais l'utiliser ce soir, Berthier. Tiens-toi prêt, on ne sait jamais.

Bien reçu. Je vais faire des heures sup.

Étienne sait faire deux choses, dans la vie : choisir les fleurs et, visiblement, les restaurants. Parce que je dois avouer que nous ne sommes pas trop mal placés, là. Le *Nautilus* tient sur des pylônes de bois qui s'enfoncent dans l'Hérault. Et, depuis ce piédestal magnifique, nous voyons les berges s'étendre, près du Grau, jusqu'à atteindre le phare. Bien : la vue est splendide et en plus, nous sommes près de la plage. Il n'y a rien de plus beau qu'un panorama pareil pour retomber dans ses vieux travers. Et c'est précisément ce à quoi je vais m'atteler ce soir. J'ai compris quel était le démon principal d'Étienne. Il s'agit de l'alcool. Et comme tous les alcooliques – ou anciens fanas de la bouteille –, il suffit qu'il goûte de nouveau à ce doux breuvage pour retomber dedans comme Obélix dans la marmite.

Pour cela, j'ai un petit ingrédient spécial, sorti des recoins les plus sombres et les plus secrets de D & C. Il s'agit d'un remède miracle. Une petite poudre grise qui, une fois qu'elle est ingurgitée, rend la personne en face beaucoup plus docile. Dans le cas d'Étienne, il ne s'agira que d'accepter un verre de vin ou deux. Ensuite, les traumatismes liés à l'alcool, ainsi que les mauvais souvenirs qui vont avec, se chargeront du reste et en moins de temps qu'il n'en faut pour le dire, il sera retombé dans la dépression la plus puissante et la plus longue de son existence.

Mais il remontera la pente, si j'en reste là. Il s'en remettra grâce à sa famille, mais aussi à son groupe de parole, sur Paris. C'est la raison pour laquelle je dois les faire imploser. L'une comme l'autre.

Je suis prête à tout. Toutes les bassesses sont bonnes pour garder mon poste et même… évoluer ! Étienne ne pourrait pas comprendre cela. Il a renoncé à toute promotion professionnelle depuis longtemps. Mais pas moi. Je suis toujours aussi déterminée et ambitieuse.

– C'est vraiment agréable, d'être ici avec toi, commence-t-il en s'installant.

– Pour moi aussi.

– Ce que je veux dire, sourit Étienne, c'est que la symbolique est forte pour moi. Tu… tu ne comprends peut-être pas.

Il secoue la tête comme si, tout à coup, il se sentait idiot.

– Raconte.

Faut-il être fleur bleue pour voir la vie en rose ?

Pourquoi je demande ça, moi ?!

Je me fiche qu'il me parle de ses histoires larmoyantes à propos de sa vie minable. Je n'ai pas envie de les entendre. Il n'est qu'une cible, rien de plus. Je dois me reprendre.

– C'est ici que j'ai demandé ma femme en mariage. Oh, n'y vois pas de… de lien, hein. C'est simplement que c'est le meilleur restaurant de la ville et j'avais envie de t'offrir ce qu'il y a de mieux. Ta seule présence me rend déjà un fier service.

Gentil de sa part. Un peu bizarre, mais sympathique.

– Ce n'est pas grand-chose, tu sais.

Ce moment au restaurant n'est pas désagréable. D'abord, il y a bien sûr la vue. Ensuite, la discussion avec Étienne. Une forme de confiance s'est installée entre nous. Il le regrettera très bientôt.

Allez. Il est temps de passer à l'attaque. Je ne connais aucun chasseur qui s'apitoie sur sa cible, agonisant à ses pieds. Même si elle lui adresse de grands yeux larmoyants. C'est exactement ce que je reconnais chez Étienne, sauf qu'il ne sait pas que je suis un monstre de la pire espèce.

– Tu voudrais bien aller nous commander un apéritif, finalement ?

Simple, efficace. Les restaurants bondés n'ont pas toujours le temps de revenir vers leurs clients les plus impatients et c'est sur cette posture que je compte. Chacun des gestes d'Étienne, lorsqu'il se lève pour prendre la direction du comptoir, est comme une marche funèbre. Il ne sait pas que pour lui, c'est la fin. J'ai juste assez de temps pour glisser la toxine de chez D & C dans son verre de soft. Il ne s'en rendra pas compte, mais le sentira rapidement.

Ça y est.

Dans une belle histoire, je suppose que je me serais attendrie sur son sort et que je l'aurais pris en pitié. Mais je n'ai jamais été dans une belle histoire. Dans les miennes, il y a toujours des morts, des larmes et de la mélancolie.

Il s'installe de nouveau en face de moi, un grand sourire aux lèvres, et moi, j'attrape mon verre pour trinquer avec lui.

Tchin.

– Je suis vraiment content d'être là, avec toi. Je suis dans le Sud et pourtant… j'ai le sentiment que tout va bien, lorsque je suis à tes côtés. Comme si rien ne pouvait m'arriver. Je suis heureux de t'avoir rencontrée, Clarence.

Attends un peu que la toxine fasse effet, tu verras si tu es heureux.

Le repas se déroule normalement et je vois bien qu'Étienne n'est pas dans son assiette. Lorsque vient le moment de l'addition et qu'il la paye, il se lève aussitôt pour partir. Ça y est. Il commence à ressentir les effets et je sens qu'ils seront dévastateurs. Je n'ai pas monté ce plan pour qu'il s'arrête aussi net. La toxine est censée faire revenir le « vrai lui ». Celui qui est mélancolique, qui aime l'alcool, et qui se noie dans la dépression. Je m'apprête donc à rencontrer la vraie personne qui se cache derrière des sourires niais depuis des semaines.

– Allons plutôt marcher sur le sable, propose-t-il dans un élan de folie.

Marcher ? Je pense plutôt qu'il voulait dire : courir. À peine est-il sur la plage qu'il se met à courir dans tous les sens en hurlant à la lune comme un dingue et puis, tout à coup, il s'immobilise, à genoux.

– Qu'est-ce que tu as ?

Pour la première fois depuis longtemps, ce n'est pas un sourire qui orne son visage, mais une mine triste et dévastée. Là, on y vient. Je n'ai plus qu'à abattre la phase finale de mon plan : l'alcool. J'en ai emporté une flasque avec moi, dans mon sac à main, lorsque nous nous sommes rendus au restaurant.

J'avais prévu mon coup et l'épargner ne faisait pas partie des options.

Bon, il est presque minuit, alors pourvu que Berthier soit dans ses meilleures dispositions pour taper le rapport que je lui demanderai. Je ne veux pas attendre un instant de plus. Si Étienne retombe dans ses vieux travers, je veux que Marc soit au courant immédiatement. Dès le lendemain matin, à huit heures, je veux qu'un rapport – écrit par Berthier – soit sur son bureau pour lui chanter mes louanges.

– Rien, rétorque-t-il tristement. Je suis juste… je me sens mal, Clarence. Je mens depuis tellement longtemps.

– De quoi tu parles ?

Il relève la tête vers moi, puis me tend un coquillage que je glisse au fond de mon sac pour ne pas le vexer. Si ça ne tenait qu'à moi, je le balancerais à travers la plage pour ne plus jamais en entendre parler, mais dans l'état où Étienne se trouve, mieux vaut aller dans son sens pour doucement l'amener à replonger.

– C'est pour toi. Le coquillage de la confiance.

Ça ne veut rien dire.

Pas une once d'émotion ne me traverse.

– Je suis un menteur. Je ne vais pas bien et j'essaye de me convaincre du contraire. La vérité, c'est que jamais je ne pourrai me pardonner ce qu'il s'est passé. Et si on prenait un bain de minuit ?

Dans le genre « je passe du coq à l'âne », il se pose. Ce sont les effets de la toxine. Elle inhibe toutes les hormones du bonheur et déclenche un vague à l'âme pas possible. C'est dans ces moments précis que nous devons frapper. La fenêtre de tir n'est que de quelques heures. L'avantage, c'est que ce n'est pas une drogue qui laisse des séquelles. Tout ce dont se souviendra Étienne demain, c'est qu'il a complètement pété un plomb et la culpabilité le traversera de nouveau comme un poignard. Elle déchirera sa chair avec facilité et le renverra illico dans ses souvenirs les plus douloureux – et pour longtemps.

Je me sens bien bête de ne pas avoir utilisé ça dès le début. Mais, d'une part, les mecs de l'intendance sont un peu radins à son sujet, parce que la poudre est assez rare. D'autre part, je ne savais pas encore ce qui tourmentait Étienne et j'avais besoin d'en apprendre plus là-dessus. La toxine en elle-même ne se suffit pas. Encore faut-il savoir sur quoi appuyer ensuite pour faire revivre à la personne les pires moments de son existence.

– Tu parles de ta femme ?

Il ne me répond pas, se contentant de se jeter à l'eau. Et merde ! S'il se comporte comme un gros dingo et qu'il se noie, je suis dans la panade ! Je ferais mieux de le rejoindre – même si j'exècre cette idée.

Ah, bordel, elle n'est pas chaude. Et Étienne me fait de grands gestes pour que je l'accompagne. Il a déjà de l'eau jusqu'au bassin. Je n'aurais pas dû mettre cette foutue robe ! Je prends soin, également, de garder la flasque bien contre moi, cachée dans l'eau. Je ne veux pas qu'Étienne me voie approcher avec. Je veux lui en proposer naturellement, spontanément, comme deux amis qui s'amusent lors d'un bain de minuit.

– Attends-moi, Étienne ! Elle... elle est un peu froide, là !

– C'est dans la tête ! Vas-y d'un coup !

À ces mots, il plonge tout entier et disparaît dans les ténèbres marines. Non, non, non ! Pas ça. S'il décide de se foutre en l'air maintenant, non seulement il y a de nombreux témoins pour dire que j'étais avec lui, mais en plus, toute ma mission tombe à plat. S'il veut se tuer, c'est d'accord, mais après que j'ai rendu mon rapport à Marc.

– Étienne !

Le voir s'engouffrer ainsi dans les eaux noires me donne des sueurs glaciales.

Je hurle encore son nom, jusqu'à ce qu'il remonte. Il inspire un grand coup et moi aussi. J'ai eu tellement peur…

– Qu'est-ce qu'il se passe, Clarence ? demande-t-il en s'approchant de moi. Ma fausse petite amie s'inquiéterait-elle vraiment ?

Je ne sais pas quoi répondre. Les mots s'entortillent dans ma bouche, mais refusent de sortir dans un ordre cohérent. S'ils passent mes lèvres, je vais ressembler à maître Yoda parce que ma phrase sera en désordre.

Il plonge son regard dans le mien avec une intensité que je ne lui connaissais pas. Et c'est là, durant cette fraction de seconde d'infinie sincérité, que j'ai l'impression de rencontrer Étienne pour la première fois.

– Tu sais, parfois, je me dis que je vais me réveiller. Que tout ça n'est qu'un mauvais rêve.

Je ne sais pas s'il s'agit de larmes, ou d'eau salée, mais un torrent coule sur les joues d'Étienne. C'est probablement un peu des deux. Il est brisé, meurtri, saccagé au plus profond de son être. Tous les pores de son âme réclament la libération du tourment de son existence. Je sais reconnaître les gens malheureux et celui-là l'est bien plus que tous les autres. Il est comme un enfant, essayant de sourire au milieu des cendres encore chaudes de sa vie. Sa vie n'est plus qu'une terre brûlée. Infertile. Et c'est cela qui se dégage de ses yeux. Et c'est aussi pour cela que je suis la meilleure. Quand je passe, les sentiments ne repoussent plus.

Je dois lui porter le coup final, maintenant. Sous l'eau, à l'abri de son regard, j'astique la bouteille d'impatience. Ou de nervosité. Je ne sais pas. Notre seul témoin sera l'astre lunaire.

Personne d'autre ne nous regarde. Tout est désert, autour, et nous sommes comme deux fous, plongés dans l'eau.

Au moment où je vais sortir la flasque, Étienne reprend :

– Et l'instant d'après, je n'ai plus envie de m'éveiller. Parce que tu es là. Et je me rappelle que… si tout ceci est vraiment un rêve, alors, je ne voudrais pas en sortir. La vie est ainsi : on traverse des épreuves qui nous détruisent et nous rendent plus forts et… sur notre route, parfois, on a la chance de croiser des gens lumineux, comme toi. Tu sais, ce sont des personnes uniques. Elles dégagent quelque chose de vrai et lorsqu'on passe à côté d'elles, on a l'impression d'avoir frôlé un ange. C'est tout cela que je ressens lorsque je te vois, Clarence. Cela fait des semaines que je frôle un ange, mais parfois, j'ai envie de le prendre dans mes bras et de lui dire : « Merci. » Parce que tu es tout ce qu'il me reste au milieu d'un champ de ruines. Tu es arrivée au moment où j'en avais le plus besoin et si je suis encore là… c'est… c'est peut-être grâce à toi. Tu n'es pas parfaite, c'est sûr. Mais c'est ce qui te rend si incroyable. Dans un monde tellement lisse, tellement inintéressant, tu es le piment. Comme… une fausse note, au milieu du concert. Tout le monde te remarque et t'aime pour la sincérité de ce que tu dégages.

Mon cœur s'arrête, comme s'il avait décidé de suspendre son dernier battement. Comme le temps, autour. Je frissonne et commence à suffoquer. Silencieuse, je regarde Étienne me sourire et essuyer une larme qui perlait sur ma joue. Je ne m'en étais même pas rendu compte avant qu'il ne la retire.

Alors, c'est ça, le vrai lui ?

– Tout ce temps où je pensais m'être trouvé, j'ignorais qu'en vérité, j'étais encore perdu. Jusqu'à ce que tu me redonnes confiance. Mais… qu'est-ce que tu as, dans la main ?

Tout se passe en une fraction de seconde. Je n'ai pas le temps de réaliser et je ne pèse le pour et le contre qu'avec mon cœur, pas ma tête.

Je lâche la flasque, puis la pousse en arrière du plat de mon pied.

– Rien. Ce n'était rien, Étienne. Tu as dû rêver.

28.

Revenir à Paris après le sud de la France sonne étrangement comme une délivrance pour moi. Non pas que je sois particulièrement réfractaire aux queues de poisson intempestives sur les routes, ou encore aux gens en voiture qui s'arrêtent au milieu de la voie pour descendre chercher du pain à la boulangerie d'en face, mais... si, en fait. Les sudistes sont vraiment des imbéciles, quand ils s'y mettent ! C'est même dingue. J'ai rarement vu une population aussi peu accueillante. Ils ont des touristes et c'est grâce à cela qu'ils vivent, mais ils passent leur temps à pester contre. Je leur laisse bien volontiers leur soleil. Je le troque avec aisance contre la grisaille rassurante de la capitale.

Dans le train, nous n'avons presque pas parlé de ce qu'il s'est passé à la plage. Nous avons seulement... effleuré le sujet. Étienne s'est excusé pour son comportement et nous en sommes restés là.

Quelle idiote j'ai été ! J'ai eu de la pitié...

Et je n'aurais pas dû ! Tout cela renforce encore la difficulté de ma mission qui est pourtant la suivante : le conduire à sa perte. Je ne peux pas me permettre ce genre d'excentricités. La bonté ne me réussit pas. C'est même l'inverse.

Tout le trajet a été entrecoupé de nos silences gênants. Lui me racontait sa vie – bien plate, au demeurant – dans le sud de la France et moi, j'opinais du chef en faisant mine de l'écouter alors qu'au fond, je n'avais qu'une pensée en tête : *Comment ai-je pu être aussi stupide ?!* De toute ma vie, jamais je n'ai flanché. Jamais je n'ai cédé la part belle à mes émotions. Je me suis toujours montrée dure comme du marbre et cette fois, j'ai défailli. J'ai honte. J'aurais dû achever Étienne. J'avais le couperet. Il était prêt à s'abattre sur lui, mais j'ai refusé.

Si Marc m'avait vue…

Qu'est-ce que j'ai été minable ! Mais bon, j'imagine que les occasions de se rattraper ne manqueront pas. Toujours est-il que je garde un agréable souvenir de ce petit périple dans le Sud. Certes, sur bien des points, il m'a semblé que les sudistes avaient un sacré grain, mais c'était amusant. Et puis, qui n'adore pas voir passer des touristes allemands, chaussettes dans les sandales, en train de ruisseler de sueur, la peau rouge comme le drap d'un toréador ?

Pour ceux-là, Biafine en perfusion !

Paris, gare de Lyon.

Ligne 14.

Ligne 13.

Place de Clichy.

Les mêmes images tournent encore et encore dans ma tête. Moi, dans l'eau avec Étienne. L'occasion de l'achever qui se termine en échec. Et quel échec !

Et pourquoi est-ce que je ne peux pas m'empêcher de sourire ? Je dois avoir l'air d'une idiote. J'essaye de contrôler chacune de mes émotions, chaque parcelle de moi se doit d'être maîtrisée à la perfection et lorsque je suis en sa compagnie, je perds les pédales et les manettes m'échappent.

Je dois couper court à tout cela. Maintenant. Je dois cesser de me noyer dans ces yeux de saint-bernard perdu dans une piscine municipale.

– On se revoit ?

Trois mots qui sonnent comme une évidence après le séjour que nous venons de passer. Bien sûr que j'ai apprécié. Bien sûr que j'ai eu les larmes aux yeux lorsqu'Anne-Marie m'a prise dans ses bras, au moment de ce qui ressemblait à des adieux déchirants. Elle a posé ses paumes contre mes joues et m'a murmuré ces quelques mots qui resteront gravés en moi à tout jamais : « Tu es de la famille, maintenant. » J'y ai été acceptée si vite ! C'était… si simple. Une famille. Ah. Ça sonne bien…

Mais je suis une carriériste opiniâtre, sans attaches, désormais célibataire endurcie. Il n'y a pas de place pour ça, dans ma vie. D'autant plus qu'Étienne est ma cible.

– Oui.

Qu'est-ce que je viens de dire, là ?! Est-ce que j'ai pété un plomb, moi ?

Le mot est sorti de lui-même, comme s'il avait toujours cherché la porte d'accès.

Et devant le sourire désarmant d'Étienne, je n'ai pas la force de revenir en arrière. Mais qu'est-ce qui m'arrive ? Je vais me cogner la tête contre un poteau et ça ira mieux ensuite. Il a formulé cette demande à la sortie de la bouche de métro. C'est pourtant l'endroit le moins romantique du monde et j'avais quand même l'impression que des pétales de roses tombaient des arbres, comme dans un film coréen à la noix.

– Tu veux manger chez moi ?

Il est vingt heures passées, je n'ai pas de nouvelles de Clara, j'ignore même si elle est à la maison ce soir et je n'ai franchement pas envie de cuisiner, alors… j'accepte. Une fois de plus.

Foutue pour foutue.

La route qui me sépare de l'appartement d'Étienne me paraît instantanée. Comme si j'avais été téléportée par la transe de l'instant. Ce n'est pas possible, je dois rêver.

J'ai l'impression d'être dans une narration à la troisième personne et de voir le personnage agir à ma place. C'est comme ça à chaque fois que je m'emballe. Que je ressens des émotions fortes. Ce n'était pas arrivé depuis tellement longtemps.

Clarence pousse la lourde porte cochère qui mène jusqu'à la cour, puis emprunte l'ascenseur en compagnie d'Étienne, le cœur battant. Elle n'a plus toute sa tête. Ses jambes sont flageolantes, elle manque de défaillir à chaque instant, mais elle tient bon. Elle a le sentiment de ne plus rien contrôler dans sa vie, comme si l'homme face à elle, ce simple fleuriste au bon cœur qui se recoiffe dans le miroir de la cabine, avait chamboulé toute son existence. Pourtant, ce n'était rien de plus qu'une mission comme une autre. Elle ne devait pas dérailler comme ça. Ce n'était pas dans les plans, mais tout de suite, les plans, elle n'en a plus rien à foutre, Clarence. Ce qu'elle veut, elle, c'est savoir où cette relation aussi étrange que naturelle peut bien la mener. Dans les décombres mornes de sa vie, elle retrouve en la personne d'Étienne ce pansement dont elle a besoin pour guérir.

Et enfin vient l'extase : elle découvre – non sans une pointe d'angoisse – l'endroit dans lequel vit celui pour qui la jeune femme commence à avoir le béguin. Mais un béguin comme ça, ça ne peut pas durer. Ce n'est pas possible. Parce que leur amour serait encore plus compliqué que celui de Roméo et Juliette. Ils sont ennemis mortels… Ce qu'il y a, c'est qu'Étienne ne le sait pas encore. Mais il finira bien par découvrir qui elle est vraiment et jamais il ne l'acceptera. Et puis, pourquoi est-ce qu'elle pense à ça, tout à coup ? Pourquoi commence-t-elle à se demander ce que serait sa vie, avec lui ?

Ce n'est pas une possibilité. Pas une porte ouverte. Pas même un peu. Elle sait qu'elle est en train de commettre le pire, mais cela ne l'empêche pas de mettre un pied devant l'autre pour avancer.

Voilà un peu comment je me sens.

Et Étienne, sourire aux lèvres, me présente cet appartement parisien typique du quartier de Montmartre. Il n'a rien de spécial, sinon que c'est le sien.

Message sur mon téléphone. Il s'agit de Berthier qui commence à se demander ce que je fabrique avec la cible. Je verrai ça demain. Pour l'heure, je me demande encore ce que je fiche ici et c'est insupportable. Je me reconnais à peine, avec mon verre de soft à la main. Je n'ai même pas vu qu'Étienne me l'avait servi.

Pour Clarence, les choses s'emballent – comme son petit cœur meurtri. D'abord, ils s'installent sur le canapé, puis ils discutent de tout et de rien. C'est ce que font les gens, après tout, non ? Ils se sourient, se disent des banalités parce que ça tue le temps et tuer le temps, c'est tout ce qu'il nous reste avant de mourir. La vie, ce n'est qu'une ligne droite. C'est juste que nous la passons, dans son intégralité, à chercher comment remplir le vide laissé par ces questions existentielles : pourquoi ? Pourquoi sommes-nous en vie ? Pourquoi travaillons-nous ? Comment en sommes-nous arrivés là ? Une question qui obsède la jeune femme, en ce moment : qu'est-ce qu'elle fabrique ici ? Elle devrait être chez elle, en train d'établir un plan d'attaque clair avec Berthier pour achever cet animal blessé, mais au lieu de ça, elle est au plus près de lui. Proche de sa victime, comme une cambrioleuse – ou une banquière, ce qui revient plus ou moins au même.

Une question entraînant une autre, les sujets s'enchaînent et la soirée s'allonge. Et soudain, Clarence se rend à l'évidence.

Cela fait « tilt », comme une petite ampoule qui s'allumerait au-dessus de sa tête : elle est à un carrefour et il est maintenant temps de choisir. Elle ne pourra pas continuer davantage ce petit manège avec Étienne. C'est une situation insoluble. Tout ce bonheur, tout ce qu'elle ressent, pour une fois dans sa vie, n'est qu'éphémère et elle le sait. Elle a mal de devoir le laisser partir de la sorte. Parce qu'il est pur. Sincère. Comme *lui*. L'espace d'un instant, elle en vient même à oublier Laurent et à se dire que… oui, peut-être. Dans un autre monde, peut-être. Dans un autre univers, une autre galaxie, il y a quelque chose à tenter.

Mais dans celle-ci, elle est Clarence, la cadre dynamique de D & C, et il est Étienne, sa cible. Alors pourquoi sent-elle la chaleur du désir brûler le bout de ses doigts et assécher sa bouche ? Pourquoi, après trois verres de soft et un repas qu'ils ont cuisiné ensemble, se dirigent-ils dans la chambre comme un vrai couple ?

Tout cela n'a aucun sens. Aucun. Et pourtant…

29.

J'ai merdé. J'ai merdé grave, comme jamais je n'ai merdé auparavant. C'est à un tel point que je ne sais même pas comment laver la honte qui me traverse à cet instant. Je me suis réveillée dans les bras d'Étienne et j'ai aimé ça. Putain, comme je me sens mal. J'ai peur comme une femme seule dans les toilettes d'une station-service sur une aire d'autoroute. Je rentre chez moi à pas pressés et mon cœur continue de palpiter à toute allure.

Tout ça, c'est de ta faute, le cœur, alors : la ferme !

Comment je vais me sortir de cette situation, moi, hein ? Étienne est la cible de ma mission, pas mon petit ami. D'ailleurs, je n'ai pas de petit ami. Je n'ai eu que Laurent. Pour la première fois, hier soir, j'ai expérimenté la sensualité d'un autre homme et bon sang, ce que j'ai aimé ça ! Ce n'était pas tant le sexe, mais tout ce qui tournait autour. Étienne était plutôt ce qu'on appelle communément un « bon coup », mais ce n'est pas ça le problème. Ce que j'ai apprécié, ce sont nos échanges profonds et sincères à propos de toutes ces banalités que nous nous sommes balancées à la figure. C'était comme essayer de combler le silence, dans un premier temps. Et puis, c'est devenu passionnant et il y a eu l'aspect de la séduction qui est arrivé sur la table. Je ne l'avais pas vu venir. Je n'imaginais pas un seul instant que je pourrais me sentir attirée par… lui. Mais qu'est-ce qui me plaît chez cet homme ? Il est comme une main, une caresse divine traversant les nuages cotonneux du ciel pour apporter sa lumière bienveillante. Ce que j'aime, c'est la façon dont il me regarde, la manière qu'il a de ne pas me considérer comme un monstre et d'accepter tout ce que je suis sans condition.

Je claque la porte de mon appartement en ahanant. Vite, un café. L'affection, ce n'est pas pour moi. Ça conduit toujours à la déception. Je le sais. Et si l'amour ressemble à ce que mes parents m'ont donné, alors, j'aime autant m'en passer.

Tu n'es qu'une fausse note, une fausse note…

Ce monde est absurde. La tête entre les mains, je me penche sur la table du salon, à regarder mon café fumer dans sa tasse.

Absurde. Illogique. Stupide.

– 'Lut. Bien dormi ?

– Pas le moment, rétorqué-je.

Clara lève les yeux, l'air de me rabrouer, puis s'installe en face de moi.

– Qu'est-ce qu'il se passe ?

– J'ai fait une connerie. Une grosse connerie.

Et honnêtement, c'est peu de le dire.

Lorsqu'elle se place comme ça en face de moi, ça ne veut dire qu'une chose : « Allez, raconte, que je critique ! » Alors, puisque je connais très bien la manœuvre et que j'ai de toute façon besoin de parler pour vider mon sac, je lui détaille tout sans rien omettre. À mesure que je parle, elle fait de petits ronds de bouche qui signifient, dans le langage de Clara : « Ben là, ma vieille, t'as sacrément merdé, ouais ! »

Au moment où je termine mon histoire, elle secoue la main comme si elle venait de toucher un plat brûlant, puis grimace.

– Mais qu'est-ce qui t'a pris, bordel ?

– Je ne sais pas ! Je me suis comportée comme une vraie malade mentale et j'ai agi sans réfléchir. Je me suis laissée porter par mes émotions. Ce que je ne fais jamais d'habitude.

Depuis son bord de la table, Clara me pose une main sur l'épaule et me regarde avec bienveillance.

– Ce n'est pas grave. Tu ne le reverras plus et tout sera arrangé. De toute manière, tu es censée lui régler son compte, donc ça ne devrait pas être trop difficile.

C'est là le fond du problème. En serai-je capable ? Mmh. Il me reste du temps, donc la réponse est oui, mais pour cela, je dois d'abord me détacher d'Étienne. Je dois complètement oublier l'effet qu'il produit sur moi et me débarrasser de tous ces souvenirs qui polluent ma mémoire. Le problème, c'est qu'il m'a gravée de manière indélébile : nous avons couché ensemble et aucun homme ne m'avait jamais touchée, à part Laurent. C'était pour moi une nouveauté. J'ai expérimenté le fait de partager le lit d'un autre humain et ça a été la naissance d'une envie de sensualité redécouverte pour moi. J'ai l'impression que j'ignorais absolument tout de l'amour et du sexe et que je me suis ouverte à toutes les possibilités du monde par le biais de ce fleuriste. Comme s'il avait déverrouillé la porte que je pensais barricadée pour toujours. Ce n'est pas comme ça que j'imaginais les choses.

De là à dire que j'étais une porte fermée et que son manche en était la clé… il n'y a qu'un pas. Je ne peux pas décemment me résoudre à cette idée saugrenue. Dès demain, j'irai au travail pour rendre mon rapport à Marc et je lui mentirai si c'est nécessaire.

En attendant, cette discussion avec Clara ne me remonte pas du tout le moral parce qu'elle soulève un point important : ne jamais revoir Étienne. C'est ce qu'elle m'a conseillé et pourtant, ce n'est pas ce que je souhaite, tout au fond de moi. Bien sûr que j'aimerais qu'on passe de nouveau du temps ensemble, mais ce ne serait pas raisonnable et je crois que je n'aurais pas été capable de le formuler de la sorte. Mais le fait que Clara mette des mots sur cette réalité est une douleur atroce à vivre.

Le lendemain, au bureau, je ne suis pas en forme. C'est comme si mes jambes étaient tout à coup faites de plomb. Pourtant, nous avons eu une bonne discussion, avec Clara, au sujet d'Étienne et de la façon dont tout ceci allait finir. Et elle m'a lancé cette phrase : « Boah, s'il t'a débloquée pour le cul, c'est déjà ça de pris, non ? »

Une remarque qu'aurait certainement pu sortir Jean-Marie Bigard sans même avoir besoin de toucher à un verre de vin. Mais sur le fond, elle n'a pas complètement tort. Maintenant, je n'ai plus qu'à faire mon rapport à Marc.

Je frappe trois fois à la porte de mon manager, puis entre dans son bureau sans attendre sa réponse. Je le retrouve, évidemment, en pleine séance d'étirements.

– Ah, salut, Clarence. Ça va ? Excuse-moi pour la position, mais j'étais au Touquet le week-end dernier et on a fait de l'équitation sur la plage. C'était génial.

Je m'en fous.

– Et toi, quoi de neuf ? Ça avance, avec l'autre crétin ? Berthier m'a dit que c'était en bonne voie.

L'évocation d'Étienne me donne quelques frissons et un pincement au cœur.

– On peut dire que c'est bon. Étienne va replonger. Je m'en suis assurée.

– Génial ! Ah, ça, c'est une bonne nouvelle, grimace-t-il en allongeant sa jambe. J'étais sûr que je pouvais compter sur toi. On est des *killers*, ici ! Des *killers* !

Ce n'est pas loin d'être vrai.

Le temps que Marc se gargarise du succès de cette mission, je passe quelques instants à contempler ce bureau, qui sera bientôt le mien. *Dans ton cul, Nicole. Tu peux aller te recoucher, toi et ta sale face de blonde peroxydée. Clarence est dans la place !*

SMS.

C'était vraiment très sympa, l'autre soir. J'aimerais vraiment qu'on se voie de nouveau. Je pense que j'ai plus besoin de toi que je ne veux bien l'admettre...

Étienne. OK, je dois avoir l'air naturelle. Ne pas jouer celle dont le cœur bondit dans sa poitrine.

Et bien sûr, Marc me demande les détails de ma mission. Il veut savoir comment je me suis débrouillée pour qu'Étienne replonge dans ses vieux travers et finisse dans la dépression la plus profonde. Bon, pour le moment, ce n'est pas encore le cas, mais vu la façon dont se déroulent les choses, je dirais qu'il n'en a plus pour très longtemps et que dans quelques semaines, sa *positive-attitude* ne sera plus que de l'histoire ancienne.

Au mieux pour lui, il sera mort la corde au cou d'ici peu. Au pire – si vraiment il est au fond du trou – il postera des vidéos de motivation et de confiance en soi sur Instagram. Ça, c'est bien pire que de mourir.

On les connaît tous, ces coachs en mousse qui pullulent sur les réseaux sociaux, qui nous disent d'être motivés et de sourire, puis qui pleurent seuls dans leurs lits comme des minables. *On vous voit, les mecs.*

– Bon, hé, Clarence… Ça reste entre nous, OK ? Mais… il va peut-être y avoir un peu de changement dans la boîte. Tu vois ce que je veux dire, hein ?

Il agrémente sa tirade d'un sourire significatif et je hoche la tête.

– Tu pourrais bien être ma remplaçante et prendre la direction du service. Tu imagines ?

Oui, très bien. J'imagine parfaitement comme cet endroit sera magnifique sans ton atroce gueule de con dans les couloirs.

– J'en serais très honorée.

– Ah, allez, pas de chichis entre nous, d'accord ? Je sais que tu es une fonceuse, c'est pour ça que je vais me permettre d'être un tout petit peu tatillon avec toi. Je te fais entièrement confiance, tu vois ? Pas de problème. C'est juste que… bah, tu sais, les gars d'en haut (il pointe le plafond avec son index en grimaçant), ils ont besoin de preuves. Donc, nous avons besoin de vérifier qu'Étienne est bien au fond du trou, si tu vois ce que je veux dire.

Bordel, ce qu'ils me gonflent. J'en ai connu, pourtant, des moments atroces, dans cette boîte. Mais il n'y a rien de pire que la phase de vérification. Parce qu'ils sont tellement pointus…

Je me suis déjà tapé des missions de terrain qui duraient des plombes, écumé des salons comme VivaTech où on a l'impression d'être dans une sorte de LinkedIn géant, mais dans la vraie vie, en essayant de ne pas se coller aux connards en costard bon marché qui pensent qu'ils vont faire fortune en grattant de l'attention aux riches du coin.

C'est pathétique.

Mais rien de pire que la phase de vérification. Parce que dans ces moments-là, il n'y a rien que je puisse faire, sinon attendre. Et je dois donner un rapport de fin de mission à Marc, qui lui-même le transfère au service des vérifications, et si tout ne concorde pas parfaitement, je me fais allumer – en gros. Donc, je dois être précise dans ce que j'avance. Les approximations ne sont pas permises, ici. C'est un travail très pointilleux. Presque... de l'orfèvrerie. Si je dis qu'Étienne est dans un état dépressif à 7/10, alors, les mecs de la vérif doivent définir la même échelle. Si c'est 6, ou 6,5, ça me retombe sur le coin de la gueule – et autant le dire tout de suite, ils ne rigolent pas avec la précision. Eux, ce sont des matheux. Des purs, des durs. Des fanas de statistiques, le genre qui se branlent sur des calculettes Casio en récitant le théorème de Pythagore.

– Ça va, je t'envoie mon rapport fin de semaine sur ton bureau.

– Excellent. J'aime cet esprit ! Tu as déjà procédé à l'évaluation ?

– Oui, bien sûr. Tu me prends pour qui ?

30.

Deux histoires, deux chemins différents. Un carrefour, en somme. Prenons… Antoine et Laura, pour une expérience. Ils ne sont pas réels. Ils illustrent juste ce qui nous caractérise le mieux. Antoine et Laura, donc, s'aiment très fort. Ils sont en couple depuis plus de dix ans et bon sang, ce qu'ils s'adorent ! Mais… dans la vie, tout ne peut pas être tout blanc ou tout noir. Le plus souvent, c'est comme la Pologne ou un livre de cul : des nuances de gris. Et un beau jour, ils se disputent. Très fort. Au point que les choses semblent… irréparables. Mais c'est un véritable supplice. Pour l'un, comme pour l'autre. Parce que, rappelons-nous bien : ils s'aiment très fort, Antoine et Laura. Mais là, ils viennent de se crier dessus et de se balancer des vacheries à la figure. Ils se sont dit des mots qui laissent des traces. Des plaies qui ne se referment qu'avec de belles paroles d'amour, ou qui restent ouvertes à tout jamais.

Antoine et Laura partent chacun de leur côté, dans la rue. Ils se tournent le dos. C'est là que nous arrivons au point culminant de notre expérience. Deux histoires. Deux chemins différents. Que veulent-ils vraiment ? Se débarrasser l'un de l'autre ? Non, sûrement pas : parce qu'ils s'aiment. Alors, de quoi est-il question, au fond ? D'ego. Uniquement d'ego. Si Antoine, tout à coup, s'était décidé à rattraper Laura pour s'excuser auprès d'elle, lui assurer avec des mots d'amour que ses paroles ont dépassé sa pensée... ils se prendraient probablement dans les bras et se pardonneraient l'un à l'autre. Qu'est-ce que cela coûte, au fond ? Rien. Zéro. *Nada.* Que dalle. Juste... de mettre de côté son ego.

Dans un autre chemin, Antoine et Laura partent chacun de leur côté et plus rien ne se passe. Ils se séparent et jettent à la poubelle dix ans d'histoire. Ils ne sont plus là l'un pour l'autre, mais, qu'ils se rassurent, car seuls dans leurs lits respectifs, ils pourront câliner leur fierté. Parce que c'est à peu près tout ce qu'il leur restera. C'est aussi simple que cela. Tout le reste, toutes les raisons du monde, toutes les explications : « Oui, mais c'est plus compliqué que ça, parce qu'elle a fait ça, elle a dit ça, etc. » Ce ne sont que des excuses. Rien d'autre. Si on veut vraiment garder une personne, eh bien, on la garde : c'est aussi simple que cela.

À l'instar de ces deux crétins de Laura et Antoine – qui, eux, sont fictifs –, je me retrouve à la croisée des chemins. Un moment charnière de mon existence. À l'époque, j'ai choisi la mauvaise route. J'ai laissé Laurent partir en l'accablant de reproches. J'ai dit des mots tellement durs qu'ils m'ont blessée plus que lui, parce que cela m'a coûté de les lui envoyer. J'ai eu ce sentiment tellement atroce que ma haine me revenait en pleine figure comme un boomerang. Que ma rage mûre n'était là que pour nourrir son départ. Comme si mon cœur m'avait poussée à lui dire toutes ces ignominies pour ne pas qu'il me manque un jour. Ainsi est parti Laurent, et j'ai fait le choix de ne pas ouvrir la porte de notre appartement, de ne pas dévaler les escaliers, de ne pas lui courir après dans la rue et de ne pas le prendre dans mes bras pour reconstruire tout ce qui pouvait l'être.

Ce jour-là, ce n'est pas seulement lui que j'ai perdu. C'est la moitié de moi.

Mais revenons à ce rapport.

J'ai menti. Je n'ai pas du tout procédé à cette foutue évaluation, parce que je n'étais pas encore en mesure de le faire. Maintenant, je suis obligée de me souvenir, de tête, de tout ce qu'il s'est passé avec Étienne et de lui attribuer une note qui tombera juste avec celle des mecs de la vérification. C'est ma promotion qui est en jeu, donc il s'agirait de ne pas se planter.

Ça, c'est ce que j'appelle du télétravail. En plus, j'ai tout l'espace de chez moi. Je peux me mettre où je veux ! Clara est partie en vacances – mais elle ne m'a pas dit pour combien de temps. Et les jours passent au rythme lent de mes doigts qui glissent sur le clavier de mon ordinateur. Ce maudit rapport prendra du temps, mais Marc l'aura, comme prévu, à la fin de la semaine.

Entre-temps, j'ai répondu à Étienne. Je lui ai dit que je serais ravie de le revoir et depuis, j'attends. Je souhaite qu'il fixe la date et l'heure. C'est ce que j'appelle « un dernier pour la route ». Je sais que tout cela est fondamentalement impossible – et c'est douloureux –, aussi, pour faire passer la pilule, j'ai décidé de profiter de lui une dernière fois. Une toute dernière soirée passée en sa compagnie.

Parce que depuis quelques jours, je n'ai plus le moindre message. Le moindre appel. D'habitude, il envoie toujours un petit quelque chose. Même si c'est trois fois rien. C'est un simple mot pour me dire « bonne journée », ou « je t'envoie des fleurs pour que cette journée soit merveilleuse », accompagné d'une photo de ses foutus bouquets.

Mais depuis plusieurs jours, voilà : silence radio. Comme si rien n'avait jamais existé. Pourtant, ce n'est pas son genre du tout.

Et soudain, à la moitié du rapport, des tas de plans convergent dans ma tête : Clara n'est pas là, j'ai encore un peu de temps... et si je l'invitais carrément chez moi ? Peut-être que cela débloquerait encore plus la situation dans laquelle je me trouve ? Tout est possible, non ? On pourrait simplement se retrouver et...

Non, je suis dingue.

Je suis censée le détruire et j'ai presque réussi ma mission.

Mais il me manque...

Et puis, les perspectives s'annoncent : Étienne ou la super promotion ? Ce sont exactement les deux chemins. Ceux de Laura et Antoine. Deux possibilités, mais une seule vie, avec le droit de n'expérimenter qu'une option.

Mais qui suis-je ? Et je me demande bien pourquoi Clara n'est pas là pour me conseiller, pour une fois. Bah ! Elle me dirait de foncer, je crois. Elle serait d'accord pour la der des ders.

Je m'apprête à valider le plan lorsqu'on frappe à ma porte, et je souris. Je crois que les grands esprits se rencontrent, en fin de compte.

J'ai déjà en tête ce que je vais lui dire, lorsque j'ouvre.

Merde...

Mon sang ne fait qu'un tour, puis se glace.

Un fantôme du passé.

31.

Brutalement, je suis transposée dans un autre univers. Un monde duquel je n'ai jamais réussi à faire le deuil. Aussitôt que je la vois, mes souvenirs sont en feu et le train de ma vie fonce de nouveau, à toute vitesse, en direction de Laurent. Pourquoi est-elle là ? Elle n'a pas le droit. C'est aussi saugrenu que si Émile Louis décidait de passer le BAFA.

Je ne parviens pas à cacher ma surprise, mais je feins d'être solide.

– Marie ? Mais qu'est-ce que tu fais là ?

– Je peux entrer ?

Elle a l'air fatiguée. Ses traits sont tirés au maximum. La sœur de Laurent. Je ne l'avais pas vue depuis une éternité. Nous ne nous sommes jamais très bien entendues, toutes les deux. J'ai bien compris qu'elle me trouvait bizarre et inappropriée. Là où Laurent me trouvait le charme d'une fausse note, elle me trouvait la marginalité d'un cube qu'on essaye de faire entrer dans un moule circulaire. Et ça ne lui plaisait pas. Pas du tout, même. Elle n'hésitait pas à être cinglante avec moi et je le lui rendais bien. Une guerre éternelle s'était déclarée entre nous : j'étais la zarbi qui lui avait piqué son grand frère adoré. Elle ne l'acceptait pas.

Mais aujourd'hui, tout a l'air différent. Comme si l'animosité de d'habitude avait disparu, pour laisser place à une forme de désespoir qu'elle tente de dissimuler sous du fard à paupières clinquant.

– Non. Qu'est-ce que tu veux ?

– J'en étais sûre, ricane-t-elle jaune. Tu ne pourrais pas prendre sur toi et rendre les choses faciles, pour une fois ? Il faut toujours que tu sois chiante.

Ça, c'est la meilleure. Je secoue la tête, sans même prendre la peine de lui répondre. Quand on a toujours été marginalisée, que la vie a été une chienne impitoyable en toutes circonstances, a-t-on vraiment envie de faire des concessions ? Non. Parce qu'un beau jour, on se réveille et on se dit que si on continue comme ça, on crève. Un point, c'est tout. Il n'y a rien d'autre à ajouter.

– Bon, de toute façon, tu n'as pas le choix, rétorque-t-elle d'un ton sec. Laurent veut récupérer son sweat.

Je ne suis pas sûre de bien comprendre, là ?…

– Attends, il a carrément demandé à sa sœur de venir ici pour le récupérer ?! C'est une blague ? Il ne pouvait pas se déplacer en personne pour reprendre son précieux vêtement ?!

Je n'avais pas connu ça depuis très longtemps : la colère à cette intensité. Le mot, le déclic qui provoque tout à coup un voile rouge devant les yeux et amène la réflexion à son niveau le plus bas. J'ai envie de l'insulter dans toutes les langues connues, de déchirer le sweat de Laurent et d'en faire des confettis que j'irai vomir sur sa tombe, d'éclater contre les murs tous les cadres photos qu'il reste de nous pour lui tailler les veines avec les bris de verre. C'est tout ce que m'inspire l'arrivée de Marie.

– Mais entre, je t'en prie, lancé-je en haussant le ton. Entre, entre. Je vais te le donner, son putain de sweat de merde ! Puisque c'est ça.

Ma colère ne trouve aucun écho chez elle. Marie se contente de rester passive. Elle attend que la foudre passe alors que dans l'immédiat, j'ai envie de tout casser. C'est peut-être ça, le pire : elle ne nourrit plus ma rage. Elle la regarde avec pitié, comme si j'étais une cinglée de la pire espèce et que ma place était en hôpital psychiatrique.

– Il veut son sweat, ce connard ?! Bien, il va l'avoir !

– Clarence, ne sois pas excessive, j'ai l'impression que tu t'emportes… Ne rends pas les choses plus difficiles.

– Alors, dis-moi, Marie : il est mieux, sans moi ? Dis-moi, Marie : il en baise une autre ? Vas-y, dis-moi tout ! aboyé-je en attrapant des ciseaux. Et même comme ça, il avait besoin de me reprendre tout ce qu'il me restait de lui. Ça ne lui suffisait pas ? Il lui fallait tout, hein, c'est ça ? Qu'est-ce qu'il se passe ? C'est la nouvelle qui ne supporte pas que son ex-femme tarée ait gardé un pull à la con ?! Dis-moi, Marie, vas-y !

Plus je hurle, plus elle est affligée et plus la pitié dans son regard s'intensifie. Je veux qu'elle soit en rage contre moi, elle aussi. Ma colère ne saurait rester sourde plus longtemps.

Je me rends dans ma chambre, seulement accompagnée par son silence pesant. Elle ne dit rien ? Parfait. Comme dit le proverbe, cela signifie qu'elle consent. Qu'elle acquiesce pleinement. J'ai donc tapé dans le mille. Laurent n'est qu'un enfoiré de première qui mérite de crever.

Je pose la main sur le sweat, puis regarde Marie dans les yeux avant de le transpercer avec les ciseaux. Les bras ballants, elle contemple la scène avec détachement et les lettres gravées sur le vêtement se déchirent au rythme saccadé de mes coups de sang. Bientôt, il n'en reste plus que des lambeaux que je piétine avec véhémence.

– C'est ça qu'il voulait ? Tu crois qu'il sera content, maintenant ? Oh, mais attends, ce n'est pas tout ! Il veut que j'oublie tout ce qui vient de lui ? Dans ce cas, regarde, tu peux aussi emporter ça, connasse !

J'empoigne tout ce qu'il reste de cadres et de photos pour les jeter contre les murs. J'entends le verre exploser dans tous les sens, comme une symphonie libératrice et délicieuse.

Adieu, vacances en Grèce. Adieu, séjour à Rome ! *Sayonara*, le Japon ! Que meurent les souvenirs comme les photos qui jaunissent. Que sèche le lac Léman puisqu'il m'a vue sourire, que le mont Saint-Michel s'enfonce dans le sable à tout jamais de nous avoir regardés nous embrasser comme des amoureux transis et que brûle Paris d'avoir été témoin de notre union. Si le diable en personne souhaitait emporter tout ce qu'il reste de nous, alors, je l'aiderais volontiers à empaqueter les cartons.

Et Marie, impuissante, assiste au massacre, que je poursuis sans l'édulcorer un seul instant. C'est maintenant au tour du ukulélé de subir mon courroux. Il adorait en jouer et moi aussi. Mais depuis qu'il est parti, l'instrument prend la poussière comme si plus aucune note ne pouvait en jaillir. Plus aucune note juste, en tout cas.

Je l'empoigne à pleines mains et le brise contre la table.

– Tu peux aussi lui rendre ça, hurlé-je. Tu crois qu'il sera satisfait ? Tu crois que la nouvelle aura ce qu'elle voulait ?!

Puisque je lui ai rendu son cœur, j'aimerais aussi qu'il me rende le mien. Mais ça, il l'a gardé. Bien précieusement. Après l'avoir poignardé de part en part.

– Alors qu'est-ce qu'il lui faut de plus ? Il veut aussi la vaisselle ? Je peux m'en charger !

– Ça suffit !

Ah, enfin, un peu de colère. Un peu d'animosité, d'action. On dirait que Marie se rebelle et ça fait – presque – peur. Mais elle n'est toujours pas à la hauteur. Elle n'a pas idée de la rage qui m'anime. Elle est si brûlante que n'importe quel pot en fonte serait transpercé par ce magma coulant.

– Quoi ? Qu'est-ce qui ne va pas ?

– Toi ! Laurent a été correct. Je te rappelle qu'il t'a tout laissé. Tout. Il est parti sans jamais rien demander. Pas même la maison. Tu as eu un divorce plus qu'avantageux, tu te souviens ?

– Je m'en tape, Marie ! Tout ce que je voulais, c'était lui, pas le reste. Tu peux le comprendre ça ?! Si tu veux que je crame la baraque sous tes yeux, je peux aussi le faire. Les allumettes sont dans la cuisine et crois-moi, je n'hésiterai pas à m'en servir.

C'est quand même dingue ! Elle ira raconter à tout le monde que c'est moi la folle de service, alors que Laurent ose me harceler depuis des semaines pour des affaires à la con. Comme s'il n'y avait rien de plus important, dans la vie, que son maudit sweat.

– Il sait à quel point je me suis sentie comme une merde ? Prise en otage ? Je l'aimais si profondément, Marie. Il était tout pour moi, et il a décidé de me jeter comme un mouchoir sale. Mais tu sais quoi ? Tu lui diras d'aller se faire foutre parce que moi aussi, désormais, j'ai quelqu'un.

C'est sorti tout seul.

Laurent me fait mal, alors j'ai besoin de lui rendre la pareille. Je veux que, si au fond de son cœur, il lui reste un peu d'amour pour moi, il en souffre également. Je veux qu'il goûte à cette douleur tellement, tellement aiguë. Je veux qu'il me maudisse, qu'il cauchemarde la nuit de ce qu'il m'a infligé. Je veux que toutes les larmes de son corps soient comme des fontaines dirigées vers moi parce que plus jamais, je ne lui appartiendrai. Et ça fait mal.

Marie reprend son calme, puis me regarde droit dans les yeux.

– Je le lui dirai.

Vraiment ?!

– C'est ça ! Raconte-lui bien tout ce qu'il s'est passé et dis-lui bien que je suis avec un homme qui s'appelle Étienne, qui est fleuriste et qui est bien mieux que lui. Qu'il ne lui arrivera jamais à la cheville ! Dis-lui bien que ce n'est qu'un minable et qu'il a failli me détruire. Oui, mais je dis bien « failli ». Comme toujours dans ma vie, Marie, j'ai posé un genou à terre, mais jamais les deux.

Enfin, elle quitte mon appartement. Une fois que j'entends la porte de l'immeuble claquer, je peux enfin fondre en larmes au milieu de mon triste empire. Assise en tailleur, larmoyante, au milieu des cendres de mon ancienne vie, je contemple avec une infinie lourdeur dans le cœur les bris de verre, les cordes du ukulélé dispersées, et les lambeaux du sweat de Laurent.

Dix minutes.

Une heure.

Deux heures.

Peut-être quatre.

– Mais qu'est-ce qu'il s'est passé, ici ? demande Clara en entrant. Clarence ?!

32.

Ce soir, à la télé, ils passent un film français dont le titre ne me dit rien. Comme c'est une production bien de chez nous, il y a forcément Kad Merad, Dany Boon ou Franck Dubosc dedans. Peut-être même les trois à la fois. Je ne suis pas certaine que Laurent aura envie de le regarder. Alors, on se mettra peut-être quelque chose sur Netflix.

Soirée classique. Normale. Rien de particulier à signaler. Je me remets doucement de la perte de cet enfant que j'espérais tant. De mon miracle.

Fromage.

Dessert.

Je range les petites assiettes et Laurent entame la vaisselle. Mais quelque chose ne va pas. Ne va plus. La disparition de notre bébé a provoqué un malaise profond entre nous. Laurent est épuisé, il n'a plus envie de moi et cela fait des mois que nous n'avons pas eu un moment d'intimité.

Les jours passent et se ressemblent. Il se réfugie dans le travail. Moi aussi. Nous sommes devenus deux colocataires unis par les liens du mariage. Nous passons l'un à côté de l'autre sans nous connaître vraiment. Je ne sais plus qui il est, ces derniers temps. Je feins de ne pas m'apercevoir de ses « rendez-vous » qui finissent trop tard, de ses « réunions » de boulot à pas d'heure. J'essaye d'enfouir tout ça au fond de moi, mais je sais. Bien sûr que je sais. Je ne suis pas idiote. Mais je joue la comédie parce que c'est ainsi : la vie est une scène dans laquelle nous pensons tous tenir le premier rôle.

Il reçoit des courriers mystérieux.

Il emporte son téléphone partout avec lui.

Il répond dans la chambre, ou en tout cas s'assure que je ne sois pas à côté lorsqu'il décroche.

Je suis cocue. Avec qui ? Quand ? Comment ? Et surtout… pourquoi ? Il y en a une autre, dans cette histoire.

Mais je fais celle qui ne voit rien et une fois de plus, ce soir, nous allons nous poser tous les deux sur le canapé du salon et nous ferons semblant d'être un couple parfait. Parce qu'au fond, nous sommes seuls, dans cette vie.

Quels sont mes choix ? Je ne peux que subir. L'amour qu'on croit tenir, mais qui au final ne tient pas et s'effondre comme un château de cartes. J'aimerais hurler. Faire du bruit à réveiller les morts. Mais je suis silencieuse. Nous sommes dans une situation de tension permanente où chacun de nous surveille le moindre mot qu'il prononce. Parce que les poudrières sont pleines et ne demandent qu'une étincelle pour s'allumer et exploser.

La moindre remarque et notre couple part en fumée. Aucun de nous n'a le courage d'en parler.

Du moins, c'est ce que je croyais.

– Je vais partir.

Comme ça. Comme un coup de tonnerre. Comme un orage qui éclate tout à coup sans qu'on l'ait vu venir.

Je m'imagine encore à l'une de ses foutues réunions. Ou même qu'il s'apprête à se rendre à l'épicerie pour acheter du savon, des cotons-tiges, quelque chose dans ce goût-là.

– Clarence, tu m'entends ? Je m'en vais.

Je n'y prête pas attention.

– Bien. Et alors ? Tu prendras un pack d'eau, en revenant ? Je crois que nous n'en avons plus.

– Je ne reviendrai pas.

Un poignard me transperce les reins. Les mains dans les placards, en train de ranger les assiettes, l'une d'elles m'échappe et se brise au sol dans un fracas monumental.

L'étincelle.

La poudre.

Explosion.

Je n'avais pas prévu, après le dessert, de vivre une dispute aussi violente avec Laurent. Et nous balançons nos quatre vérités, comme si elles nous avaient toujours pesé sur le cœur. L'un comme l'autre, nous prononçons des paroles dures, que nous ne pensons même pas. Parce qu'au fond, quoi qu'on dise, les yeux ne mentent pas et les larmes non plus. Si elles coulent, c'est qu'il y a de l'amour et qu'on est en train de l'enterrer pour toujours.

– Laurent ! Non ! Est-ce qu'il y en a une autre, c'est ça ?

– Arrête de dire n'importe quoi !

Et il ose encore me mentir. Ma colère éclate comme si elle n'attendait que ça depuis des mois et je hurle. Il me reproche tout ce que je suis. Tout ce qui fait de moi une singularité. Mon rapport étrange à la sociabilité, mon anxiété, mon grain de folie qu'il aimait tant. Tout ce qui provoquait son émoi provoque désormais sa colère et son dégoût.

Il remplit une valise d'affaires et je suis écœurée. Chaque t-shirt, chaque pull est un crève-cœur. La brosse à dents, l'ordinateur portable, tout tient en si peu de choses, finalement.

– Mais pourquoi ? sangloté-je. Pourquoi tu me fais ça ?!

– Je ne t'aime plus. C'est tout.

Et les morceaux de mon cœur rejoignent ceux de l'assiette, au sol, dans la cuisine. Ce sont ses derniers mots et ils me laissent glacée comme un iceberg. De la tête aux pieds. Il y a dix minutes, nous étions en train de partager un dessert que j'avais préparé, en nous racontant nos journées de travail. Il y a dix minutes, ma vie était encore normale. Dix petites minutes. C'est le temps qu'il a suffi à mon existence pour basculer dans une nouvelle dimension qui était, jusque-là, impossible. Improbable. Et maintenant ? Comment se relever ?

La porte claque. Laurent s'en va sans même se retourner. Il a emporté tout ce qui était à lui, sauf ce sweat. Celui qu'il portait aujourd'hui et dont il s'est débarrassé pour prendre une douche.

Il a jeté mon âme à bouffer aux abysses sans un regard.

Il y a un instant, il était là. Maintenant, je suis seule.

Pour toujours.

Le désespoir m'envahit, comme si mes poumons se gorgeaient d'eau et que je n'étais plus capable d'inspirer. J'étouffe. Il n'a pas seulement plongé mes yeux dans le noir, il a aussi emporté avec lui mon oxygène. La solitude. C'est tout ce qu'il me reste et je ne peux m'y résoudre. Pas comme ça. Pas maintenant. Et désormais, même toute l'horreur du monde me semble risible en comparaison de ma douleur. Parce qu'il ne peut rien exister de pire.

Je tremble de tous mes membres et je hurle de rage en détruisant tout ce qui me passe sous la main. Les coups dans les murs, dans les miroirs, les assiettes qui volent et les verres qui se fracassent. Les étagères claquent, à la recherche de tout ce qu'il reste de lui et qui passe par la fenêtre.

Je ne finirai pas la nuit.

Je refuse d'y croire et pourtant, c'était sous mes yeux depuis si longtemps. L'épée de Damoclès vient de s'abattre sur moi.

Cette nuit, je meurs. Il a laissé son parfum derrière lui, mais maintenant, il me semble qu'il a l'odeur des chrysanthèmes. Laurent vient de me pousser dans la tombe sans même se retourner un seul instant.

Une fois que tout bien matériel est détruit, il reste encore mon corps. Pour ressentir. Pour oublier la souffrance intérieure en la matérialisant sur ma peau.

Je veux saigner. Je veux mourir. Je ne veux plus exister dans un monde où il ne m'aime plus.

La vie n'est qu'une pute.

Elle ne m'a jamais fait de cadeau. Elle a toujours tout mis en œuvre pour que je crève, alors voilà, ça y est : elle a ce qu'elle voulait !

– Tu es contente, maintenant ?! S'il existe une putain de force supérieure, tu es contente ?! Tu voulais me rappeler à toi ? Je suis là ! Tu peux me prendre ! Je n'attends que ça !

Il n'y aura plus jamais ses cheveux d'or, ses yeux tatoués sur ma peau, ses baisers gravés dans ma bouche. Plus rien. Sa langue me rappelle seulement le goût de la cendre.

J'ai si mal que j'en crèverais. Pourquoi ne vient-elle pas, cette mort ?!

Est-ce ma faute ? Est-ce la sienne ? Qu'est-ce qui ne va pas chez moi ? Pourquoi mon cœur ne peut-il cesser de battre pour lui, là, maintenant ?! Pourquoi me laisser en souffrance ?

Assise dans la cuisine, les jambes et les bras en sang, scarifiée avec les débris de verre du service d'assiettes de notre mariage, je me lacère et la douleur est libératrice.

Je vais m'éteindre ce soir. Il a pris ma lanterne, la flamme de ma vie. Que me reste-t-il ?

Il ne reste, au fond de moi, qu'un horrible monstre qui crie.

Et soudain, la sonnette.

Laurent ?

Une fois. Deux fois. Trois fois. Qu'est-ce qu'il veut ? Est-ce qu'il a oublié quelque chose ?

Larmoyante, tenant à peine debout, je me rends jusqu'à la porte.

Lorsque j'aperçois Clara, je fonds de nouveau en larmes et, naturellement, ma vieille amie me prend dans ses bras comme si tout ça avait été écrit. Elle vient à moi comme le salut. Comme un ange tombé du ciel, qui retiendrait ma main et l'empêcherait de commettre le pire.

– Je n'ai nulle part où dormir, murmure-t-elle. Et ça fait si longtemps. Je suis désolée. Mais… j'ai l'impression que je tombe mal, alors…

Je me blottis contre elle comme une enfant et j'entends son cœur palpiter à travers ses vêtements. C'est si… réconfortant d'avoir quelqu'un.

– Non. Reste. Reste pour toujours, si tu le souhaites. Pour toujours.

33.

Je sanglote dans les bras de mon amie. Je nous revois quelques mois en arrière, quand elle a sonné à ma porte pour me sauver.

– On me l'a enlevé une nouvelle fois, Clara.

– Je sais, ma belle, je sais… chhht… ça va aller.

C'est un beau désastre. Je suis encore une fois dans les ruines de ma vie d'avant. Cette fois, c'était le coup de trop. Heureusement, Clara est là. Encore.

– J'en ai marre des hommes. Je crois que je vais me taper des meufs.

– Ah, ça… Tu devrais peut-être essayer, rit-elle.

Et elle me serre fort contre elle. Comme si c'était la dernière fois. J'aimerais tellement être libérée de toutes ces souffrances qui me détruisent.

Au moins, *elle* est là.

– Je vais passer le voir.

– De qui tu parles ? demande-t-elle.

– D'Étienne.

Cette dispute avec Marie a remis certaines choses en perspective de mon côté. Je lui ai naturellement parlé d'Étienne, comme s'il était devenu l'homme de ma vie. C'est pourtant faux. Enfin, disons que ce n'est pas entièrement vrai. Il m'a permis de retrouver confiance et sensualité, mais rien n'a été officialisé entre nous.

– Et tu voudrais prendre ce risque ? Regarde où ça t'a menée !

Elle a raison. Mais ce n'est pas parce qu'un chien vous mord qu'ils sont tous méchants. J'aimerais au moins le revoir pour lui parler, mais je n'ai pas eu l'ombre d'un message, ces derniers jours. Rien.

– J'ai besoin d'avoir une discussion avec lui.

– Clarence, il n'est pas ton ami ni ton mec. Juste ta cible. Tu te souviens ?!

– Je sais ce que je fais !

Pas du tout. Je maîtrise la situation comme Ayrton Senna maîtrisait sa voiture.

* * *

Le seul moyen de trouver Étienne, en dehors de son domicile ou de son magasin – fermé, au demeurant –, c'est encore son groupe de soutien. L'endroit que je me suis juré de détruire, puisqu'il s'agit de sa seule béquille. Aussi, le lendemain, je décide de m'y rendre pour l'y trouver.

Lorsque j'arrive, c'est une fois de plus Germaine qui s'occupe de la mise en place. La jeune femme a l'air aussi joviale que d'habitude.

– Ah, vous revoilà ! lance-t-elle en souriant. Nous ne savions pas si nous allions vous revoir un jour.

C'est vrai que la dernière fois, je n'ai pas été spécialement sympathique. J'ai balancé leurs quatre vérités à tous les membres de ce club en leur assurant que leurs problèmes étaient plus minimes qu'une pisse de chat.

– Ouais, euh… à ce propos…

– Oh, non, ne vous inquiétez pas. Je ne vous en veux pas pour ce que vous avez dit, c'était… c'était très vrai, en fin de compte. C'est juste que c'est un peu dur de faire le deuil d'une amitié.

Ou d'un amour.

– Je comprends. Étienne est là ?

Elle hausse les épaules, puis me regarde avec une pointe d'inquiétude dans le regard.

– Aux dernières nouvelles, il était dans le Sud.

Ça, je le sais bien, je m'y trouvais aussi.

– Mais il est rentré, non ?

– Pas à ce que je sache. Il ne s'est pas représenté au club et c'est moi qui le gère et l'anime en son absence.

La boutique fermée, Étienne absent à son club… tout ça ne me dit rien qui vaille. J'ai un mauvais pressentiment à son égard.

Il est dix-neuf heures trente et j'ai encore le temps de me précipiter chez lui.

Je ne sais pas quelle énergie me porte, mais je fonce à toute allure. Bordel, pourvu qu'il ne lui soit pas arrivé quelque chose.

Foutus talons.

Ils me ralentissent alors que tout ce que je veux, c'est le retrouver le plus vite possible pour vérifier que tout va bien.

Mais qu'est-ce qui me prend, putain ?!

Je suis sur la rue Lepic et je décide de retirer mes chaussures pour avancer plus vite et pouvoir courir. Je dois avoir l'air d'une cinglée, mais dans ces moments-là, je sais que tous les instants comptent.

Et s'il était déjà trop tard ?

Et si j'avais réussi ?

Ma course me conduit jusqu'à sa porte. J'ai les pieds égratignés de tous les côtés et j'ai essuyé les regards les plus incongrus possibles.

Après tout, ne suis-je pas une fausse note ? C'est normal qu'on me regarde de travers.

« Quoi, tu veux mon poing dans la gueule, connard ? » ai-je balancé à de multiples reprises.

Je crois qu'ils ne parlaient même pas français. Les touristes vont avoir une bien piètre opinion des Français, mais je m'en moque comme d'une guigne. Rien de tout ceci n'est normal et je n'en suis plus à me demander comment les choses pourraient bien rentrer dans l'ordre. J'agis instinctivement. Poussée seulement par mon cœur et ma conscience. Rien d'autre.

Je suis dérangée. Complètement dérangée…

– Étienne ! Étienne ! crié-je en frappant. Tu es là ?!

Je pousse la porte, mais bien sûr elle ne cède pas. Ces foutus appartements parisiens, avec leurs portes qui claquent et qui vous enferment dehors si vous n'avez pas les clés ! Ce n'est pas comme… partout ailleurs ! On ne peut pas ouvrir si facilement, ici.

J'ai une idée.

Une fois, je suis restée bloquée dehors et j'ai appelé un serrurier. Il est venu et n'a même pas pris la peine d'utiliser ses outils. Non. Il a glissé sa vieille radio des poumons pourrie entre l'interstice de la porte et a créé du jeu en l'agitant. Ça a suffi à débloquer la serrure. C'est à ce moment-là que j'ai compris que, dans cette ville, je pouvais être cambriolée par n'importe quel imbécile qui sort de l'hôpital avec sa radio des testicules, s'il le faut.

Alors, au risque d'en étonner plus d'un, je n'ai pas de radio de mes couilles sur moi. Par contre, le serrurier m'a aussi expliqué que sur certaines portes, il était possible de procéder de la même façon, mais avec une bouteille en plastique solidement écrasée.

Merci, les distributeurs automatiques du métro auxquels je prends toujours un rafraîchissement au prix d'un café en terrasse à Dubaï.

Uniquement poussée par ma folie, je crée du jeu – comme le serrurier – dans l'interstice de la porte, à l'aide de ma vieille bouteille d'eau et en poussant un peu, bingo, elle cède dans un bruit sec.

– Étienne ?!

Je fonce tout de suite à la chambre et le trouve allongé sur son lit, les bras ballants, des tas de bouteilles autour de lui. Vin, vodka, gin, saké… tout y passe. Étienne a définitivement replongé.

– Oh, putain…

Mon Dieu, qu'ai-je fait ?

Pétrifiée au centre du triste empire d'Étienne, je contemple la désolation que j'ai apportée dans sa vie. Je suppose que je devrais prendre une photo pour Marc. Il constaterait lui-même que ce fameux rapport n'est pas nécessaire. Mais au lieu de cela, je reste pétrifiée. C'est idiot, mais je suis terrifiée. L'alcool, étalé de cette façon, me terrorise.

Merci pour ça, papa.

34.

« Condoléances. » C'est la fin du message et je suis l'unique ayant droit de mon père. Il vient de mourir. Je tiens la lettre du notaire entre les mains et je me sens vide. Presque soulagée. Comme si l'un des plus gros problèmes de mon existence venait de disparaître à tout jamais. Mon père, cet écrivain raté, vient de passer l'arme à gauche. Quelques mois après ma mère. Il s'est tué. Comme quoi, peut-être qu'ils s'aimaient, finalement, mais qu'ils ne savaient pas se le montrer. Il n'a pas supporté de vivre sans elle et a préféré mettre fin à ses jours. Comme d'habitude, personne ne se demande vraiment ce que va devenir Clarence. On considère qu'elle s'en sortira, je suppose.

Dans sa lettre, le notaire m'invite à me rendre chez mes parents pour récupérer des affaires, si je le souhaite. Mais également à accepter ou non mon héritage, qui se compose en grande partie de dettes que mes parents ont accumulées tout du long de leur vie.

Soixante-dix mille euros de dettes.

Une voiture d'occasion.

Voilà ce que je peux récupérer. Je pense que je vais me passer de cet héritage et faire cadeau à l'État de la superbe Citroën merdique de mon père. Ils vont la payer au prix fort : ça leur fera les pieds, à ces enfoirés du gouvernement.

– Et donc, tu vas y aller ? demande Clara.

– Juste faire un tour. Pour voir. Je crois que j'en ai besoin.

Il y a un chemin classique dans la vie. C'est celui que tout le monde s'imagine : les enfants grandissent, les parents sont stables et peuvent encore les accueillir chez eux en cas de problème. Ils leur donnent des conseils de vie, de manière générale. Les aident à remplir leurs premières déclarations d'impôts, à déclarer un sinistre, à démonter un pneu. Bref, il y a une transmission.

Pas chez moi.

Grand bien leur fasse, à mes camarades d'université, si leurs parents assurent à fond. Les miens ont toujours été des ratés qui avaient à peine de l'amour pour moi. Je ne vais pas leur rendre hommage aujourd'hui. Je n'ai jamais demandé à venir au monde. Ça a été leur choix. Pas le mien. Et pourtant, je le paie quand même.

– Je t'accompagne.

Et c'est comme ça que le surlendemain, après quelques heures de train, nous nous retrouvons, avec mon amie, dans le patelin de notre enfance. Elle était là, elle aussi. Mais ses parents ne sont pas restés.

Le chemin entre le portail du jardin et la porte d'entrée me paraît interminable. Rien n'a changé. À part le délabrement, bien sûr. C'est comme si le temps avait suspendu son vol dans cette partie du monde et les souvenirs reviennent en cascade. Aucun n'est heureux. J'ai besoin de faire le deuil de cet endroit et de mes parents pour me reconstruire. J'ai besoin de tirer un trait sur tout ça.

La maison sent la poussière. Tout est en bordel, comme si c'était devenu la garçonnière d'un vieux célibataire de cinquante ans durant quelques mois.

Oh, wait…

Ils n'ont pas donné plus de détails sur les circonstances de la mort de mon père et je n'ai pas cherché à creuser. Il s'est tué, OK. Ça me suffit. Je n'ai pas besoin d'en savoir plus pour détester chacun des moments que j'ai passés avec lui.

J'imagine que c'était une façon, pour lui, d'essayer d'atteindre une dernière fois sa fille au cœur de pierre.

Je n'ai jamais répondu à ses messages ni à ses appels. Il m'en envoyait chaque semaine. Il n'arrêtait pas de dire qu'il se sentait seul depuis la mort de maman, qu'il aimerait qu'on passe du temps ensemble, qu'on se voie, ne serait-ce que pour discuter, prendre un verre, un café, n'importe quoi.

Je n'ai jamais accepté. Jamais.

Il était déjà trop tard pour les regrets. S'il m'avait appris, à l'époque, à sourire, cela aurait été parfait. Mais tout ce que j'ai appris, ce sont la tristesse, la haine et la mélancolie. Je m'en suis fait des armes et je me suis endurcie. À tel point que ses supplications n'ont eu aucun effet sur moi.

Cruelle ? Oui.

Mais je n'ai pris aucun plaisir à ce jeu. C'était uniquement pour me protéger. Mon père a toujours été un connard, qui ne vivait que pour son fichu manuscrit – probablement inachevé. Il ne respirait que pour ce grand roman qui devait marquer l'histoire de la littérature française et graver son nom au panthéon des auteurs contemporains les plus lus.

Victor Hugo disait : « Chateaubriand ou rien ! » Mon père devait s'imaginer : « Musso ou rien ! »

Ce sera rien.

D'innombrables bouteilles jonchent le salon. Vides, à moitié vides, pleines de vin, ou de mouches, ou de poussière…

Et je me fige. Tous les souvenirs glaçants de mon enfance me reviennent en tête.

– Donc, tu ne vas rien récupérer, c'est ça ? demande Clara.

– Non. L'État se chargera de tout ça.

– Et tu es terrifiée.

Je hoche la tête.

– Dans ce cas…

Elle attrape une bouteille à pleines mains, la soupèse, puis me regarde avec un air malicieux avant de la projeter contre un mur.

Toute la vinasse encore contenue à l'intérieur éclate comme une immense tache de sang et Clara pousse un hurlement libérateur et délicieux.

– Tu es cinglée ?!

– À ton tour !

Mon tour ?

Comme si l'enthousiasme de Clara avait chassé la peur le temps d'un instant, je saisis à mon tour une bouteille, puis la lance à travers la fenêtre. Le bruit fracassant du verre, le sentiment de puissance… Ce ne sont pas seulement une bête bouteille et la maison de toutes mes souffrances que j'ai l'impression de saccager : c'est mon enfance, qui ne mérite pas qu'on s'en souvienne autrement qu'à travers des cauchemars ponctuels.

Le ballet commence et je me sens bien plus en humeur de mener la danse que s'il s'agissait d'une fête étudiante. Les bouteilles volent en éclats, les vitres partent en mille morceaux, Clara et moi jouons à nous envoyer tout ce que nous trouvons et chaque objet qui nous passe sous la main devient une arme potentielle pour tout détruire.

Le carnage. Rien que le carnage.

Il n'y a rien de plus doux. Oh, mais je me souviens…

Mon père avait ses outils dans la cabane au fond du jardin. Parfois, c'est là qu'il s'enfermait pour écrire et je prends un plaisir monstrueux à en sortir les marteaux, les perceuses, les masses, tout ce qui peut servir d'engin de destruction.

Les murs, le bar, la cuisine, la rambarde de l'escalier, la porte de ma chambre… tout y passe. Mon courroux s'abat avec puissance sur tout ce qui se trouve en travers de ma route.

Et je hurle. Je pleure. Il n'y a qu'avec Clara que je peux être aussi naturelle. Que je peux être moi. Elle ne me juge pas un instant, se contentant de me suivre dans la folie qu'elle a initiée.

Nous finissons notre route destructrice par la chambre de mes parents, entre-temps devenue un bureau – semble-t-il – pour que mon père puisse travailler sur son maudit roman.

Alors que je lève le marteau pour de nouveau tout détruire, mes yeux se posent sur un tas de papiers.

Je rêve.

« La réalité – Roman ».

Curieuse, je saisis l'objet qui a volé toute mon enfance. Ce foutu texte, à cause duquel j'ai vécu l'enfer, puis je tourne tout de suite à la dernière page, sur laquelle est inscrit le mot « fin ».

Alors, il est allé au bout.

Et il s'est tué ensuite.

Les larmes coulent d'elles-mêmes, je n'ai même pas la force de les retenir. 388 pages A4 recto, taille 12 et d'après ce que je vois, interlignes à 1,5. C'est pour ÇA que toute mon enfance a été sacrifiée. Pour « La réalité ».

– Tout ça pour ça…

À côté, un petit mot : « Clarence, si tu trouves ceci, fais-le publier. Je t'aime. Papa ».

Grand adepte de la minutie dans son texte, puisqu'il a passé des années à le peaufiner, mon père a cependant oublié un détail qui causera la perte de toute sa postérité : c'était un fumeur invétéré qui allumait ses clopes avec des allumettes. Ces mêmes allumettes qu'il a laissées sur le bureau.

– Tu vas le lire ?

J'attrape le texte pour le jeter dans la poubelle métallique à côté, accompagné du mot, puis me saisis des allumettes pour en craquer une.

Et viennent les flammes. Libératrices, destructrices, puissantes. Elles abîment le papier, le mordent, puis le réduisent en poussière. Dans la poubelle, c'est un véritable feu de joie qui me remplit de bonheur.

– Une vie pour une vie, rétorqué-je. Adieu, maintenant.

35.

Depuis combien de temps est-il ici ? N'est-il pas sorti une seule fois depuis que nous nous sommes vus pour la dernière fois ? Je n'arrive pas à croire ce que je suis en train de faire, mais je prends le pouls d'Étienne pour vérifier que tout va bien.

Il respire.

Soulagement.

– Non, tu ne vas pas me faire ce coup-là, marmonné-je en enroulant son bras autour de mon épaule pour le relever. C'est hors de question.

– Clarence ?... Mais... Je suis désolé... je n'aurais pas dû, je...

– La ferme.

Je le conduis jusqu'à la salle de bains pour qu'il prenne une douche, puis commence à réfléchir. Dans mon cerveau, tout va à cent à l'heure. Cette fois-ci, je suis seule. Clara n'est pas là pour m'épauler. Mais comment réagirait-elle, si elle était présente ? Je suis sûre qu'elle aurait une idée complètement dingue et qu'elle fonctionnerait !

Réfléchis, réfléchis !

Mais je ne suis pas Clara. Je suis Clarence. Et je n'ai pas le cerveau aussi dérangé qu'elle.

Je sais !

– Étienne, tu vas me faire plaisir et prendre une douche. On va sortir.

Sans lui laisser le temps de répondre et après l'avoir planté tout habillé dans la cabine, je ressors en furie pour attraper toutes les bouteilles qui traînent dans son appartement. Oh, bordel, tout ça est uniquement de ma faute. Je devrais m'en flatter. Être heureuse parce que finalement, cela montre bien une chose : je suis la meilleure dans mon domaine.

Pourtant, je me sens mal. La honte me traverse le cœur comme un poignard et me saigne de l'intérieur.

Qu'est-ce qui cloche chez moi ?

Je vais péter un plomb si je continue.

Une fois qu'Étienne me semble à peu près propre, je l'aide à s'habiller. La douche l'a un peu dessaoulé. C'est déjà ça de pris.

Qu'est-ce que j'ai foutu ?

Après l'avoir pris par le bras, je sors en compagnie du fleuriste. Je crois que prendre l'air lui fera le plus grand bien. Il en a besoin – et moi aussi. Je ne me sens pas à l'aise dans ce fichu appartement plein de bouteilles.

Sur le chemin, il marmonne quelques mots que j'ai du mal à comprendre.

– Tu vas devoir articuler. Mais qu'est-ce qui t'a pris ? pesté-je.

Je m'énerve contre lui, mais en vérité, je crois que ces paroles me sont directement adressées. C'est moi que j'engueule. Pas lui. Au fond, je le sais.

– Tu t'imagines, toi ? Je t'ai trouvé dans un état pas possible. Tu es con ou tu le fais exprès ? C'est comme ça que tu comptes aider les autres ? Commence par t'aider toi-même ! Tu n'es qu'un raté.

Chaque nouveau reproche que je lui assène est comme une aiguille au fond de mon cœur. Je prends tout ça très personnellement. Étienne devait être mon succès triomphant, mais comme ça, à vue de nez, il a plutôt l'allure d'un échec cuisant.

– Je... je n'ai plus la force... Clarence...

– La ferme. Tu crois que je l'ai, moi, la force ? Tu crois qu'ils l'ont, les gens ? Tout le monde a un pet au casque dans ce monde de fous. Tout ce que tu as à faire, c'est de te lever le matin et de marcher jusqu'à ton taf. Quitte à faire semblant. On s'en fout. Tout le monde est dans le même bateau, Étienne. Tout le monde est malheureux, c'est comme ça.

Un frisson me parcourt l'échine.

– Même toi ?

Se pourrait-il qu'il imagine que je sois différente ? Bien sûr que je suis malheureuse. Cette vie est triste à mourir. J'ai un salaire à la fin du mois et mon job, c'est de foutre de pauvres gens en dépression pour que ma société puisse ponctionner sur leur maladie. S'il y a une place en enfer dans le carré VIP à côté de tonton Lulu – Lucifer –, alors, bordel, elle est pour moi. Les premiers shots de lave sont offerts, j'en suis sûre !

Mais sa question résonne en moi quand même. Ses mots trouvent un écho en se heurtant à ma conscience.

Suis-je heureuse ?

Non. Mais ne pas être heureuse ne signifie pas que je vais mal pour autant. La question est mal formulée.

Suis-je malheureuse ?

Non. Parce que je ne ressens rien de spécial. Tout me paraît vide, froid, creux. Même les choses qui m'animaient du plus profond de moi, avant, me semblent sans intérêt comme une cérémonie du 14 Juillet.

Suis-je en dépression ?

Non. Mon job, c'est de faire tomber les autres en dépression. Je ne dois pas confondre. Mais en même temps…

J'en ai peut-être les symptômes.

– Ce n'est pas la question.

Je secoue la tête. Je ne veux pas entendre parler de ces conneries.

Le reste de la journée, je traîne Étienne comme une loque. Où est passé le type souriant, positif ? Je ne le retrouve plus. On dirait qu'il s'est caché sous une couche de noirceur qui recouvre son âme de suie. Toute mon attention lui est consacrée. Le soir, lorsque vient l'heure pour lui de se coucher, il s'installe dans le lit en soupirant.

– Tu vas rester ? demande-t-il.

Je décline et attends qu'il s'endorme pour commencer à récupérer toutes les bouteilles, qu'elles soient vides ou pleines, dans son appartement. Je vide tout dans les toilettes sans une once de regret et bien sûr, ce moment douloureux me renvoie à mes plus sombres souvenirs.

T'es où ?

Message de Clara.

Je t'expliquerai.

Parce que, pour le moment, il est minuit passé et je ne suis toujours pas couchée. Pas même déshabillée. Installée sur une chaise, à côté d'Étienne, je le regarde dormir. Je ne sais pas si mes pulsions vont vers la bienveillance ou la malveillance. Ai-je envie de le voir souffrir et réussir, ou de le savoir en vie et heureux ? J'ai beau le regarder, encore et encore, la réponse ne me vient pas. Elle n'est pas gravée en moi comme une évidence. Pourtant, j'aurais voulu. J'aurais aimé que tout soit simple, mais ce n'est jamais le cas. Il faut toujours que le cœur s'en mêle et que les sentiments deviennent contradictoires.

Où es-tu, Clarence ?

Je suis une femme impitoyable. Une cadre supérieure prête à empiler les cadavres pour arriver à mes fins. Pour grimper jusqu'au sommet. Dans mon cœur, il n'y a rien. Il est sec. Triste comme un désert, ou comme une station balnéaire en hiver. Il sonne creux, mais à mesure que je le regarde, que mes yeux le désirent, je le sens s'emplir sans parvenir à identifier de quoi. D'amour ? De haine ? Un peu des deux, peut-être.

Je réajuste la couverture sur lui et quitte son appartement pour rejoindre le mien.

Marche rapide.

Contradictions.

Tête en fusion.

Lorsque j'arrive, Clara dort déjà. Tout est calme et j'ai besoin de me retrouver avec moi-même. Puisqu'Étienne a toujours le mouchard sur son téléphone, je décide d'ouvrir mon ordinateur pour fouiller ses messages et le reste. Je trouverai peut-être quelque chose d'intéressant. À qui a-t-il bien pu parler pour demander de l'aide ? Que s'est-il passé ?

Je ne devrais pas…

Les derniers messages sont pour sa femme, dont le numéro n'a pour le moment pas été réattribué.

À : 0672458585.

Je pense à toi tous les jours. Ta disparition me détruit chaque jour qui passe. J'y pense tout le temps. J'aimerais te rejoindre. J'aimerais te serrer encore dans mes bras. Tu es partie et c'était le pire qui pouvait m'arriver. Je ne peux imaginer une souffrance plus grande que celle de savoir que je vivrai désormais dans un monde sans toi. Je t'aime

Suivant.

À : 0672458585.

Je n'en peux plus. Où es-tu ? Parfois, quand je sens une brise, quand j'entends une porte qui claque, j'imagine que c'est toi. Que c'est ton rire qui me hante. Mais je dois me faire une raison. Ce n'est sûrement que le vent et pourtant... pourtant... j'aimerais que ce soit vrai. J'aimerais que tu sois là. Tout me manque chez toi. Ton empreinte s'efface sur le lit. Les draps n'ont plus ton odeur. Même tes vêtements ne sentent plus toi. C'est comme si tu disparaissais un peu plus tous les jours et que j'essayais de retenir ton souvenir, mais que tu me glissais entre les doigts. Où es-tu, mon amour ? Tu sais, tu m'as dit un jour que si tu mourais, tu viendrais me chatouiller les pieds durant mon sommeil. Alors, où es-tu ? J'attends encore. J'attendrai toujours. Je t'aime

À : 0672458585.

Vivre sans amour. Je m'y suis résolu. Tout a le goût de cendres, depuis que tu es partie. Je n'arrive pas à me reconstruire. Pas sans toi. J'aurais l'impression de te trahir. Je me souviens de nos quinze ans, de nos sorties, de nos fugues. Tout me revient en tête et repasse en boucle comme un film dans une vieille salle de cinéma. Je ne pensais pas qu'il était possible d'aimer et de souffrir autant. J'aimerais tellement un mot de ta part. Un signe. Même mystique. Je t'en prie, parle-moi... Je t'aime

À : 0672458585.

Tu aurais voulu que je me reconstruise, parce que c'est aussi ce que j'aurais aimé pour toi. J'aurais voulu que tu me parles de ce nouvel homme que tu fréquentes. J'aurais voulu savoir qu'il te traitait bien. Alors, voilà... j'ai rencontré quelqu'un, récemment. Je ne sais pas où cela nous mènera. Elle m'accompagne dans le Sud pour voir mes parents. Qu'est-ce que tu en penses ? Je sais que je peux t'en parler. Mais je ne t'oublie pas. Elle s'appelle Clarence et... elle est gentille. Elle me fait penser à toi. Elle a ton rire, ton franc-parler et ta lumière. C'est un phare. Comme tu l'étais pour moi. Je t'aime

– Qu'est-ce que tu fous ? demande Clara. Je vois la lumière de ton ordinateur passer sous ma porte. Attends, tu pleures ?

Je m'essuie les yeux d'un revers de main.

– Ouais. Foutues allergies. Et puis, j'ai un truc dans l'œil.

– Tu devrais te coucher, soupire Clara en repassant sa porte.

Qu'elle la ferme. Elle ne sait pas ce que je suis en train de lire.

À : 0672458585.

Alors voilà, c'est fait. Nous nous sommes embrassés et il y a même eu plus... Je n'étais pas sûr de moi, au début. Et puis, tout est allé tout seul. Qu'est-ce que tu en penses ? Je l'aime bien, tu sais. Mais quand je pense à toi, j'ai le cœur renversé. Je crois que j'aimerais qu'on se revoie. Tu crois que c'est une bonne idée ? Qu'est-ce que je raconte... tu n'es plus là. Mais tu me dirais probablement de continuer à vivre. Pourtant, je n'en ai pas la force. Je t'aime

À : 0672458585.

Je ne peux plus garder ton numéro. À chaque fois que je tombe dessus, sur mon répertoire, c'est une torture. J'aurais aimé que tu décroches rien qu'une fois sur ces centaines d'appels. Tous sont restés sans réponse. J'entendais seulement ta voix. Celle de ton répondeur. Et ça me suffisait. Mais plus maintenant. Je crois... je crois que je devrais passer à autre chose. Clarence est là, elle aussi. Elle a besoin de moi. Je sens qu'elle n'est pas aussi forte qu'elle le prétend. Elle a cette fragilité attendrissante, au fond d'elle. J'aimerais être fort. Pour elle. Pour toi. Parce que c'est ce que tu aurais voulu. Mais je n'y arrive pas. Je ne suis qu'un être humain comme les autres avec ses hauts et ses bas. Avant, quand j'allais mal, tu me tirais vers le haut et je remontais. J'ai fait un rêve où je m'enfonçais de plus en plus profondément dans la terre et tu étais la seule à me tenir la main pour m'aider à m'en extirper. Je l'ai souvent fait, ce rêve. Mais la nuit dernière, ce n'était pas ta main, mais la sienne. J'ai... je crois que j'ai besoin d'elle. J'espère que tu comprends. Mais tu auras toujours une place au fond de mon cœur. Elle a le coquillage de la confiance.

Plus de messages, ensuite. Celui-ci est le plus récent.

Le coquillage de la confiance.

Je me prends la tête entre les mains, puis la pose sur la table.

36.

– 12,5 % des 18-85 ont vécu un épisode dépressif cette année, lâche Marc avec enthousiasme. C'est une très belle performance et je pense que nous pouvons nous en féliciter collectivement. Pour l'année 2025, nous tablons sur 12,8 % et les bilans prévisionnels sont en hausse pour 2026, avec l'extension de la guerre en Ukraine, la loi sur la programmation militaire et toutes les surprises que nous préparons en coulisse. En tout cas, une fois n'est pas coutume, mais je le dis : félicitations ! Nous avons bien bossé !

Je suis heureuse de voir que nous avons des performances exceptionnelles. Il est peut-être temps de nous demander ce qui cloche chez nous, je crois. Mais là n'est plus la question. Le vrai plaisir des employés de D & C, c'est de voir les gens s'empiffrer de Xanax comme s'il s'agissait de Smarties.

Je quitte la réunion en traînant la patte. Je dois prendre une foutue décision et je ne sais toujours pas quoi faire. Marc attend mon rapport. J'ai déjà du retard.

– Hé ! Clarence ! Clarence ! lance Berthier en me prenant l'épaule.

Je me retourne brusquement. Aujourd'hui, il vaut mieux ne pas me taquiner. Je suis à deux doigts de l'explosion comme un œuf passé au micro-ondes.

– Qu'est-ce que tu veux ?

– Alors, ça avance avec Étienne ?

Il m'envoie un clin d'œil et moi, je reste perplexe.

De nouveau, il cligne de l'œil droit.

– Qu'est-ce que tu as, Berthier ? Tu fais un AVC ? Tu veux que j'appelle quelqu'un ? Oh, et puis non, tu sais quoi ? Crève sur le parquet.

– Mais non ! Je parle de son état ! Tu n'as pas vu qu'il y avait eu un peu de travail, depuis ?

Et tout à coup, je comprends. Je ne suis pas l'unique responsable de l'état d'Étienne. Berthier y est aussi allé de son grain de sel pour me « faciliter la tâche », comme il s'en vante lui-même.

– Après tout, on est une équipe, non ?

En essayant de garder mon calme, je m'attelle à lui demander ce qu'il a fait pour qu'Étienne se retrouve au fond du trou.

– Oh, rien de plus simple, sourit-il. J'ai utilisé la voix du répondeur de sa femme pour la passer dans un logiciel d'IA. À partir de là, j'ai pu lui faire dire tout ce que je voulais et je lui ai envoyé une clé USB avec tout le mal qu'elle pense de lui, à l'intérieur. Qu'est-ce que tu crois ? Je suis un professionnel, madame.

Le pire, c'est qu'il a l'air vraiment fier de lui. C'était donc ça qu'il voulait me dire par SMS, l'autre fois… D'ordinaire, je crois que je serais impressionnée par la performance parce qu'honnêtement, il fallait y penser ! Étienne est malheureux à cause de sa femme, alors lui envoyer un enregistrement vocal d'elle, complètement inédit, c'est carrément du génie. Mais je ne suis pas dans de bonnes dispositions pour le féliciter.

Au contraire. Je crois que je vais l'anéantir. Et même si je tente de me contenir, c'est plus fort que moi.

L'explosion.

– Berthier, bordel, de toutes les pelles à merde rouillées qui existent dans ce monde, je crois que tu es la pire ! Tu veux tomber en dépression, toi aussi, pauvre connard ? Alors, écoute ça : tu as vu ta femme, récemment ? Elle s'entend bien avec son amie « Véro », tu ne trouves pas ? Tu sais quoi ? Ça fait des semaines que je garde cette cartouche pour moi et j'ai même mené une enquête en interne parce que je trouve ça marrant. Ouais, je fais ça de mon temps libre parce que ça me fait délirer. Et devine quoi, enfoiré ? Elles couchent ensemble et ce n'est pas la première fois que ça t'arrive ! C'était déjà le cas avec tes ex, pas vrai ? Tu es tellement minable au pieu et répugnant en tant qu'être humain que tu es devenu la plus grande fabrique à lesbiennes de France, enculé !

Forcément, ça devait finir chez le RH.

– Clarence, vous avez encore frappé quelqu'un…, soupire-t-il. Après l'avoir copieusement insulté, en plus. Et tout ça pour quoi ?

Je tourne trois fois ma langue dans ma bouche. Si je réponds sincèrement, il va aussi en prendre pour son grade.

– Parce qu'il a interféré sur mon dossier.

– Du peu que je sais, vous êtes tous les deux mentionnés sur ce dossier, non ?

Et merde. Je m'en sors avec une semaine de mise à pied et l'obligation de rendre mon rapport de mission quand même. Ouais, ce ne sont pas des vacances. D'accord, j'ai peut-être mis un tout petit coup de poing de rien du tout à Berthier, mais ce n'est quand même pas de ma faute si son nez n'est pas un peu plus solide. On dirait qu'il est fait en papier mâché, cet abruti !

Mais avant de prendre mes affaires pour ma semaine de mise à pied, je suis convoquée dans le bureau de Marc. Ça va, je viens déjà de voir le RH, je n'ai pas besoin qu'il en rajoute. Mais après tout, c'est mon supérieur, alors je n'ai pas le choix.

Je me rends dans son bureau tandis qu'il grimace en s'étirant le dos.

– Rameur ? hasardé-je.

– Absolument.

Il faut vraiment qu'il arrête le sport, celui-là. Ça ne lui réussit pas.

– Mais nous ne sommes pas là pour parler de ça, gronde-t-il. Clarence, c'est quoi ce bordel ? Tu es censée être l'un de nos meilleurs éléments. Une tueuse. Une vraie déglingo !

– Si c'est pour Berthier, je...

Marc tend son index pour m'interrompre.

– Non, non, on s'en fout, de Berthier. Tout le monde a envie de le frapper. Si tu te laisses aller à tes pulsions, libre à toi, je m'en tape. Tu vois ça avec le RH, mais je pense que tu vas prendre une mise à pied.

C'est déjà fait.

– Non, le problème, c'est que tu es trop lente sur le dossier « Étienne ». Je ne comprends pas ce qu'il se passe et ça commence vraiment à m'inquiéter. Tu vois ce que je veux dire ? On peut faire une réu, si tu veux, mais tu dois me faire le rapport *asap*.

Et là, Marc commence à me sortir tout son vocabulaire préconçu de connard qui sort tout droit d'une fabrique à crétins. Il me parle de statistiques, de résultats, de bilans, de chiffres, de comptabilité, de management, bref, il colle tout ce qu'il peut des termes qu'il connaît et me les assemble pour former un énorme schmilblick incompréhensible. Il n'y pige rien lui-même et il espère que je vais capter quelque chose ? C'est ça, le mal de notre société. C'est lui. Toutes les entreprises à grande échelle ont des petits chefs dans son genre qui se prennent pour des rois. Ils sont le fond du problème. Ils sont l'usure, la dégradation, la gangrène de notre société. Et pour quoi je me bats, au juste ? Pour lui ressembler ?

Alors, non, je n'écoute plus Marc. Il parle, mais je n'entends que du vent. Tout ce qu'il dit n'a pas de sens. Pas de fond. Pas de consistance. On ne crée rien. Pas la moindre valeur. Son travail, c'est de superviser des gens qui pourrissent la vie d'autres gens. Le tout sans créer la moindre valeur ajoutée. C'est sans queue ni tête.

L'espace d'un instant de lucidité, je contemple son triste empire. Petit caporal dans un bureau étriqué, trop serré dans son costard. Trop stressé pour se rendre compte que sa vie est d'une tristesse infinie. Dont les jours se ressemblent du lundi au vendredi, jusqu'à sa virée au Touquet le week-end. Pauvre pion prisonnier dans l'engrenage infini de plus puissants que lui qui ont, finalement, jusqu'au droit de vie ou de mort sur ce triste sire.

– … Enfin bon, tu as compris ?

Je hoche la tête, sûre d'une chose : que je ne veux pas finir comme lui. Je ne veux pas de ses traces de bronzage médiocres, je ne veux pas de cet air autoritaire et assuré alors qu'il est utile comme un vendeur de cornets Miko perdu au Groenland. Je ne veux pas de cette petite montre ni trop chère ni trop accessible. Je ne veux pas de cette vie « d'entredeux » et je dédie cette pensée, du plus profond de mon cul, à tous ceux qui se croient importants alors qu'ils ne sont que des sous-fifres.

Je quitte les locaux de l'entreprise avec une certaine forme de libération, au fond du cœur. OK, pas de salaire pendant une semaine, mais au moins, j'ai du temps libre et je vais pouvoir l'utiliser à bon escient. J'entends par là : réparer les conneries de Berthier.

37.

Me soulever, moi toute seule, contre la gravité du monde ? Impossible. Je ne suis qu'une poussière. Une minuscule fourmi. Une fausse note dont personne ne veut. Personne, à part *lui*, peut-être.

Aussitôt rentrée chez moi, je me mets en route, le cœur joyeux, pour retrouver Étienne. Je ne sais pas où tout cela me mène : certainement dans le mur. Parce que je refuse de fonder une relation basée sur un mensonge, alors je lui avouerai tout. Jusqu'au dernier de mes péchés. Il me jettera comme un mouchoir sale et ce sera sans doute bien fait pour moi, mais en attendant ce moment fatidique, je peux encore profiter un peu.

En ce qui concerne D & C, je vais devoir prendre une décision. Peut-être la plus importante de ma vie.

Foutez tous ces tocards dans un sous-marin et ouvrez la fenêtre !

Je ne crois plus en l'espèce humaine et pourtant, je suis encore là, sur mes deux pieds.

Je frappe à la porte d'Étienne, qui m'ouvre avec un sourire triste sur le visage.

Mes yeux se heurtent aux siens et je crois que dans ce moment suspendu, nous comprenons tous les deux que nous sommes des êtres brisés, morcelés, écartelés par une vie qui n'a jamais souhaité nous faire le moindre cadeau. Je l'ai vu au pire de sa forme et il ne m'a rien caché.

J'entre sans un mot et nous nous installons l'un en face de l'autre, sur le canapé. C'est un moment tellement... bizarre. Je n'ose pas prendre la parole et je crois que lui non plus. Le silence est parfois d'or. Surtout dans ces instants d'une rare tendresse où les mots n'ont pas leur place.

– Merci, finit-il par lâcher.

Je papillote des cils. Merci ? C'est plutôt moi qui devrais le remercier. J'ai essayé de le saboter durant tout ce temps et il est encore là. Toutes ces atrocités sont arrivées dans sa vie depuis que je suis présente et il trouve encore le moyen de m'estimer à mon injuste valeur. Il voit en moi une femme que je ne suis pas. Une lumière qui ne jaillit pas. Il voit le meilleur alors qu'il ne reste que le pire de ce que l'espèce humaine peut créer.

Et, sans un mot de plus, sans une larme, sans un cri, Étienne colle ses lèvres aux miennes comme si c'était la dernière fois. Tout se passe avec un naturel et un calme que je n'aurais jamais imaginés. C'est une harmonie splendide. Un ballet qu'on croirait répété à l'avance tant il est magistral. Pourtant, tout est improvisé, jusqu'à cette alchimie qui me dévore de l'intérieur et pousse tous mes muscles vers les siens avec une chaleur intense.

Lorsque notre étreinte prend fin, nous sommes tous les deux essoufflés et nous nous retrouvons dans le lit, l'un à côté de l'autre.

– Qu'est-ce qui ne va pas chez moi ? soupire Étienne.

Quand je suis arrivée chez lui tout à l'heure, je m'attendais à tout sauf à finir au plumard. J'imaginais plutôt que nous aurions une bonne discussion. Mais il y a des messages qui ne passent pas aussi bien, avec des mots. Alors... pourquoi pas ?

Et une fois de plus, il s'est montré très sensuel. Je ne peux me plaindre de rien. Il est le premier depuis Laurent. Et le deuxième de toute ma vie.

– De quoi tu parles ?

– J'ai trop de soucis à régler pour… enfin… pour oser m'engager.

Je comprends très bien ce qu'Étienne veut dire par là. Moi-même, j'ai l'impression d'être un nid à problèmes tous plus profonds les uns que les autres. Mais pourtant, je crois que j'ai envie de lui donner raison et de retrouver la lumière qu'il a vue en moi.

– Je suis dans la même situation.

Pour la première fois, je décide de lui avouer quelque chose de vrai sur moi. Pour le moment, je me suis contentée de pipeauter encore plus fort qu'un journaliste BFM. Mais il est temps de passer aux aveux sur certains sujets et notamment sur celui de Laurent, qui a été le premier amour de ma vie. Je pensais ne jamais pouvoir me débarrasser de son image dans ma tête, mais Étienne me montre l'inverse un peu plus chaque jour.

Il me regarde avec un air circonspect.

– Tu vas enfin me dire pourquoi je décelais tant de tristesse en toi ?

Je prends une grande inspiration, avant de lui raconter mon histoire. Chaque mot m'arrache la gorge. Étienne avait une image de moi : celle de Clarence, une femme plutôt forte et indépendante. Je n'ai pas envie qu'il se mette à penser que je suis une pauvre fille qui n'a pas eu de chance dans la vie et que les parents ont malmenée.

À la fin de mon récit, je relève les yeux vers Étienne et je m'attends à y trouver un air de pitié que je détesterai assurément.

À ma grande surprise, ce n'est pas le cas. Bien au contraire. Étienne a l'air admiratif.

– Tu veux dire que… tu as vécu tout ça et que tu es encore là, debout, pour en parler ?

Je hausse les épaules.

– Ouais. Je n'ai pas besoin de pitié, je te préviens tout de suite.

– Non, non, au contraire. Je n'ai pas pitié de toi. Je t'applaudis sincèrement. Tu n'as pas eu la vie facile, mais tu as su rester debout. Forte. Et qu'est-il advenu de ton ex-mari ?

Ça, c'est encore la grande question.

De nouveau, je hausse les épaules.

– Et tu n'as pas envie de savoir ?

Si.

– Non. C'est du passé.

– Si tu ne fais pas la paix avec ton passé, tu ne pourras jamais avancer vers l'avenir. Regarde-moi, Clarence. Je ne suis pas en paix. Tu m'as aidé, alors je vais te rendre la pareille. Tu devrais le confronter. Une bonne fois pour toutes.

Une bonne fois pour toutes ? Après tout, pourquoi pas ?…

– Et ensuite ?

Il passe sa main autour de mon épaule.

– Ensuite ? J'aimerais qu'on soit juste tous les deux. Je crois que je me sens enfin prêt. Et toi ? L'es-tu ?

Je secoue la tête avec un air triste. Bien sûr que non. Je me berce d'illusions. Étienne a raison sur ce point. Si je veux me libérer de l'emprise de Laurent, je dois absolument lui parler. Une dernière fois. Je dois comprendre ce qu'il s'est passé et la raison pour laquelle tout ce que je croyais être le bonheur a volé en éclats.

– Oui. Je… je crois.

– Je peux te demander un service ? Le temps que je me remette, j'aimerais que tu animes mon groupe de soutien. Je crois que tu as énormément à apporter aux autres. Ta vie est l'exemple même d'un combat mené de front par une guerrière extraordinaire.

J'entrouvre légèrement la bouche. Je sais ce que cela représente pour Étienne. Il aime tellement ce groupe et les gens qui le composent...

– D'accord.

Et concernant Laurent... Demain, j'y vais.

38.

Cette fois, je n'ai pas pris de rendez-vous. Je n'en ai pas besoin. Je sais où vit Marie et je vais passer la voir pour lui dire ma façon de penser. Avec un peu de chance, j'y trouverai Laurent. Ou alors, elle me donnera sa nouvelle adresse. Il s'agit de ma seule option. Celle qui me permettra d'enfin passer à autre chose.

Je frappe à sa porte, pleine de conviction et de rage. Je vais enfin en découdre et personne ne m'en empêchera. Je veux tout savoir. Je veux connaître le nom de la pétasse avec laquelle il est parti, je veux savoir où ils vivent, je veux comprendre pourquoi il l'a préférée elle à moi. Toutes ces questions me hantent depuis bien trop longtemps et ont laissé mon esprit occupé uniquement par le travail. Encore et encore. Je me suis donnée corps et âme à cette société et désormais, je suis sur le point de la lâcher à cause d'un mec que je n'ai pas le cœur d'achever. Je suis ridicule, pathétique, mais enragée comme un chien sauvage. Toute ma haine mûre explosera bientôt au nez de Laurent et j'ai déjà hâte de ce moment.

Lorsqu'il est parti, il n'a laissé que des ruines. Il a été le Gengis Khan de ma vie amoureuse. Après son passage, je pensais que les sentiments ne repousseraient plus jamais sur la terre sèche de mon cœur. Mais Étienne est arrivé et il est en train de me prouver le contraire, aussi fou que cela puisse paraître.

Marie ouvre la porte avec un visage rempli de tristesse. Elle renifle, puis me lance un regard menaçant.

– Qu'est-ce que tu veux ?

– Des réponses. Laisse-moi entrer.

Je ne lui laisse pas le choix et pousse la porte pour pénétrer dans son appartement.

– Si tu es encore ici pour tout casser, tu peux partir.

– Ne joue pas les innocentes. Je sais très bien que tu couvres cet enfoiré de Laurent. Vous êtes une famille de tordus et vous ne m'avez jamais aimée ! Alors, où est-il, maintenant ? Où est Laurent, hein ? Pourquoi est-il parti comme ça ?

C'est comme si toute ma frustration de ces derniers mois ressortait à l'instant.

– Arrête de parler de lui de cette façon !

J'ai frappé Berthier hier. Je crois que je pourrais facilement recommencer avec la sœur de mon salopard d'ex-mari.

– Oh, parce que tu vas aussi le défendre ? Même quand ton frère est un salaud de première ? Tu ne sais pas ce que j'ai vécu, à cause de lui. Tu ne sais pas dans quel genre de gouffre obscur il m'a plongée lorsqu'il a décidé de partir sur un coup de tête. Tu crois que je n'ai rien vu ? Que je ne me suis pas aperçue qu'il finissait le travail plus tard ? Qu'il avait des rendez-vous étranges sans m'en parler ? Je ne suis pas conne, Marie, je sais très bien que Laurent ne m'aimait plus et me trompait allègrement. J'ai fait celle qui ne savait pas pour ne pas souffrir. J'ai décidé de jouer la comédie en priant pour que ça s'arrête et tu sais à quel point j'ai été stupide ? Je me suis dit que s'il revenait, j'aurais été prête à lui pardonner alors qu'il ne le méritait pas un seul instant !

Marie ne parvient plus à contenir ses larmes. Tant mieux. Qu'elle chiale, elle pissera moins.

– Tu ne comprends rien.

Ce sont les seuls mots qu'elle parvient à articuler entre les sanglots.

– Tu n'es qu'une imbécile. Tu l'as toujours été. Je ne sais pas pourquoi Laurent t'a aimée.

Une gifle vole. On dit que quand on en vient aux mains, c'est que les paroles ne sont plus capables d'exprimer quoi que ce soit.

– Il t'a laissé tout ce qu'il possédait, crache-t-elle.

– Ouais, bien sûr, c'est pour ça qu'il t'a envoyée chercher son pull, aussi. Va te faire foutre, Marie.

– Il voulait que tu l'oublies. Que tu passes à autre chose. Et garder ses affaires, ce n'était pas sain pour toi.

Je pense que je vais lui en remettre une, si elle continue. Ma colère a déjà explosé, mais je peux continuer.

– J'imagine que de voir une autre femme, c'était beaucoup plus « sain », oui.

– Laurent ne te trompait pas, idiote. Il…

Marie cherche ses mots, secoue la tête, puis s'assied.

– Il quoi ? Hein ? Qu'est-ce que tu vas me sortir comme connerie, maintenant ?

La sœur de Laurent relève la tête vers moi, des larmes plein les yeux.

– Il est mort.

39.

L'espace d'un instant, mon cœur s'arrête. Mort ? Et tout à coup, je repense à tout mon rapport à cette grande faucheuse qui nous guette et nous aura tous un jour. La mort, au fond, qu'est-ce que c'est ? On y passera tous, de toute façon. Et puis, merde : est-ce que mourir nous pardonne vraiment tout ? Est-ce qu'on a pardonné à Hitler en se disant : « Ohhh, le pauvre, il est mort ! » Non ! Personne n'a pensé ça un seul instant. Tout le monde s'est dit que c'était bien fait pour sa gueule et que s'ils avaient pu l'attraper, il aurait passé un moment bien plus désagréable avant d'y passer.

Alors, est-ce que je devrais pardonner à Laurent parce qu'il est mort ?

Mais qu'est-ce que je raconte… Laurent, ce n'est pas Hitler…

Je m'assieds en face de Marie, sans comprendre de quoi elle me parle. Dans un premier temps, je crois à une blague – pas drôle du tout, au demeurant. J'ai le sentiment qu'elle se fout de moi, parce que ce n'est pas possible. Laurent allait bien, il y a peu. On dirait une excuse à la con et je refuse d'y croire.

– Non, lâché-je en secouant la tête. Tu dis n'importe quoi. Pourquoi tu dis ça ?!

Pour seule réponse, Marie continue de pleurer et je l'attrape par les mains pour la secouer.

– Marie ! Hé ! Arrête de dire des conneries, OK ?!

– Il est mort, répète-t-elle. Qu'est-ce que tu refuses de comprendre, là-dedans ?

Je cherche toujours une explication rationnelle. Je ne peux pas imaginer cette possibilité. Elle est bien trop douloureuse à encaisser. Elle signifie aussi que je ne comprendrai jamais ce qu'il s'est vraiment passé.

– Écoute, reprend Marie, Laurent voulait que tu continues de vivre sans… sans le regretter, ou sans penser à lui.

Et dire que j'ai à peine répondu à ses messages, il y a peu. J'aurais pu l'appeler. J'aurais pu lui parler. Tout aurait pu être… tellement différent.

Je reste bouche bée. Chaque mot que j'essaye d'articuler se perd au fond de ma gorge et disparaît, comme s'il se diluait dans mon organisme traumatisé.

– Mais… Mais… ?! Marie ?! Qu'est-ce que tu es en train de me dire ? Ce n'est pas possible, il… il allait bien et…

– Non, me coupe-t-elle. Laurent était malade. Très malade. Mais il te connaissait mieux que personne et il savait que tu n'y survivrais pas. S'il avait été dans un sale état et qu'il te l'avait montré, jamais tu ne l'aurais supporté. Tu serais peut-être morte avec lui, toi et ta foutue dépression.

Dépression ?!

– Je ne suis pas en dépression. Je ne l'ai jamais été.

– Bien sûr.

Ses paroles me font froid dans le dos. C'est donc ça que Laurent pensait de moi ? C'est donc ce qu'*elle* imagine que je suis ? Une pauvre fille trop fragile pour supporter la maladie de son mari ?!

– J'aurais pu l'aider, putain ! Mais…

Je ne parviens pas à retenir les larmes. Elles coulent toutes seules, sans même que je ne les commande. Elles ne me laissent pas d'autre choix. Elles chutent comme des rivières tièdes sur mes joues.

– Tu ne pouvais rien faire. Laurent avait un cancer du pancréas. Il n'avait que six mois à vivre. Tout au plus. Il voulait juste que tu l'oublies.

– Je n'ai même pas pu lui dire au revoir.

Sans me répondre, Marie se lève et se rend jusque dans ses armoires pour en tirer des dossiers. De là, elle sort un papier, soigneusement enveloppé dans une pochette plastique, avant de me le tendre.

– Qu'est-ce que c'est ?

– Les derniers mots de Laurent pour toi. Au cas où tu apprenais la vérité.

Les mains tremblantes, j'attrape la page noircie avec appréhension.

Ses derniers mots.

Tout est écrit au stylo. Je reconnais son écriture. Je riais souvent, parce qu'il avait l'écriture d'un médecin sans l'être pour autant. Laurent a toujours eu une pensée plus rapide que sa main. Il avait de grandes difficultés à être ne serait-ce que lisible. Mais moi, je n'ai jamais eu ce problème. Comme si nous étions connectés. Je l'avais dans la peau. Lui, son sourire irremplaçable et son écriture de chat. Et je pleure de voir ces mots couchés sur le papier. Ils ont probablement été écrits dans la solitude la plus totale, sur un lit d'hôpital à côté duquel je ne me trouvais pas.

– S'il te plaît, murmure Marie, pardonne-lui. Parce que tout ce qu'il a fait, il l'a fait pour toi. Pour que tu puisses vivre en l'oubliant. Sans regarder en arrière.

Faut-il être fleur bleue pour voir la vie en rose ?

Clarence,

Si tu lis ceci, c'est que j'ai échoué à disparaître dans le silence le plus total. Et je te prie de m'en excuser, mon amour.

Je suis obligé de te dire combien je t'aime, tu sais. Mais la vie est perfide et elle a décidé de nous arracher l'un à l'autre. Comme ça. Sans prévenir. Cancer du pancréas. C'est incurable. Mes chances de survie sont nulles. Lorsque je l'ai senti venir, je n'ai pas perdu de temps et j'ai pris tous les rendez-vous nécessaires. Surtout le soir. Je prenais les appels de mon médecin en secret, pour que tu ne te doutes de rien. Tu pensais que je te trompais. C'était peut-être mieux ainsi. J'ai décidé de rester jusqu'à ce que je ne puisse plus cacher ma maladie. J'étais déjà un mort-vivant et je te connais, mon amour. Je sais que tu n'aurais jamais survécu à cela. Tu aurais pris ça trop à cœur. Ton boulot te prenait déjà tout ton temps et j'étais de toute façon condamné. Je te connais, Clarence. Je sais qui tu es, au fond de toi. Tu te penses mauvaise, mais tu es tout ce qu'il y a de plus lumineux dans ce monde. Savais-tu que Lucifer était l'ange préféré de Dieu, avant d'être déchu ?

Si moi, je ne peux être soigné, toi, tu le peux. Ta dépression n'est pas une fatalité. Je sais que tu portes le monde entier sur ton dos comme si c'était un fardeau. Mais tu peux déposer tout ce poids. Tu n'as jamais eu la vie facile dont tu avais rêvé et j'espère que ma présence auprès de toi aura été une parenthèse agréable dans ton existence. En tout cas, en ce qui me concerne, tu as illuminé ma vie. Tu as rallumé ses feux comme personne n'aurait pu le faire à part toi.

Tu sais ce qui me fait sourire ? D'imaginer ton rire, ton sourire, ta lumière jaillir sur les murs froids de cet hôpital. Les soins palliatifs, ce n'est pas ce qu'il y a de plus réjouissant. Mais ton souvenir, gravé profondément en moi, me donne la force de t'écrire, de penser à ton doux visage et de t'imaginer là, à côté. Tu râlerais sûrement sur les médecins, tu leur rentrerais même probablement dans le lard. Tu leur dirais que ce ne sont que des incapables. Tu essayerais peut-être même de prendre les choses en main toi-même. Mais ce n'est pas possible et tu le sais. N'est-ce pas ? Il y a des fatalités contre lesquelles, comme leur nom l'indique, on ne peut rien.

J'ai préféré partir. J'aurais tellement aimé passer ces derniers mois en ta compagnie plutôt qu'en celle des médecins, mais ça aurait été t'infliger une souffrance si grande que je ne pouvais pas m'y résoudre. Tu es forte, mais fragile à la fois. Bien sûr, tout est à toi. Tout t'appartient dès à présent et tout le monde est prévenu. Personne ne te réclamera quoi que ce soit. Tout ce que je veux, c'est que tu vives. Comme une flamme qui grandit et qui brûle fort, fort, fort. Parce que tu le mérites. Parce que quoi que tu dises, tu es de ces personnes qui rendent la vie des autres plus belles, lorsque tu es dans la pièce. Peu importe ton travail, peu importe ce que tu penses de toi-même. Tu vois toujours tout en noir et c'est ironique, non, pour une si belle lumière ?

Clarence, je t'aime plus que tout, mais je veux que tu m'oublies. Je veux que tu rencontres quelqu'un qui te fera sourire, rire, qui te prendra dans ses bras et te donnera la vie que tu mérites. J'aurais tellement, tellement aimé que ce soit moi, mon amour, mais voilà : le destin en a décidé autrement et je ne peux plus assumer le rôle de celui qui te tient la main. Ma main lovée dans la tienne disparaît jour après jour et tout ce que je peux faire, c'est la regarder se déliter, les yeux humides. Mais un autre viendra. Il remarquera tout ce que j'ai remarqué en toi dès la première fois que je t'ai vue.

Il verra ta lumière, il verra ta grandeur d'âme, ta bonté, il verra que tu es une personne exceptionnelle et il tombera amoureux. Parce qu'on ne peut pas faire autrement que de tomber amoureux de toi.

Souviens-toi, mon amour, que la vie est pleine de perfection, comme la musique. Mais ce sont les fausses notes qui donnent toute la saveur à celles qui sont justes. Ces petites bizarreries sont le sel de la vie et je souhaite que jamais tu ne changes, ma fausse note.

Les justes sont beaucoup trop ennuyeuses et communes. Toi, tu n'es pas comme elles.

Embrasse Clara et dis-lui au revoir pour moi.

Je t'aime.

Laurent.

40.

Jamais je n'ai été abasourdie comme je le suis maintenant. C'est comme une massue qui me tombe sur la tête et m'empêche même de parler, de penser, de voir. Je suis muette, la lettre entre les mains, et je reste là, assise sur la chaise de Marie.

– Je suis désolée, articulé-je doucement.

– Moi aussi. Laurent… Laurent voulait juste que tu n'aies plus rien qui puisse te le rappeler. C'est pour ça qu'il m'a envoyé chercher le sweat et… comme tu t'en doutes, eh bien… il ne pouvait pas venir lui-même.

Je hoche doucement la tête.

Pars.

– Je dois y aller, Marie.

– Attends. Qu'est-ce que tu vas faire ?

Je sens que, tout à coup, la sœur de Laurent s'inquiète pour moi. De ma fragilité. De mes pensées morbides. Celles qui peuvent me traverser, quelques fois, puis qui s'en vont. C'est à elles qu'il ne faut pas céder de terrain. Jamais.

– Je dois régler certaines choses.

– Clarence… il… il voulait que je veille sur toi, mais je n'en aurai pas la force. J'ai besoin de faire mon deuil de mon frère.

Je crois que c'est sa manière de me dire qu'elle ne m'empêchera pas de commettre une bêtise si je suis partie pour ça. Ce n'est pas mon intention.

Je quitte l'appartement de Marie sans un mot de plus. Hagarde, je manque de tomber dans le couloir. Je titube, comme si je venais de recevoir un coup sur la tête. Ma vue est trouble. Les larmes ? Peut-être. Je n'arrive pas à réfléchir et, tremblantes, mes mains cherchent mon téléphone au fond de mon sac.

J'ai besoin de toi.

Presque aussitôt, la réponse fuse.

Étienne.

Où es-tu ?

C'était instinctif. Primitif. Je n'ai pas réfléchi une seule seconde à ce que j'écrivais, ni à qui je l'écrivais. C'était comme… une pulsion. Un sentiment puissant qui me dirigeait vers lui à cet instant précis parce que c'est ce dont j'avais le plus besoin au monde. Quelqu'un. Un soutien. N'importe qui.

Je lui donne l'adresse et m'effondre contre le mur de l'immeuble de Marie en sanglotant.

Rien ne va. Rien ne va.

Je ne comprends plus rien. Je ne sais plus où j'en suis.

Étienne arrive en voiture, puis s'arrête à mon niveau alors que tous les klaxons, derrière, lui demandent de bouger du passage. Il descend en râlant à grand renfort de gestes destinés aux autres conducteurs, puis se rend à mon niveau pour ouvrir la portière.

– Viens. Monte.

Sans hésiter un instant, je grimpe dans la voiture d'Étienne et nous repartons en trombe. Qu'est-ce qu'il vient de se passer ?

Les mots peinent à sortir de ma bouche et pourtant, je lui raconte tout. Comme s'il était la seule personne à laquelle je souhaitais m'ouvrir. À mesure que je parle, même si son regard reste vissé sur la route, je vois bien que l'histoire le touche.

– Je... je suis désolé, Clarence. J'étais très loin d'imaginer ça.

Ce n'est pas de sa faute. Personne n'aurait pu. Et je suppose que ces nouveaux éléments viennent s'ajouter à tous les événements traumatiques qui forment le ciment de la personne que je suis. Parce que si je me suis construite sur quelque chose, c'est bien là-dessus. Ce sont les drames qui jalonnent ma vie et qui me forgent. Le bonheur, c'est ce que je ressens entre deux malheurs. Rien d'autre.

– Tu veux aller quelque part ?

– Chez moi.

Durant toute la route, Étienne ne dit pas un mot et moi, ma tête est collée contre la vitre. J'ai l'impression d'être dans un taxi. Mais d'être avec lui... c'est rassurant. C'est comme un plat qu'on commande au restaurant et dont on connaît déjà le goût. On sait qu'on ne sera pas déçu.

Comment a-t-il pu me faire ça ?

Moi qui prenais Laurent pour un salaud de la pire espèce. Je l'ai haï tellement longtemps alors que lui n'avait jamais cessé de m'aimer de toutes ses forces et naturellement viennent les questions fatidiques : qu'est-ce qui cloche chez moi ? Pourquoi suis-je comme ça ? Pourquoi les autres voient-ils quelque chose en moi que je ne suis pourtant pas ?

Une bonne personne ? Une lumière ?

J'ai l'impression d'être le diable en personne.

Je suis cynique, mauvaise, jalouse, détestable, violente.

J'ai tous les défauts, alors pourquoi ? Pourquoi me donner tant d'importance ?

Lorsque j'arrive enfin chez moi, je ne suis pas accompagnée par Étienne. Je lui ai simplement demandé de me déposer. J'ai besoin de temps toute seule pour me retrouver avec moi-même. Ce qui est arrivé est absolument impensable.

Laurent...

À peine suis-je arrivée que Clara me tombe dessus.

– Qu'est-ce que tu as ? Tu n'as pas l'air dans ton assiette.

C'est drôle, non ? Parce que je n'ai plus la moindre larme dans mon corps. Je n'ai plus rien à pleurer. Comme si j'avais déjà tout consommé. Je n'ai même pas la force de pleurer Laurent. Je lui ai tellement souhaité de mal que j'ai le contrecoup de tout ce que j'ai pu espérer. J'aurais aimé qu'il lui arrive un nombre incalculable de merdes dans la vie. Mais pas ça. Enfin, je croyais que c'était ce que je souhaitais, mais ce n'était pas le cas.

– Je vais quitter D & C.

Mon amie ouvre de grands yeux.

– Quoi ?! Mais tu déconnes, j'espère !

– Pas du tout. J'ai pris ma décision.

Ils voient tous en moi une bonne personne alors que je suis une pure raclure de bidet. Il est peut-être temps de leur donner raison. Il est peut-être temps de m'accrocher à un espoir. Même s'il est dingue.

– Et puis quoi ?

– Je vais tout avouer à Étienne.

Clara m'attrape par les épaules et me secoue.

– Est-ce que tu as pété les plombs ? Allô, Clarence, ici la Terre ! Ton job, c'était de le foutre, lui, en dépression. Et tu crois qu'il va le prendre comment, au juste ? Il va se dire que tu es une tarée !

– Peut-être bien. Et alors ? Je m'en tape ! Tout ce que je veux, c'est en finir avec tout ça. J'en ai ma claque, tu comprends ?

Je me crève tous les jours pour un travail qui n'en vaut pas le coup et… je ne suis pas heureuse, Clara.

Ces quelques mots ont l'air de déclencher un électrochoc en elle.

– Mais… je croyais qu'on était amies et que… ma présence te suffisait à…

– Eh bien non. Ce n'est pas aussi simple que ça. Je suis dans la merde jusqu'au cou, OK ? Je n'ai pas envie de faire de mal à Étienne et si je n'y parviens pas, je serai virée de toute façon. Autant prendre les devants et donner un grand coup de pied dans les couilles de Marc avant de partir.

Ça, c'est une super idée ! Parfois, je suis créative.

– Et c'est tout ? C'est ça, ta décision ? Tu t'es battue toute ta vie, pour ce poste !

– Je me suis battue toute ma vie pour rester vivante. Ma vie n'a été qu'un foutu combat, Clara ! Tu le sais mieux que personne, tu as… tu as toujours été là et je t'en remercie. Mais voilà, j'ai un nouveau match à mener et à gagner. Tu seras là ?

Elle lève les yeux au plafond, puis les repose sur moi avec un air compatissant.

– Bien sûr, bien sûr… Et le loyer ?

Je hausse les épaules. On appelle ça « loyer », c'est marrant… parce qu'en fait, il s'agit surtout du crédit. Si ce n'était qu'un loyer, je pense que je déménagerais et que je me débarrasserais de ça pour toujours. Mais là, ce n'est pas le cas. C'est une somme qui tombe tous les mois et contre laquelle je ne peux rien.

– Je m'arrangerai. Au pire, je vends l'appart.

Je suis au plus mal. Je viens de prendre un sacré coup de massue sur la tête et toutes les cinq minutes, je pleure. Les larmes coulent d'elles-mêmes, comme si elles avaient besoin d'être évacuées et qu'il n'y avait pas d'autre recours. Laurent était tout ce que j'avais et maintenant, il est parti. J'ai du mal à l'accepter. Je ne peux même pas me l'imaginer. C'est terrible de penser que je ne le reverrai plus jamais. Je ne souhaitais pas vraiment le revoir, mais... c'est drôle, cette sensation. Parce que je n'ai pas l'impression qu'il est parti. J'ai le sentiment que si je me rends chez Marie une nouvelle fois, j'aurai peut-être une chance de tomber sur lui. Et là, on se disputerait à propos de toutes ces petites choses qu'on trouve mignonnes chez quelqu'un, au début, puis qui finissent par nous insupporter. On reparlerait de notre divorce et on se souviendrait d'à quel point on a bien fait d'aller au bout. Et puis, peut-être quand même qu'on apporterait une petite touche de douceur dans tout ça, en s'avouant que notre bout de route ensemble était quand même chouette.

Ce serait bien...

Mais ça n'arrivera pas. Ça n'arrivera plus. Laurent est mort et tout ce qu'il m'a laissé, c'est une fichue lettre. L'homme avec lequel j'étais mariée depuis des années est mort. Il a disparu juste après avoir demandé le divorce. Il s'est volatilisé comme un fantôme.

– Ce soir, je vais animer le groupe de parole d'Étienne.

– Quoi ?! Tu es sûre ? Mais... tu tiens à peine debout, et...

– La ferme, Clara. Je vais le faire. J'en ai besoin. J'ai besoin de parler.

41.

Il est temps de cracher mon venin à la gueule du destin. De lui montrer que je suis plus forte que lui. Il est temps de donner une bonne leçon à la vie pour lui faire comprendre qu'elle ne peut pas m'abattre aussi facilement. On dirait qu'à chaque fois que je commence à ressentir un peu de joie dans ma vie, elle s'évertue à me l'enlever en rajoutant de la crasse par-dessus. Comme si ma situation ne suffisait pas. Chaque jour, je me demande déjà si je passerai le suivant, mais c'est comme ça : la vie est sans pitié. Elle s'en fout qu'on soit heureux, malheureux, malades, en bonne santé. La vie, elle prend. C'est tout. Elle n'a pas d'yeux. Elle est aveugle et sourde à toutes nos requêtes, même les plus sincères et profondes. Elle s'en moque. Tout ce qui l'intéresse, c'est de nous détruire toujours un peu plus jusqu'à ce qu'un beau jour, on n'en puisse plus.

Germaine m'accueille dans le local prévu pour le groupe de parole et elle a l'air plus souriante que jamais.

– Oh, Clarence ! Tu es venue ? Comment va Étienne ? Il a repris contact avec nous, mais il ne semble toujours pas décidé à venir.

– Il veut que j'anime le groupe.

La jeune femme semble surprise. Elle lève un sourcil, puis acquiesce sans se départir de son joli sourire. En temps normal, je crois que je n'oserais jamais lui faire la remarque, mais la journée a été tellement difficile à encaisser que je suis prête à toutes les folies – et même à vaincre mes anxiétés sociales.

– Tu as l'air radieuse, aujourd'hui. Qu'est-ce qu'il se passe ?

– J'ai coupé les ponts avec cette amie. Elle est venue me reparler pour mon anniversaire, nous avons discuté sans la moindre rancune et… les choses se sont faites naturellement. Je me suis séparée d'elle. Ça me fait sourire, parce que je ne souffre plus. J'ai appris que parfois, il valait mieux laisser les gens s'en aller plutôt que d'essayer désespérément de les garder près de soi.

– Ouais. Ça s'appelle vider les ordures. Je ne dors pas avec mes poubelles, personnellement.

Un peu trop de sincérité. Je vais essayer de l'être quatre-vingt-trois pour cent moins.

Au lieu de froisser Germaine, cela l'amuse et elle rit de ce qu'elle pense être une blague. Ah ! Sauvée par les conventions sociales.

Germaine me donne les clés du local. C'est tout bon. Je suis la reine de la soirée, on dirait !

Après un café rapide et une bonne introspection, je me place au centre de la pièce pour faire face à tous les marginaux qui ont besoin d'aide et que suit Étienne. Tous ces gens désespérés me regardent avec des étoiles dans les yeux. Comme si j'allais devenir un phare, pour eux. Leur apporter mes conseils. Ce qu'ils ne savent pas, c'est que j'ai encore tout à apprendre et que ce sont eux qui me le transmettront mieux que personne.

Tout le monde attend, au fait !

C'est à moi de prendre la parole pour ouvrir la séance et je ne sais même pas quoi dire. Tant pis, je vais improviser.

Mauvaise idée.

– Étienne n'a pas pu être présent parmi nous ce soir. Quand je l'ai vu, je me suis dit : « Waouh… le type qui règle les problèmes des autres n'arrive pas à venir à bout des siens. » Drôle d'ironie, quand même, non ? Parce que c'est comme ça. On donne des conseils qu'on ne sait pas suivre. Mais c'est un très bon… euh… animateur ? Gourou ? Rah, peu importe ce qu'il est, ce qui est sûr : c'est qu'il fait ça bien. En ce qui me concerne, je ne crois pas m'être présentée à vous honnêtement. J'ai déjà parlé de moi, mais peu. Et pourtant, c'est à moi qu'Étienne a confié l'animation du jour et… euh… du mois, même, je crois. Alors voilà, je m'appelle Clarence et je suis un nid à problèmes. Ouais, un vrai nid. Ça, c'est le moins qu'on puisse dire. Si je devais résumer ma vie en quelques mots, je dirais que je suis une enfant battue, mal-aimée, dont l'écriture des traumatismes d'enfance pourrait remplir le volume d'un dictionnaire. Je ne pensais jamais me sortir de mon enfance, d'ailleurs. Mais quand j'en suis sortie, je suis devenue une adulte pleine de complexes et de bizarreries. C'est à la fac que j'ai rencontré Laurent. Mon ex-mari. Puis, il est mort. Je croyais qu'il me trompait, mais non, non, tout va bien… il était juste malade et il est allé mourir dans son coin parce qu'il tenait trop à moi pour me l'infliger. Chouette, non ?

Le stand-up, ce n'est pas mon truc. Pas de rires dans la pièce.

– Enfin bref. Je bosse dans une boîte super spéciale qui adore les gens comme vous. Ça s'appelle… D & C. Je n'ai pas le droit de le dire, normalement, mais je m'en fous. Et pour vous la faire courte, le business, c'est que vous tombiez en dépression. Je vous passe les détails et les calculs comptables, mais votre malheur est super rentable, donc… voilà. C'est dans le cadre d'une mission que j'ai rencontré Étienne. Et… honnêtement, même si je ne l'aurais pas cru, ça m'a transformée en profondeur. Sa simplicité, sa gentillesse et sa fragilité... tout ça m'a... m'a conquise. En fait, il me rappelle beaucoup Laurent. Et donc, eh bien... j'ai renoncé à ma mission. J'ai renoncé à tout, à vrai dire. Et l'histoire complète de ma vie serait trop déprimante pour être racontée. Finalement, j'ai l'impression que bosser là-bas a fini par me contaminer, d'une manière ou d'une autre. Parce que je ressens ce besoin d'aide. Ce besoin de parler avec d'autres personnes qui vivent des situations difficiles. Je sais que... toute seule, je ne m'en sortirai pas. Laurent avait raison sur ce point, avant de mourir. Il m'a dit que sa maladie m'aurait emportée aussi. Et... même si j'ai du mal à le reconnaître, je crois que c'est vrai. Je n'aurais pas été prête à le voir partir comme ça. Au final, il a peut-être bien fait. Et quand je vous vois, tous, j'ai honte.

Un instant de silence s'installe. Tout le monde est suspendu à mes lèvres.

– Parce que... j'avais l'impression que vous étiez des losers. Des marginaux. Des dégénérés avec de tout petits problèmes que personne ne devait prendre en compte. Je vous croyais fragiles alors que... finalement, parler ici est la chose la plus difficile que j'aie eu à faire. Je pensais que vous étiez faibles, mais vous étiez tous bien plus forts que moi. Et... peut-être que certains qui sont passés par ce groupe de parole y sont indirectement venus à cause de moi et de la société pour laquelle je travaille. Si, si, je vous jure qu'elle existe. On est... on est en partenariat avec plein de boîtes que vous connaissez très bien aussi, hein. Il y a... enfin, non, vous savez quoi ? Je ne vais pas les citer, ce serait leur faire de la pub et je n'en ai pas envie. Mais il y en a une qui commence par « To » et qui finit par « Tal ».

Cette fois, j'ai droit à quelques rires.

Et au moment où je termine ma phrase, j'aperçois une silhouette qui m'est bien familière, qui franchit le seuil du groupe de parole : Berthier.

Sans un mot, il s'installe sur une chaise, puis me regarde avec un air triste.

Mais ?...

– Maintenant que ma présentation est terminée, je crois que je vais pouvoir laisser la parole à d'autres qui en ont besoin.

Quelques applaudissements précèdent mon retour en position assise.

Je ne me suis pas rendu compte tout de suite des responsabilités confiées par Étienne. Animer ce groupe de parole, c'est tout un sport ! Il faut écouter les autres, leur donner des conseils de vie, être attentionnée... et j'apprécie. Je crois que ce ne sera pas facile. Mais à la fin de la séance, tout le monde a l'air satisfait. Tout le monde, même Berthier, qui enfile sa veste pour ressortir. Tandis qu'il est sur le pas de la porte, je l'interpelle :

– Hé ! Attends ! Où est-ce que tu vas ?

Mon collègue se tourne vers moi avec un regard triste.

– Ah, salut, Clarence. Je... je ne savais pas que tu serais là.

– Viens. On va prendre un café.

Berthier s'assied sur une chaise. Tout le local est vide, désormais. Il n'y a plus que nous. Je nous fais couler deux cafés et nous nous retrouvons l'un en face de l'autre, à soupirer comme des imbéciles. Je sens qu'il est à deux doigts de craquer.

– Je n'en peux plus, tu sais, lâche-t-il. J'avais besoin d'être là, mais je n'ai pas osé parler.

– Qu'est-ce qu'il se passe ?

– Tu déconnes ?! Tu veux que je te fasse une liste ? Je me fais harceler tous les jours, au boulot. À cause de Marc et toi, on m'appelle Merdier dans toute la boîte. Les autres passent leur temps à m'insulter, à me rabaisser, à me traiter comme un tapis sur lequel on s'essuie les pieds. Les mecs de la compta ont même foutu une tête de veau dans mon sac.

Ne ris pas. Ne ris pas. Ce qu'ils sont cons, à la compta ! Ah, en dehors du boulot, ils savent se marrer, ces gars…

– Écoute, je suis désolée.

– Tu as tout balancé, pas vrai ? Tu sais que tu peux te faire atomiser, pour ça ? Je ne rigole pas, Clarence. Chez D & C, ils ne plaisantent pas avec la confidentialité.

– Je sais.

Berthier fait tourner son café dans sa tasse. Je n'avais jamais remarqué qu'il était… aussi triste. Je le voyais, mais je ne l'avais jamais regardé. Vraiment. C'est comme si pour la première fois, ce n'était plus juste mon collègue de boulot un peu saoulant avec des pellicules sur les épaules, mais un être humain.

– Tout ce que je voulais, c'était qu'on m'apprécie. Je voulais être le mec cool, pour une fois.

Sa remarque m'arrache un sourire tendre.

– Tu es cool, Berthier. Le plus cool des connards de cette boîte.

– Je vais la quitter. En fait, je vais tout quitter. La société, ma femme, tout. Je veux vivre autre chose, mais je suis bloqué. Je n'ai pas le courage. C'est comme… demander à un type en fauteuil roulant de se lever et de marcher. Je n'y arrive pas. Je pensais que ce groupe m'aiderait. C'est con, je sais.

– Ce n'est pas con du tout. Bizarrement, ça m'a aidée.

Berthier avale une lampée de son café en hochant la tête.

– Tu penses qu'il y a une place pour moi, quelque part, dans ce monde ?

– Je me pose la même question.

– Parfois, j'ai l'impression de chercher un trésor caché. De creuser, creuser, mais que ça ne suffit jamais. Que le coffre est enfoui toujours plus profondément. Et j'ai beau continuer mes efforts, ça ne fonctionne pas. Je ne suis même pas sûr, finalement, que le trésor existe vraiment.

L'histoire de ma vie. Je ne savais pas qu'avec Berthier, nous partagions autant. Je ne pensais même pas qu'il avait une réflexion. Pour moi, c'était juste un personnage secondaire de l'histoire dont je suis l'héroïne. On est tous les héros de notre histoire et lui, c'était vraiment le type à côté. Celui qui existe, mais qui ne compte pas.

– Je crois qu'il n'est pas sous terre, ce trésor, Berthier. On doit le trouver ailleurs. Peut-être en nous. Qui sait ?

– Mmh…

– Alors, tu poses ta démission ? Je vais faire la même chose.

– Je ne parlerai pas de la rupture de ta clause de confidentialité. Même si tu m'as traité de pelle à merde rouillée.

Je m'esclaffe. Pas lui. D'accord, ce n'était pas une blague.

– Je suis désolée pour le harcèlement, Berthier. Ce n'était pas personnel. On se sent tous mal, au fond, je crois. Et tout le monde le vit à sa façon. Je l'ai montré comme une connasse en te traitant comme une carpette. Mais ne t'inquiète pas. On ne se reverra pas au boulot. J'en ai fini avec cette partie de ma vie. Je crois que c'est le mieux à faire.

Je n'arrive pas à croire que j'en suis là. Il y a quelques semaines, j'aurais été répugnée rien qu'à l'idée d'avoir une discussion seul à seul avec ce type. Ce collègue de boulot lambda qui n'existe pas vraiment. Qui vit dans l'ombre de tout le reste. Qui n'est là que pour une conversation rapide autour de la machine à café ou de la photocopieuse. Mais ce mec, ce Berthier, il a une vie, lui aussi. À laquelle je ne me suis jamais intéressée. Pourtant, il est né, a grandi, a vécu. Il n'est pas sorti du ventre de sa mère avec un attaché-case et une petite calvitie naissante. Il n'est pas venu au monde avec la tronche d'un comptable marmonnant au physique aussi précaire que repoussant.

Nous partageons un café et pour la première fois, je le vois. Parce qu'il porte sur lui les cicatrices de sa vie passée. Cet embonpoint qui cache peut-être une compensation de son mal-être dans la nourriture, cette calvitie qui signifie qu'il subit beaucoup de stress et de pression. Cette façon qu'il a de se recroqueviller sur lui-même, comme un type qui a passé sa vie à en prendre plein la tronche.

Oui, pour la première fois, je le vois.

– Berthier… c'est quoi ton nom ?

Il relève la tête vers moi, le visage surpris.

– Si… Simon.

– Enchantée, Simon.

42.

Un changement est en cours. Il arrive en soufflant aussi fort que le vent du midi. C'est une nouvelle ère qui s'offre à moi. Celle de la métamorphose. Je n'en suis pas à me dire que je n'étais qu'une misérable chenille en train de devenir un papillon. Non. Cette comparaison ne me plaît pas, parce que le papillon ne vit qu'une seule journée et j'ai bien l'intention de vivre plus longtemps que ça.

Je crois que je me reconstruis doucement et Étienne aussi. Un mois passe et je suis en plein abandon de poste auprès de D & C. J'esquive les appels de Marc avec l'agilité d'un Darmanin qui évite le sujet des agressions sexuelles.

Plus j'anime le groupe de parole, plus je me sens proche de tous ces gens et de leurs problèmes. Et à mesure qu'ils racontent leurs vies, j'y trouve des similitudes avec la mienne et les solutions m'apparaissent évidentes. Aussi bien pour eux que pour moi.

Mais il y a une étape que je n'ai pas encore franchie. Même si je vois régulièrement Étienne et que la reconstruction est effective, je ne lui ai toujours pas avoué qui j'étais. Mon bonheur n'est qu'éphémère et il s'agit là de la seule ombre au tableau.

Une fois que je lui aurais dit la vérité, il ne me verra plus du tout de la même façon. Pire, il me détestera. Parce que je ne serai pas dans la demi-mesure. Je lui avouerai tout. Du début à la fin. Je ne mâcherai pas mes mots et je serai plus que sincère. S'il a toujours envie de passer du temps avec moi après ça, c'est que c'est un ange tombé du ciel. Mais mieux vaut ne pas avoir trop d'espoir de ce côté-là. Personne ne peut aimer fréquenter un monstre comme moi. La rédemption est un chemin difficile, parce qu'elle ne coïncide pas toujours avec le pardon que nous accordent les autres.

Il aurait toutes les raisons de m'en vouloir. Il n'était pas là lorsque j'ai parlé aux autres de D & C.

Pour le moment, Marc n'a pas appliqué sa menace. Je suis toujours employée. J'ai même reçu mon salaire après un mois entier d'absence injustifiée. Je sais que je suis fichue. Même si je reviens, on me mettra au placard.

Mais voilà, aujourd'hui, j'ai décidé de mettre fin à la parenthèse de tranquillité que j'éprouve. Je me rends chez Étienne, décidée à lui dire toute la vérité. Sans compromission. Sans artifices.

J'ai l'impression d'avoir dansé toute ma vie comme un pantin. Il est temps de couper les ficelles. Pourtant, mes jambes sont lourdes et mon cœur tambourine contre les coins de ma tête. Comme si elle allait exploser sous la pression.

Je suis à sa porte et j'entre. C'est comme ça, maintenant. J'ai le droit de venir chez lui, mais il n'a jamais passé le seuil de chez moi. Je n'étais pas encore prête à le faire venir dans mon appartement. Parce que c'est le nid que j'ai partagé avec Laurent pendant si longtemps…

Voir un autre homme dormir dans ce lit, je crois que ça m'aurait tuée.

Peut-être que je pourrais consentir à cet effort, désormais. Mais il y a de toute façon peu de chances que ça arrive avec Étienne. Parce que lorsque je ressortirai de chez lui, il me détestera. Pour ce que j'ai fait. Pour ce que je suis. Et il aura bien raison.

– Tu es là ? Alors, comment s'est passée la réunion, aujourd'hui ? me lance-t-il en souriant.

Pour ponctuer nos retrouvailles, il me prend dans ses bras et ose un baiser sur mes lèvres. J'en ai presque honte, tant ce que j'ai à lui dire risque de lui briser le cœur.

– Étienne, je dois te parler.

Il fronce les sourcils, puis me regarde avec un air incrédule.

– Ça, ça ne sent jamais bon. Je t'écoute.

Ça y est, il est temps de tout détruire. De ne laisser que des cendres derrière moi. Je ne rebâtirai rien sur les gravats de ce que va devenir ma vie, mais ça ne fait aucune différence. Il est temps d'être parfaitement honnête. Si j'ai des sentiments pour Étienne, il mérite de connaître la vérité à propos de moi.

Je commence par le commencement. C'est là que démarrent toutes les histoires. La base. Le prélude. Qui suis-je vraiment ?

– Je ne suis pas celle que tu crois, lâché-je. J'ai menti à propos de moi, Étienne.

Qu'est-ce que je suis en train de faire ? Je vais tout ruiner. Les larmes me montent déjà aux yeux, parce que je sais qu'il ne me pardonnera pas. Mais je ne peux pas bâtir une relation sur un mensonge. Pas avec lui. Il mérite bien mieux.

– Je n'ai jamais travaillé en banque. Je suis cadre dans une société très particulière dont je ne suis pas censée donner le nom. Elle s'appelle… D & C. C'est une entreprise dont le but est de mettre les gens en dépression parce que le calcul simple est qu'une personne malheureuse est plus rentable qu'une personne heureuse. Notre mission, c'est surtout du terrain.

On prend attache avec ceux qui... qui nous sont donnés pour cible et on les met suffisamment au fond pour qu'ils aient envie de se...

– Stop, lance-t-il en tendant la main devant lui. Stop, Clarence. Pourquoi tu me dis tout ça ?

– Eh bien... parce que j'ai envie d'être honnête. Parce que tu le mérites. Je ne veux pas te faire de mal, Étienne, et pourtant c'est ce que j'étais censée...

– J'ai dit : stop.

Ça y est. Le couperet va tomber. Étienne me regarde avec sévérité. Sa lèvre inférieure est prise de tremblements et moi, je reste là, les bras ballants, comme une misérable. Il va m'atomiser.

– Toute ta vie d'avant, Clarence, tu peux la garder pour toi. Je ne veux rien savoir à propos de tout ce que tu as fait. Parce que j'ai vu une lumière en toi et je ne me suis pas trompé. Pourquoi voudrais-tu l'éteindre à mes yeux ? Tes problèmes d'avant, ce sont les tiens. Tes problèmes, à partir de maintenant, ce sont les nôtres. Et je ne veux plus entendre parler du reste.

Les larmes me montent aux yeux une nouvelle fois. Mais, tout à coup, c'est une immense chaleur qui m'envahit. Alors, c'est ça. Il ne souhaite pas en savoir plus. Il n'y a pas de condition aux sentiments que me porte Étienne. Ils sont purs et complets. Cette immense boule de magma qui monte en moi me pousse à l'embrasser à mon tour. Comme jamais je n'ai embrassé personne. L'ascenseur émotionnel, sans doute. D'abord, j'ai cru que j'étais foutue et puis Étienne a su me rassurer.

– Alors... tu... tu es sûr ? Tu ne veux rien savoir ?

C'est un tel choc que j'en ai des frissons. Il s'en fiche. Pour seule réponse, Étienne me prend par la taille d'une main et ramène une mèche de cheveux derrière mon oreille de l'autre, avant de m'embrasser.

– Non.

– Tu ne sais rien de moi, mais il y a une personne que j'aimerais te présenter quand même. Il s'agit de ma meilleure amie. Je lui ai parlé de notre relation et… enfin… ce serait super que tu la rencontres.

C'est un grand pas pour moi. Jusqu'à présent, je n'ai pas eu besoin de présenter Clara à qui que ce soit à part Laurent puisqu'à l'évidence, je n'ai pas vraiment d'amis. Mais maintenant qu'Étienne a décidé d'entrer dans ma vie, je ressens le besoin impérieux qu'il la connaisse.

Presque aussitôt, nous nous mettons en route pour mon appartement. Je ne pourrai pas rester ici plus longtemps. Je vais devoir vendre. Les souvenirs sont trop nombreux et trop douloureux, surtout depuis que je sais que Laurent n'est plus. Quand il était encore vivant, j'avais toujours cette illusion, ce voile devant les yeux qui me disait qu'il était infidèle et que je méritais bien de vivre ici et d'y prendre tout l'espace. Maintenant, ce n'est plus la même chose.

Je passe la porte avec la boule au ventre parce que voilà, aucun autre homme n'était jamais entré. Étienne est le premier à franchir le seuil de ma demeure et je suis extrêmement nerveuse à cette idée.

– Voilà. C'est… c'est chez moi. Oh, merde, je suis désolée…

J'avise les chips et les sucreries laissées en plan sur la table du salon.

Clara, saleté !

Juste le jour où je ramène quelqu'un, il faut qu'elle soit dégueulasse.

– Clara !

– Ouais ? lance-t-elle laconiquement.

– Je voulais te présenter Étienne, parce qu'il est là. Alors, tu veux bien te pointer dans le salon ?

Pour une fois, j'ai l'impression de voir un peu d'enthousiasme dans les yeux de mon amie lorsqu'elle passe la porte pour nous rejoindre.

– Par contre, tu aurais pu ranger.

– Quoi ? Mais je ne savais pas que quelqu'un allait venir !

– Même. On n'est pas obligées de vivre dans une porcherie. Enfin bref, Étienne, voici Clara. Ma meilleure amie et colocataire.

Étienne serre ma main un peu plus fort, puis blêmit. Je sens qu'il cherche ses mots. Il a la lèvre tremblante.

– Mais à qui parles-tu, Clarence ? Il n'y a que nous, ici.

43.

J'écarquille les yeux en grand et bloque quelques instants sur l'image de Clara. Elle me regarde avec surprise, puis murmure :

– Tu le savais, non ?

Je reste muette.

– Non ?! reprend mon amie. Clarence, je…

Un éclair me foudroie. Le poignard de la vérité me traverse à vive allure et la froideur de sa lame est infecte.

Je suis folle.

Je dois être en train de devenir folle.

Non, tu n'es pas folle.

– Clarence ? Clarence ?! s'inquiète Étienne tandis que je tombe à genoux.

Je n'arrive pas à le croire. Alors, même Clara, ce que j'avais de meilleur et de plus fidèle dans la vie, on me l'enlève. Comme si cette existence tout entière n'avait aucune pitié ni aucun amour pour moi. Peut-on être cruel au point de prendre absolument tout à une personne ? Jusqu'à ce qu'il ne lui reste plus que le goût salé de ses larmes en bouche ?

Et puis, le visage caché entre les mains, j'entame une introspection involontaire et rapide. Un défilé saisissant de toute ma vie. Moi, dans la voiture, à quatorze ans, tandis que mes parents hurlent et que ma mère claque la porte. J'avais honte qu'ils se disputent devant Clara, mais quand est-elle arrivée ? Elle était là, à côté de moi, et elle m'a tenu la main tout du long. J'avais le sentiment réconfortant qu'une autre personne était près de moi et qu'elle me protégerait toute ma vie. Qu'elle serait la meilleure chose possible pour moi et surtout, que jamais on ne me l'enlèverait.

Le jour où j'ai tout cassé chez mon père en sa compagnie, j'étais seule.

Le jour où j'ai perdu mon enfant et hurlé toute mon âme, j'étais seule.

Tous les jours de ma vie où je me croyais accompagnée, j'étais seule.

Mais qui est-elle, alors ?

Clara est là, debout devant moi, lorsque je relève la tête.

– Je suis désolée, Clarence. Je pensais que tu étais au courant.

– Mais pourquoi ?! sangloté-je.

Je manque de m'étouffer dans mes pleurs. Ma poitrine se gonfle et se dégonfle irrégulièrement. J'ai mal à en crever.

– Tu es une survivante, sourit mon amie en posant une main sur mon épaule. Tu as traversé toute cette vie et tu es encore là. C'est un miracle formidable dont nous devrions nous réjouir. S'il te plaît, ne gâche pas tout.

Tu n'existes pas, tu n'existes pas…

C'est dingue, parce que tu n'es pas vraiment là !

– Je suis là et ailleurs, Clarence. Je suis cette voix, que tu entends, *mais aussi celle-ci, si tu préfères.*

Une main m'aide à me relever. Il s'agit de celle d'Étienne et tout ce que je parviens à marmonner en plongeant mes yeux dans les siens, c'est que : « Je suis folle. »

– Pas du tout. Tu m'entends, Clarence ? Tu n'es pas folle.

– Alors qui est Clara ?

– Tout ce que tu dois combattre. Ta dépression, ton anxiété, tes pensées les plus obscures. N'est-ce pas ?

Tous ces moments où je pensais que nous luttions à deux par amitié, je me battais seule par désespoir. Mon imagination pathétique a créé Clara depuis si longtemps que je ne suis même plus en mesure de savoir quand elle est apparue pour la première fois.

Ma dépression ? Ma dépression, c'est elle... Clara...

– Je suis désolée, Étienne. Je suis sûre que... que tu ne t'attendais pas à ça, pas vrai ? Tu ne pensais pas que je serais dingo. Moi non plus, à vrai dire.

– Ne dis plus jamais ça, rétorque-t-il en me prenant dans ses bras. Nous allons trouver une solution. Aucun de nous deux n'est bien, ici. Pas vrai ? Alors, partons.

Partir ? Je ne l'ai même jamais envisagé. Ça me paraissait tellement naturel de rester là, en place, et de subir ma vie. Non pas de la vivre, non, mais de la souffrir. Pourquoi ? Je crois que ça m'a toujours paru normal. Il faut croire que certaines cicatrices de l'enfance ne s'effacent jamais et qu'on finit toujours par voir rejaillir un trauma plus noir et plus épais encore que le précédent. L'enfance est une marée de pétrole qui se renverse de temps à autre dans la mer de notre vie d'adulte. Elle empoisonne, contamine l'existence jusqu'à sa parcelle la plus pure pour nous transformer en êtres horriblement complexés et déshumanisés.

– N'abandonne jamais le combat, lâche Clara.

À ces mots, mon amie semble se fissurer, se briser, puis tomber en poussière sous mes yeux larmoyants. Ma raison me hurle de ne pas bouger et mon cœur, lui, me crie de me jeter au sol et d'essayer de la reconstituer parce que, finalement, qu'est-ce que je ferai, sans elle ? Comment m'en sortir, maintenant, sans cette amie, cette béquille sur laquelle je pouvais toujours compter ?

D & C, hein ? Je vais leur rendre une petite visite.

44.

J'ai le cœur battant lorsque je passe les portes de ma boîte. Aussitôt que j'arrive, tous les regards se tournent vers moi comme si je revenais d'entre les morts. Je lance quelques saluts de la main, mais globalement, je reste concentrée et dirigée vers mon objectif : le bureau de Marc. Mais alors que je passe, déterminée à me rendre sans traîner en face de mon manager, Nicole se pose pour me barrer la route.

– Tiens, tiens, tiens… le retour en grâce de l'employée déchue ? Tu es finie, Clarence.

– Je suis venue pour démissionner, sale truie. Bouge de mon chemin et va fourrer ton groin ailleurs.

Ma réponse a le mérite de la faire éclater de rire. Elle ne peut qu'être heureuse. Nicole et moi sommes en concurrence depuis tellement longtemps qu'il nous serait difficile de compter les années, maintenant.

– Alors tu renonces ? Tant mieux. Ça en fera plus pour moi.

– Tout ce qui est là, je te le laisse volontiers. Tu as vu la gueule de Marc ? Tu crois qu'il a l'air heureux de vivre ? Ça se voit qu'entre deux séances de squash il a envie de se rouler dans du barbelé rouillé plein de tétanos. Et je te souhaite la même chose. Du fond du cœur.

De nouveau, elle glousse comme une dinde.

– Heureux ? Tu n'as rien compris, ma pauvre. On se fait du fric et c'est tout ce qui compte. Le reste, on s'en tape.

À ces mots, Nicole s'écarte de mon chemin en riant. Alors voilà, c'est comme ça que se finit notre relation. Mais je pensais exactement comme elle, il y a quelques semaines. C'est peut-être ça, le fond du problème. Nicole et moi nous ressemblons beaucoup trop pour nous apprécier. Je crois que personne ne peut aimer son propre reflet à ce point. On finirait toujours par se faire la guerre. Tôt ou tard. Eh bien, si ça procure tant de bonheur, qu'elle se rassure : je lui laisse tout.

J'arrive à la porte de Marc et entre sans frapper, tandis que mon supérieur est en train de s'étirer.

– Tennis ?

– Tu te fous de moi ?! grimace-t-il en se redressant. Déjà, quand on veut entrer dans un bureau, on frappe à la porte. Ensuite, merde, tu étais où pendant tout ce temps ? J'aurais déjà dû te virer pour abandon de poste. J'ai bidonné une excuse à propos de maladie et toi, tu te pointes comme ça, sans prévenir ? Putain, Clarence, ça fait plus d'un mois qu'on attend ton rapport !

– Je ne l'enverrai pas, lâché-je avec aplomb.

Marc fronce les sourcils et son air devient plus sévère. Parce que voilà : il est piégé et n'a plus que ses yeux pour pleurer, maintenant. Le dossier d'Étienne était tellement problématique qu'il passait partout dans la société sans que personne veuille jamais s'en occuper. Alors, forcément, quand Marc a mis la main dessus et qu'il a assuré à la hiérarchie qu'il gérait, il s'est mouillé. Maintenant, des gens bien plus haut placés que lui attendent des résultats qui ne viendront pas et dans le cas où j'échouerais, je devrais servir de fusible pour ne pas qu'il perde son poste. C'est exactement ce qu'il va se passer. Je vais être atomisée par D & C à un point que j'ose à peine imaginer. Ils vont mettre le bazar dans ma vie et me faire vivre un enfer que ne renierait pas Lucifer en personne. Mais Marc, lui, ne bougera pas de son petit emploi. Et pour un type qui n'hésite pas à empiler les cadavres pour atteindre le sommet, c'est un problème. Pas de promotion. Pas de responsabilités supplémentaires. Pas de vacances à Tahiti, ou je ne sais pas trop où. Marc va rester bloqué dans ce clapier pendant encore un moment avant qu'on ne lui fasse de nouveau confiance. Parce que j'imagine que durant tout ce temps, il a déjà dû se pavaner auprès des plus hauts responsables de D & C en leur disant que tout était sous contrôle.

– Tu as pété les plombs, ou quoi ?

Je ne l'avais encore jamais vu comme ça. Marc peut s'énerver, parfois, mais jamais il ne ressemble à un pit-bull qui aurait la bave aux lèvres. En général, c'est plus du cynisme et de la méchanceté gratuite, mais rarement de la colère – à part contre Berthier.

– Non. C'est terminé, Marc. Je démissionne.

Mon manager écarquille les yeux tellement grands qu'il a l'air d'un poisson tout juste pêché.

– Hé, hé, hé, du calme, OK ? Ne prends pas de décision trop hâtive. On sait tous le boulot que tu fais ici. Tu es l'une des meilleures, c'est clair que tu mérites une petite augmentation. Qu'est-ce que tu en penses ? Disons ça : je temporise avec les gars du rapport, je te file une augmentation et toi, tu envoies le papier. C'est bon ?

Tentant, mais…

– Non.

– Comment ça, « non » ? Bordel, Clarence, tu me mets dans une *shitstorm* incroyable, là ! Je te faisais confiance pour ce dossier et toi tu me plantes comme ça ?! T'es gonflée ! Si tu veux démissionner, ou même te faire virer, c'est toi qui vois, mais tu pourrais au moins finir ton boulot, avant.

– Tu me vires ?

– Ouais. Je vais te virer, si tu ne reprends pas le travail. Pour faute grave. Je t'ai couverte, OK ? J'ai mis les mains dans le cambouis et ce n'était vraiment pas agréable, alors un peu de reconnaissance. Tu as de la chance que je t'aime bien et que je te propose cet arrangement. Ça aurait été quelqu'un d'autre, il aurait été viré sans ménagement. Tu veux vraiment te faire cramer pour faute grave et partir sans indemnités ?

Je secoue la tête en esquissant un demi-sourire satisfait.

– Tu sais quoi ? Je m'en tape.

C'est ça, la vraie force : savoir qu'on est en position de supériorité. Ce sont des choses que nos dirigeants n'oublient pas. Cette crainte reste toujours dans un coin de leur tête : si nous refusons de courber l'échine devant les chefs qui nous dictent les règles – quels qu'ils soient –, alors tout s'effondre. Notre désobéissance peut devenir le terreau de nouveaux dogmes plus puissants et plus justes. Mais dans mon cas, je ne suis pas là pour devenir la Che Guevara de la société, ni même pour la syndiquer. Je me fous pas mal du ramassis d'ordures qui payeront pour ma démission. Tout ce qui compte pour moi, aujourd'hui, c'est de me reconstruire et de quitter tout ça.

Pour Laurent.

Pour Clara.

Pour Étienne.

– Non, tu ne peux pas faire ça. Reste. Tout ce dont j'ai besoin, c'est de ce petit rapport et de la confirmation qu'Étienne est bien en dépression. Tu vas prendre ma place bientôt, Clarence.

Je sais que tu es une tueuse. Tu as envie de grimper. Ce sera pour toi et pas pour Nicole. Elle, elle pourra aller se brosser.

– Parfait. Je le lui dirai en partant.

Maintenant que la décision est prise et que je l'ai annoncée à mon supérieur direct, je sors de son bureau sous un torrent d'insultes. Marc n'est pas en colère : il est bien pire que ça. J'ai l'impression qu'il s'agit d'un ours qu'on aurait essayé d'épiler à la cire. Il me balance tout un tas d'injures et c'est ainsi que je quitte sereinement les locaux de D & C. Je pense que cela ne pouvait pas finir différemment. Je ne m'attendais pas à m'en aller sur un tapis de fleurs. Ça aurait presque été décevant. Mais il y a une phrase qui me marque particulièrement :

« Ne compte pas te cacher. On te retrouvera et on te foutra dans le pire état possible. On sait tous que tu as une vie merdique, alors profites-en ! »

J'en ai bien l'intention.

Une nouvelle fois, je suis interpellée par Nicole et tout à coup, je me sens comme un moine bouddhiste empli de paix intérieure.

– Alors, ça y est, tu t'en vas ? Bon vent, raclure. On va tous payer par ta faute.

– Tu sais, Nicole. Je ne t'en veux pas. Je te souhaite même beaucoup de bonheur.

Ça, c'est plus ou moins la façon dont j'avais envie de lui dire au revoir à tout jamais. Bien sûr, c'était ironique et je n'en pensais pas un mot. Mais les choses ne sont pas exactement sorties comme ça de ma bouche. C'était plutôt :

– J'espère que tu vas crever d'une diarrhée tellement carabinée que les mitrailleuses de la garde nationale américaine auront l'air d'un son de flûte à côté de toi aux chiottes.

Je n'ai plus qu'à retrouver Étienne qui m'attend en bas, maintenant. La victime n'aura jamais été aussi proche de ses bourreaux. Mais ce n'est plus important, à présent. Lorsqu'il écarte ses bras pour m'y accueillir, je suis aux anges et je souris. Sincèrement.

– Alors… c'est fait ?

– Oui.

– Ça s'est bien passé ?

– Absolument pas, ris-je.

Et tous les deux, en nous promenant dans Montmartre comme le feraient des touristes, nous avons pris une grande décision : celle de partir loin d'ici et de recommencer nos vies. Je suis rassuré qu'il soit d'accord. D & C n'est pas du genre à lâcher l'affaire aussi facilement. Mais je connais si bien leurs méthodes que je suis capable de m'en prémunir et d'en protéger Étienne.

– Et le groupe de parole ? demandé-je en serrant sa main un peu plus fort.

Je sais que c'est tellement important pour lui.

– Germaine a proposé de s'en occuper. Elle a fait beaucoup de progrès, grâce à lui. Et puis, c'est une gentille fille. Je sais qu'elle aidera les autres mieux encore que moi. J'ai besoin de partir.

Oui, nous allons partir.

Loin, très loin d'ici et de ces vies qui nous pèsent.

J'ai hâte de prendre mon envol en compagnie d'Étienne. Pour une fois, je ne suis plus effrayée. Je n'ai plus la boule au ventre quand je pense au futur. Je suis, au contraire, impatiente. Je sais, au fond de moi, que la vie m'a tellement pris qu'elle ne peut que me donner, maintenant. Et elle a des dettes envers moi. Elle a intérêt à mettre le paquet, parce que je le mérite.

Faut-il être fleur bleue pour voir la vie en rose ?

Ma vie, ce ne sont que des morts et parfois, j'ai l'impression de les entendre chanter. Je me demande pourquoi tous ceux qui m'ont aimée sont partis et pourquoi, moi, je suis restée.

Quand mon seul moteur était la haine, je découvre petit à petit un nouveau carburant qui, je le crois, peut me porter beaucoup plus loin.

45.

La magnifique place de Clichy.

Trajet agréable. Papotage avec Étienne, valises en main.

Gare de Lyon et son tumulte.

J'aime tout ce que je vois. La décision a été prise. Nous partons. Définitivement. J'ai cédé les parts de l'appartement que Laurent possédait à Marie, pour qu'elle s'en occupe. Si elle souhaite le vendre, ou même l'occuper, peu m'importe. Je n'avais aucune envie d'attendre qu'il soit vendu pour m'autoriser à partir. Et maintenant que tout est réglé, Étienne et moi avons déjà le soleil dans le cœur en sachant que nous nous dirigeons vers le sud de la France. L'existence, ici, est devenue bien trop pesante.

Le train ne va pas nous attendre. Sur le quai, au milieu de la foule, j'avise Clara. Valise en main, elle aussi, elle trottine derrière moi pour me rattraper : « Attends ! » Mais cette fois, tout est très différent. Elle n'a plus l'air aussi réelle qu'elle l'était jusqu'à présent. Elle est traversée par des voyageurs, comme un fantôme. Pourtant, elle reste en place, les yeux larmoyants.

Je demande quelques instants à Étienne qui part chercher nos places. J'ai besoin de lui parler. Au moins un peu. Tant pis si je passe pour une cinglée.

– Et moi ? marmonne-t-elle. J'ai... j'ai pris mes affaires, moi aussi.

Je jette un œil à sa petite valise bleue, pleine de souvenirs, mais surtout, d'imagination. Mon cœur se pince.

– Tu ne peux pas venir.

Elle retient ses larmes.

– Mais si je ne viens pas maintenant, alors, ce sera terminé.

– Tu n'es là que dans les mauvais moments, Clara, et j'espère qu'il n'y en aura plus.

Elle croise les bras comme une gamine, puis laisse couler une larme.

– Avec lui ? C'est sûr que non. Alors, c'est décidé, tu me laisses toute seule ?

– Je crois, oui...

– Et qu'est-ce qu'on fait de « nous » ?

Clara mérite bien, après toutes ces années, que nos adieux soient plus chaleureux que ça. Je la prends dans mes bras.

– Tu auras toujours une place dans mon cœur. Et dans un coin de ma tête. Malgré moi, je crois. Je t'aime comme une meilleure amie, malgré tout.

– Tu vas me manquer, sanglote-t-elle.

– Toi aussi.

– Meilleures amies ?

– Meilleures amies.

Mais le contrôleur siffle le départ et je ne peux pas rester sur le quai plus longtemps. Je franchis la porte du train en la laissant là, plantée comme un tournesol dans le béton. Elle a le regard triste, la main encore serrée autour de la petite poignée de sa valise bleue. Et le train se met en marche. Implacable, impitoyable. À travers la vitre, j'aperçois Clara qui me regarde quitter cette vie avec des yeux mélancoliques.

Cette fois, c'est pour toujours.

Faut-il être fleur bleue pour voir la vie en rose ?

Étienne m'interpelle pour me signaler qu'il a trouvé nos places. Je me tourne vers lui une seconde pour le regarder et l'instant d'après, Clara n'est plus là. Partie, comme elle est venue.

– J'arrive.

Épilogue

Trouver le bonheur. Quelle drôle d'idée ! Comme s'il y avait un moyen de le tenir et de le garder. Parce que, dès l'instant qu'on pense l'avoir entre les mains, il nous glisse entre les doigts comme une poignée de sable.

Alors, pourquoi ai-je cette impression persistante d'avoir trouvé la formule miracle ? Ce n'est pas le soleil qui inonde le salon tous les matins qui dira le contraire.

Trois longues années sont passées depuis ces adieux sur le quai. Dans le train, j'ai beaucoup pleuré. Mais Étienne était là. Arrivée, j'ai encore pleuré. Mais une fois de plus, il était là. Quand Clara était à mes côtés, j'étais seule. Il a pris sa place. J'étais un lac gelé avant son arrivée et maintenant, je suis un magma en fusion.

Bien sûr, tout n'est pas toujours rose, mais les choses avancent avec la lenteur habituelle de la vie qui suit son cours. Nous avons vu des médecins, des spécialistes, pris un tas de rendez-vous et voilà : Clara n'est plus qu'un souvenir. Elle n'est jamais réapparue. Pas même dans les moments de solitude et de doute – qui se font de plus en plus rares.

Pour une fois, j'ai le sentiment de vivre pour de vrai. Lorsque j'emmène Alice à la crèche, lorsque je la vois grandir, j'ai le cœur gonflé d'espoir et de gratitude. Parce que je reviens de loin et Étienne aussi. Je suis pleine de reconnaissance quand nous passons les dimanches après-midi en famille, avec Anne-Marie et les autres. Je m'y sens intégrée et cette nouvelle vie prouve que derrière les balafres qui me défiguraient se cachait une reine.

Je n'ai plus l'impression de couler.

De me noyer.

D'étouffer dans une marée noire.

Un bol de soleil, ma fille, mon homme et notre boutique de fleurs.

Sommes-nous toujours dans le collimateur de D & C ? Sommes-nous pris entre ses mains putrides ?

Aucun moyen de le savoir. Pas même de la part de Simon. De temps en temps, il passe en vacances près de chez nous et il a l'air d'aller beaucoup mieux. C'est comme si, petit à petit, les choses s'étaient arrangées. La pression qui faisait « tic-tic » dans ma tête a fini par s'arrêter.

Ce n'est que maintenant que ma vie commence. Ce serait mentir que de dire que tous les jours, je me lève avec l'entrain d'une princesse Disney. Parce que la vie, ce n'est pas un conte de fées. Ce n'est pas une ligne droite calme et paisible. C'est un torrent, une déflagration qui vous explose en pleine figure à chaque instant. La vie, c'est surtout profiter de ces moments royaux : prendre un petit-déjeuner en famille, se promener au bord de la plage, les pieds dans l'eau, un soir d'octobre, aller chercher des melons chez le primeur et les sentir pour en goûter la saveur par avance. La vie, c'est tout ça.

Mais ce sont aussi les peines qui vont avec. Ce sont les ruptures amoureuses, amicales, les déchirures, les gens qui nous sont arrachés parce qu'ils trépassent et qui ne laissent derrière eux que des photos, des numéros de téléphone et des cœurs vides.

Mais je me reconstruis. Étienne aussi.

Nous n'aurons jamais aucun moyen de savoir si nous sommes toujours dans l'ombre de D & C. Cette société malveillante plane toujours autour de nous. Elle ne me quittera jamais vraiment. Pas plus que ne me quitteront les cauchemars qui hantent parfois mes nuits. Elle sera toujours là, quelque part, à préparer un mauvais coup. Que ce soit contre moi, ou contre d'autres innocents.

Mais comme je l'ai dit à Étienne qui s'en inquiétait, il y a bien une chose que nous pouvons faire pour lutter contre eux.

– Ah oui ? demande-t-il en attrapant sa tasse de café, tandis que les rayons du soleil percent les stores.

– Ouais. Tu sais, c'est Germaine qui me l'a appris. Son amie est revenue lui parler après tout ce qu'il s'est passé. Mais elle n'est pas revenue pour les bonnes raisons. Elle lui a jeté son bonheur et sa réussite en pleine figure et tu sais ce qu'a répondu Germaine ?

Étienne secoue la tête, ma fille renverse son bol de céréales et le chien nettoie.

– Elle lui a dit : « Je suis contente pour toi. » Et c'était la meilleure réponse possible. Son amie a arrêté de lui parler, parce qu'elle était pleine d'aigreur. Il n'y a rien de pire que les gens joyeux, droits dans leurs baskets, qui ne souhaitent que diffuser du bien autour d'eux. Ces gens-là sont des dangers pour les sociétés comme D & C. Et pour lutter contre le mal, il n'y a qu'une seule solution : être heureux.

Fin

La dépression est une maladie, qu'elle soit passagère ou chronique, et elle n'est pas à prendre à la légère. Je me suis rendu compte, avec le temps, que la santé mentale était tout aussi importante – sinon plus – que la santé physique. Un ordinateur plein de poussière fonctionnera mal. Mais si tout le système est détraqué, il va être plein de bugs. C'est un peu la même chose, pour les gens.

Quand j'ai décidé d'écrire ce texte, j'étais au bout du rouleau. Je voulais que ce manuscrit devienne ma « Clara ». Mon petit exutoire à moi, même pas destiné à être publié. Je voulais non pas combattre le nuage noir qui planait au-dessus de ma tête, mais m'en faire un allié fidèle. Et c'est ce qu'il s'est passé. À chaque coup de mou, à chaque vague à l'âme, je savais que je pouvais compter sur D & C pour me remettre d'aplomb. Je ne remercierai jamais assez ce texte, parce qu'il a été pour moi une véritable bouée. Une issue de secours quand je n'y croyais plus. Au final, je me suis beaucoup plus amusé que ce que j'imaginais à l'origine. Et j'ai découvert dans son écriture qu'il y a toujours de la lumière.

Il m'a vraiment fait beaucoup de bien, ce texte, mais je crois qu'il est temps de me séparer de ma « Clara ».

C'était un choc de m'en apercevoir. Je ne pensais pas qu'un état dépressif pourrait me toucher. Pourtant, j'ai l'impression d'avoir fréquenté les abysses. J'ai mal au ventre rien que d'y penser.

Moi, dépressif ? Si on me l'avait dit quelques semaines auparavant, j'aurais répondu « fadaises ». J'exerce le plus beau métier du monde et je m'estime chanceux. Mais c'est comme ça. J'ai été rattrapé par cette réalité que je voulais fuir et c'est la raison pour laquelle j'ai décidé de l'affronter. La leçon à en tirer ? Ça peut toucher tout le monde. Tout le temps. Sans cibler. C'est un fait.

La seconde leçon à en tirer, c'est de ne pas croire tout ce qu'on voit sur les réseaux parce qu'on y montre ce qu'on veut seulement. Et bien souvent, il y a des larmes derrière le sourire.

Mais maintenant je m'adresse à toi qui tiens ce livre entre les mains. Comme je l'ai déjà écrit dans les remerciements de *Prêts à tout* à l'époque, un livre, c'est un ami qui vous tient compagnie dans les moments de solitude. Et moi, je veux continuer d'être celui qui les écrit. Parce que, par liens interposés, j'ai l'impression que cela nous rapproche les uns des autres.

Théo

Sous la direction de : Ambre Rouvière
Assistant éditorial : Romain Moser
Correction : Nord Compo
Composition : Nord Compo
Conception graphique de la couverture : Nord Compo
Illustration de couverture : © Christine Gozet

Depuis 2009, Prisma Media met en place une politique d'achat éco-responsable. Ainsi, près de 100 % du papier de nos magazines est certifié PEFC (gestion durable des forêts). La fabrication des livres des Éditions Prisma s'inscrit également dans cette démarche.

sepec numérique

Dépôt légal : mai 2024 – n° d'impression : N31247240103
Impression numérique en France : Sepec Numérique

IMPRIM'VERT®

PEFC 10-31-3532